我们从哪里来？我们走向何方？中国到了今天，我无时无刻不提醒自己，要有这样一种历史感。

——习近平

摘自习近平总书记在北京会见第二届“读懂中国”国际会议外方代表时的谈话（《人民日报》2016 年 1 月 5 日）

读懂中国

读懂中国丛书

读懂中国丛书

迈向绿色低碳未来：
中国能源战略的选择和实践

周大地 等 著

CIPG China Foreign Languages Publishing Administration 中国外文出版发行事业局
外文出版社 FOREIGN LANGUAGES PRESS

总　序

郑必坚

读者面前的这套丛书，有一个总题目，叫做：读懂中国。

为什么要提出“读懂中国”的问题呢？

你看，当今世界发生的变化，可谓天翻地覆，令人目不暇接。最大的变化，莫过于中国。

从20世纪中叶新中国成立以来，特别是最近这40年时间，就使一个多达十三亿多人口的贫穷落后的东方大国，实现了跨越式大发展，迅速成为世界第二大经济体。

人们自然会问：在中国，究竟发生了什么事情？中国快速发展的奥秘究竟是什么？

人们自然也会问：一个正在强起来的中国，和世界怎么相处？

于是乎，问题套问题，疑虑叠疑虑，“中国威胁论”、“中国崩溃论”，“修昔底德陷阱”、“中等收入陷阱”，这“论”那“论”，这“陷阱”那“陷阱”，纷纷指向中国。

毫无疑问，中国人应当坚定不移地走自己的路，把自己的事情办好。而这本身就包含着，为了回答人们的关切、问题和疑虑，必须做好一件事:“读懂中国”。

为此，由我主持的国家创新和发展战略研究会发起，联合中国人民外交学会，和国际知名智库“21世纪理事会”合作，在2013年11月和2015年11月先后举办了两届“读懂中国”国际会议。

这两次重要的国际会议，得到了中共中央总书记、国家主席习近平的重视和支持，亲自到会同与会外国嘉宾座谈。国务院总理李克强和副总理张高丽分别出席了第一届和第二届会议，并在会上作了开幕演讲。中共中央和国务院许多部门的领导同志，也到会同来自世界各国的政要和专家学者进行面对面的交流，回答大家提出的问题。

会议取得的成功，给我们的最大启示是：只要直面问题，只要心诚意真，只要实事求是且生动具体地讲好中国故事，讲好中国共产党的故事，讲好中国和世界相处的故事，将大有利于关心中国的人获得新知，怀疑中国的人逐步释惑。

为此，我们设想，把“读懂中国”的国际会议搬到书本上，搬到视频上，搬到网络上，在更大的场合，用更加生动的形式，回答人们的关切、问题和疑虑。

这一设想，不仅得到了有关部门的大力支持，不仅得到了中国外文局和外文出版社的大力支持，而且得到了一批对这些问题有亲身实践经验和较深研究的专家学者和领导同志的大力支持，为丛书撰稿。

这就是读者面前这套丛书的由来。现在编辑出版的还只是这套丛书的第一辑，以后还会有第二辑、第三辑以至更多的好书问世；现在这一辑主要是中国作者的作品，以后还会有其他国家作者的作品。

不仅是丛书，以后还会有配套的电视专题片和网络视频，陆陆续续奉献给大家。

在我们看来，“读懂中国”，包括“读懂中国共产党”、“读懂中国和世界的关系”，是一个宏大的事业。

让我们共同以极大的热情，来关注这一事业、参与这一事业！

2018年3月

目 录

前　言

能源是现代社会生活必不可少的重要物质基础，也是世界各国工业化进程中必须优先发展的一个重要基础产业。实现工业化的国家都根据自己所处的不同资源条件和地缘经济条件，形成了本国的能源供应体系，并达到了比较高的人均能源消费水平。而发展中国家人均能源消费普遍偏低，许多国家还没有建立起现代化的能源供应体系，能源普遍服务还很不充分。用于能源资源开发、生产、转化、供应和消费的技术，过去基本上由发达国家垄断，多数发展中国家的能源装备只能依赖进口，很难形成自主的能源产业和装备制造业，这种现象迄今仍然普遍存在。如何发展本国的能源产业，为工业化进程和人民生活提供充足的能源，仍然是世界各国、特别是发展中国家需要面对的基本发展问题。

传统工业化进程和与之对应的高消费生活方式，依靠大量使用化石能源，排放了过多的二氧化碳等温室气体，造成了全球变暖的气候变化问题。全球超常变暖带来的生态环境问题，已经开始形成巨大的全球性生态环境风险。这种基于化石能源的能源系统需要尽快向低碳能源系统转型。全世界都面临着巨大的能源转型压力，发达国家要从过去化石能源支撑的消费模式向新的低碳模式转变；发展中国家在增加必要的能源服务水平的同时，也要加快建设低碳能源系统，既要不断增加能源供应能力，又不能重复以化石能源为基础的传统能源发展道路，因而面临双重挑战。

中国是最大的发展中国家，不仅人口最多，也是经济规模最大、发展最快的发展中国家。1949 年中华人民共和国成立时，中国基本上没有现代的能源产业，整个国家的能源消费水平极低，能源装备制造能力几乎为零。经过近 70 年的持续努力，特别是近 40 年的高速发展，中国现在已经成为世界上最大的能源生产和消费国。中国已经建立起了自己强大的的煤炭、石油、天然气、水电、核电、风电、太阳能发电和其他可再生能源产业，建立起了世界最大的电力供应系统。中国不但建设起全面的能源装备制造产业，也具备了各种能源技术自主创新、设计、制造、建设安排和运行能力。许多能源领域的技术开发、装备制造和工程建设能力达到国际先进水平，在一些重要领域已经处于领先地位。在坚持中国特色社会主义的能源发展道路中，中国尽可能地优先考虑人民的消费需求，竭尽所能提高普遍服务水平，使能源服务达到了很高的覆盖率，使发展中人口大国较早实现了电力和多种能源的全覆盖。

中国这样的人口大国，不可能主要依靠进口形成自己的能源供应系统，必须充分依靠本国资源。在能源消费高速增长的过程中，尽管石油天然气等也得到大规模开发，但资源更丰富的煤炭必然成为主要的供应来源。以煤为主的能源结构不但带来环境污染大、效率低的问题，而且碳排放强度也高于以油气为主的其他国家。应对气候变化，全球能源都要向低碳转型，中国也面临低碳化的压力。中国的能源发展已经开始了绿色低碳转型的新征程，这个转型过程的难度更大，进程更长。在强化节能、发展低碳能源、推动绿色低碳转型的进程中，中国上下一心，走到了发展低碳能源、开拓低碳发展道路的前列。

几十年的时间在人类发展历史上只是弹指一挥间，但对于当代人而言，已经是一两代人的经历过程。中国目前的经济、社会、城市化、工业化发展状态和几十年前相比已经有巨大变化。这种变化，不仅对于多数外国朋友而言是难以想象的，即使对于中国许多的年轻一代，也是缺乏亲身体会的。回顾中国能源的发展历程，有助于中国总结发展经验，找到曾经的不足和遗憾，为今后的发展积累更多的智慧。对于希望了解中国能源发展现状、发展历史和过程的读者而言，看看中国通过做出什么努力、制定什么政策、采取哪些措施、克服哪些困难才一步步取得了现在的巨大成绩，应该是一个有意义的知识获取过程。

能源品种多、行业多，涉及经济社会的各个方面。中国能源又一直处于快速发展的进程中，遇到的问题不断变化，政策不断调整，人们的认识也在不断变化、提高，对中国能源应该如何发展也经常有不同意见。把中国的能源发展过程做一个全面的描述并不容易，因其技术性内容多，也容易使人感到枯燥。所幸本书的几位作者都长时间从事国家能源战略和政策的研究，对中国的能源整体情况和发展过程有较多了解，但在写作过程中仍感到概括和描述中国能源发展的历程不是一件易事。本书写作时间紧张，来不及征求更多方面的看法和意见，因此本书内容限于作者个人掌握的信息和认识，尽力以飨读者。

本书在写作过程中得到中国长江三峡集团有限公司、上海外高桥三厂、金风科技股份有限公司、神雾科技集团有限公司等单位相关信息材料的支持。本书采用的数据资料，除有注明的以外，多取自国家发展改革委能源研究所、中国能源研究会相关数据资料以及相关研究报告。本书还参阅了《中国统计年鉴》《中国能源统计年鉴》《BP 世界能源统计年鉴》、国际能源署（IEA）的能源统计报告等资料。在此一并表示感谢。

第一章

迈向绿色低碳：中国能源的过去和未来

能源是现代社会生活的重要物质基础，能源部门也是十分重要的经济部门。世界各国在工业化和现代化的进程中，都把解决能源的可靠供应作为发展的前提之一。保障充足和可靠的能源供应，一直是各国经济发展的一个关键领域。围绕能源安全问题的地缘政治和经济博弈，也成为许多国家不得不考虑的重大政治、外交以至军事要务。在中国发展经济、实现工业化的过程中，能源短缺也曾经长期制约着经济增长。充分利用本国的资源，自力更生地发展能源工业和能源供应体系，中国人为之努力了几十年。如今，中国已经逐步建立起一个完整而庞大的能源供应和消费系统。

第一节　中国能源消费的快速增长及其驱动力

一、中国已成为全球最大的能源消费国

作为世界上人口最多的国家，也是现代人口大国中工业化进程最快的国家，中国已经成为世界上最大的能源生产国、消费国。2016 年中国能源消费总量达到了 43.6 亿吨标准煤，占世界能源消费总量的 23%，比第二能源消费大国美国的消费量高出了三分之一。中国也成为世界上最大的电力生产和消费国，建成了世界最大的发电和输配电系统。2016 年底，中国的发电装机容量达到了 16.5 亿千瓦，发电量达到 61424.9 亿千瓦时，已经高居世界首位，均占全球发电设备装机和发电量的近四分之一，超过美国近 50%。其中火电、水电、风电、光伏发电装机均为世界第一，在建核电规模也是当前世界上最大的。2016 年火电、水电和风电发电量分别为 44370.7 亿千瓦时、11933.7 亿千瓦时和 2410 亿千瓦时，均为世界第一。

中国长期强调首先依靠自有资源满足能源供应，丰富的煤炭资源为煤炭生产的快速增长提供了条件，煤炭成为中国最主要的能源。煤炭生产量曾经达到过 40 亿吨以上，几乎占全球煤炭产量的近一半。以煤为主的能源供应结构使中国的一次能源自给率迄今仍然维持在 80% 左右，但煤炭数量过多带来的环境破坏和能源效率低下的影响也日益凸显。

中国也是主要石油生产国之一，国内石油产量达 2 亿吨以上。中国曾经是亚洲重要的石油输出国。但是，随着国内对石油化工产品需求的不断增加，以及汽车数量的不断增加，国内原油产量已无法满足

石油消费需求的增长。中国在1997年开始变成了原油和成品油的净进口国，现在已经成为世界上最大的石油进口国，原油和成品油净进口总量已经超过了美国，石油的消费量也仅次于美国。近年来中国天然气进口数量也增加得很快，已经成为重要的天然气进口国，也是最大的天然气消费国之一。

中国能源消费总量1980年时只有6亿吨标煤，发电量只有3000亿千瓦时，2000年时增加到15亿吨标煤，2016年更是增加到43.6亿吨标煤，发电量也增加到61424.9亿千瓦时，而能源供应的增加主要依靠国内能源生产能力的扩大。多年以来能源供应领域的投资不断加大，2000年时能源投资4000亿元，现在已经增加到每年30000亿元以上。

随着中国进口能源数量的不断增加，除了不断扩大国内能源投资以外，中国还不断提高能源海外投资的数量。中国海外能源投资一方面提高了世界能源特别是油气市场的总体供应能力，有益于国际油气市场供需平衡和价格稳定；另一方面也使中国的能源企业走出国门，把中国积累的油气勘探开发技术、管理经验和能力带给许多发展中国家。中国的企业也在国际化进程中得到了锻炼，提高了经营能力，与许多国家能源公司以及跨国能源公司开展了各种形式的合作。现在中国海外能源投资已经遍布全世界各大洲，不但支援了许多国家的能源建设，推动了这些国家的经济发展，也有效地提高了国际能源供应能力，为保障包括中国在内的世界各国的能源安全和稳定国际能源市场做出了有益贡献。

二、中国能源消费驱动力分析

1. 经济高速发展

高速发展的经济是中国能源消费迅速增加的最大推动力。中国经济增长一直保持了很高的速度。1980 年中国的 GDP 只有 4545 亿元人民币，到 2016 年增加到了 744127 亿元人民币，按当年价格计算增加了 163 倍。考虑到通货膨胀和统计口径等不可比因素，这 36 年的实际可比经济增长为 27.4 倍，平均每年的经济增速为 9.6% 以上。其中 1990 年到 2000 年平均年增速为 10.43%，2000 年到 2010 年年均增速最高，达到 10.48%。最快的年均经济增速曾经超过了 15%。即使在 2007 年全球金融危机之后，中国仍然维持了很高的经济增速。2007—2016 年的年均经济增速仍然高达 8.8%。2010 年以后经济增速逐步下降，到 2016 年时年经济增速回落到 6.7%。但 2010—2016 年六年平均经济增速仍然达到了 7.5%。未来到 2030 年，中国经济仍将保持高速增长。

2. 人口规模庞大

中国是一个人口大国，也是最大的发展中国家。2016 年底中国大陆地区总人口 138271 万人，比上一年增加了 809 万人，人口数量还在缓慢增长。人口城市化率仍然比较低，城市常住人口总量达 7.93 亿，按常住人口计算的城市化率只有 57% 左右。但其中有 2.2 亿人属于由农村地区进入城市地区谋生、目前在城市工作但尚未真正移入城市的人口。这些农村来的新移民，大多数并没有解决他们的家庭安置和长期居住问题，融入城市仍然需要更多的经济和社会条件改善。

在中华人民共和国成立的 1949 年，中国人口总数为 5.4 亿；其中只有 10.64% 的城镇人口，总数约为 5765 万人，居住在各个城市里。1980 年，中国人口增长到 9.87 亿，但城市化率还不到 20%，全部城镇人口不到 2 亿。在过去 36 年里，中国使 6 亿人口从农村进入了城市，城市化率平均每年提高 1 个百分点。城市化的加快，大幅增加了工业和服务业的就业岗位。中国的城乡差别仍然明显，中国的大城市不少已十分现代化，公共服务比较完备；但许多中小城镇还有待发展。多数农村地区，特别是离城市较远的农村地区还相当落后，缺乏必要的公共服务。

即使按中国本国的标准，2015 年仍有约 7000 万人属于贫困人口，必须接受国家的补助和帮助，这些人口基本上都集中在农村地区。中国在过去 30 多年里，已经使大约 8 亿人口脱离贫困，现在的目标是在 2020 年基本完成所有人口脱离贫困。发展经济、实现工业化、推进城市化是中国过去 30 多年的主要经济发展目标，今后仍然也是重要的发展目标。中国每年要在城市地区新增加 1000 多万个就业机会，近几年城镇新增就业人数年均都在 1300 万以上，2016 年达到 1314 万。（图 1.1）

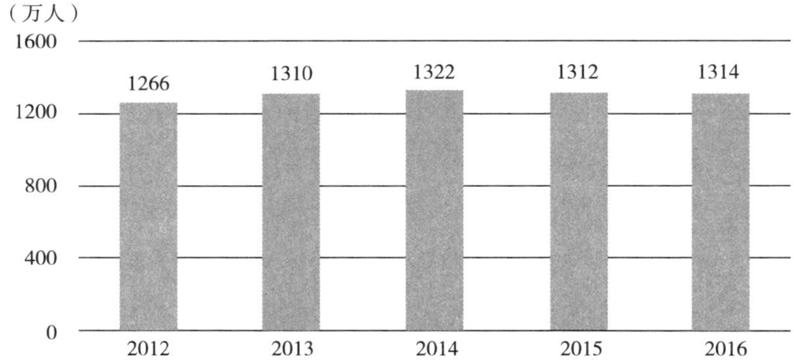

图 1.1　2012—2016 年中国城镇新增就业人数

资料来源：《中国统计年鉴 2017》

3. 住房建设快速发展

改善城乡人民的生活条件，特别是居住和工作条件，推动了中国房屋建设走上高速和大规模发展阶段。在中华人民共和国成立初期，几乎没有什么现代工业，不得不把经济建设的重点放到发展重工业上，居民住房改善比较缓慢。在 1980 年，城市地区人均住房建筑面积只有 7 平方米左右，几乎所有的家庭都住房面积过小。农村人均住房建筑面积也只有 9.4 平方米，而且质量不高，改善住房成为中国发展最迫切的需求。中国改革开放以来，住房建设规模不断扩大。

农村住房建设成为农民发展经济的巨大推动力。中国农民有着把建造自家住房作为最重大的财富积累的传统，一旦有所结余首先考虑改善或重建住房。30多年来，许多农民的住房已经经过了三到四次扩建。到2015年，中国农村人均住房建筑面积已经高于40平方米。随着农民收入的不断提高，住房建筑的面积和质量也不断升级。在一些经济相对发达的地区，一户农民的住房可以达到几百平方米，四五层楼的现代建筑已经十分普遍。多数地区的农村住房质量都得到了明显提高。

城市后来居上，住房建设规模不断扩大。一开始仍然以国家和企业为职工提供住房为主，到20世纪90年代中期，中国开始进行住房商品化改革，推动了住房建筑加快发展。近年来每年新建商品居住房销售的面积都超过10亿平方米，2016年达到13.75亿平方米，另外还有大量政府提供的保障性住房。加上各种公共建筑建设，中国现在每年新增房屋建筑面积达到35亿平方米，城市地区在建的各种建筑物面积达到130亿平方米。中国房屋的总建筑面积从1980年的100多亿平方米猛增到现在的590亿平方米以上，人均住房建筑面积已经约有40平方米，接近欧洲工业化国家水平，而且还在快速增长。

4. 基础设施加速发展

中国的各种基础设施建设也以惊人的速度和规模在增加，质量也在不断提高。1980年以前中国的公路系统很不发达，没有高速公路。除了有限的铁路干线连接了大城市以外，城市之间的公路交通设施十分落后，正常情况下汽车行驶速度能够达到每小时40公里已经是很不错的了。在山区一二百公里的距离，开车要用半天甚至一天时间才能到达的状况也很普遍。许多农村地区没有商品能源供应，甚至不通电。中国的经济发展推动了各种基础设施的大规模建设，公路、铁路、通讯、航运以及水利和环境设施的建设全面铺开，能源设施的建设也是重要的基础设施扩建内容。

中国的基础设施建设速度和规模都是惊人的。以交通设施为例，

2000 年中国铁路营运里程为 6.87 万公里，2010 年增加到 9.12 万公里，2015 年增加到了 12.1 万公里。其中 2014 年增加了 8700 公里，2015 年增加了 9200 公里。电气化铁路 2000 年只有 1.49 万公里，2010 年增加到 3.27 万公里，2015 年增加到 7.47 万公里，其中 2015 年一年增加了 3.78 万公里。中国已经做到了把所有农村都用公路连接起来，而且正在努力用高速公路把几乎所有的城市连接起来。

中国的高速铁路建设更是一个体现中国能够集中力量办大事、大规模高速度建设新型交通设施的具体体现。中国的高铁是运行速度超过每小时 300 公里的新型轨道交通系统。2008 年高铁开始在中国投入运行，当年只有 671.5 公里高铁建成投运，2010 年就有 5133.4 公里高铁投运，2015 年高铁运行里程已经达到了 19838 公里。

表 1.1　2016 年部分新增基础设施数量

指标	单位	绝对数
新增 220 千伏及以上变电设备	万千伏安	24336
新建铁路投产里程	公里	3281
其中：高速铁路	公里	1903
增、新建铁路复线投产里程	公里	3612
电气化铁路投产里程	公里	5899
新改建公路里程	公里	324898
其中：高速公路	公里	6745
港口万吨级码头泊位新增吞吐能力	万吨	32436
新增民用运输机场	个	8
新增光缆线路长度	万公里	554

资料来源：《中国统计年鉴 2017》

能源基础设施建设的规模和速度也很惊人。中国的发电装机总量在 2000 年时只有不到 3.2 亿千瓦，到 2016 年底增加到 16.5 亿千瓦。从 2006 年开始，几乎每年平均新装机数量都在 1 亿千瓦以上。中国一年新增的发电能力几乎等于一个欧洲的经济大国所有的发电能力。在 2010 年前后火力发电厂高速发展的阶段，每年火电新投运的装机数量高达7000万～8000万千瓦。2011年以后，每年新增的非化石能源的装机数量大幅度提高，特别是风力发电和太阳能发电装机速度快速增长。近几年非化石能源发电装机年增加数量已经大幅超过了火电新增的数量。

中国的基础设施建设还包括了其他领域的公共设施建设。其中城市内部交通设施，特别是地铁的建设规模也十分庞大。包括污水处理、垃圾处理设施等环境处理设施、城市热力燃气电力供应系统等等，都是现在基础设施建设的重要内容。

5. 城市化进程加快

中国的城市化以工业化作为基础，几乎所有的城市发展过程都和制造业的发展密切相关。从20世纪80年代开始，中国的制造业快速发展。最早的制造业发展集中在填补各种生活用品和耐用消费品供应的巨大不足，使中国的家庭从几乎没有任何现代家用电器，到冰箱、彩电、家用空调、微波炉等普及城镇家庭。农村家庭彩电和电冰箱的普及率也达到了116.9%和82.6%。家用汽车更是从无到有，2015年城镇家庭汽车普及率已达到30%，农村达到13.3%。随着中国加入WTO，中国充足的廉价劳动力供应能力和良好的社会组织能力吸引世界制造业进一步向中国集中，许多国际品牌耐用消费品都在中国设厂，使中国成为世界工厂，为全世界提供了数量庞大的质优价廉商品，中国成为世界上最大的商品出口国。如果将世界各种产品按500种分类，中国有220多种产品产量占世界第一，特别是在大宗原材料和基本消费品门类中，中国产品的产量在全球产量中占很高比例。

由于大规模的基础设施建设、房屋建设、生产能力建设以及巨大的大宗商品生产量，消耗了数量惊人的各种基础原材料，也拉动了中国高耗能产业迅猛发展。特别是金属原材料、各种建筑材料以及基础化工产品，中国的产量和消费量都占世界的很大比例。2016年中国生产粗钢 80836.6 万吨，钢材 113801.2 万吨，各种有色金属 5310.3 万吨，其中铝 3187.3 万吨，铜 843.6 万吨，水泥 24.1 亿吨，化学纤维 4943 万吨。这些高能耗产品的产量都大大超过其他国家，有的超过世界总产量的一半。

30 多年以来，经济总量的高速增长和工业化、城市化进程是推动中国能源消费大幅增加的主要驱动力。

三、中国能源消费结构分析

迅速发展制造业、实现工业化，推进城市建设，快速提高居民住房水平以及大规模建设各种基础设施，消耗了大量的钢铁水泥和其他各种金属、非金属原材料。中国的原材料加工等高能耗产业发展十分迅速，成为巨大的能源消费部门。与发达国家的能源消费部门结构不同，迄今为止工业是中国最大的能源消费部门，也是最大的电力消费部门。长期以来，中国的工业用能占能源消费总量的 70% 以上，近年来尽管有所下降，但仍然高于 65%。而城乡居民的生活用能占比只有 12% 左右。在电力消费中，第二产业（主要是制造业）一直占电力消费总量的 70% 以上。在一些经济大省中，工业用电比例高达 75% 以上，居民用电目前只占消费总量的 13% 左右。

2015 年各种原材料生产（包括化工、建材、黑色冶金、有色冶金、石油化工、各种采矿生产）以及电力热力生产所消耗的能源，占中国全部能源消费总量的 57%。这也是过去十几年里拉动能源消费总量增加的主要驱动力。

工业化和城市化的迅速发展，推动了交通运输量的高速增长。现在每年中国的货物运输总量达到 440 亿吨左右，周转量达到 18.5 万亿吨公里，均高居世界首位。货运量过去 10 年平均年增 7%。营运性的旅客运输每年达到200亿人次，中国每年出国旅游和公务出行的人数达到1.2亿人次。汽车实现了高速增长，2016年中国的汽车生产量和销售量都超过了2800万辆，小汽车的月销售量达到200万辆，成为世界最大的汽车生产国和销售国。机动车的保有量超过了3亿辆，其中汽车超过2亿辆。随着汽车成为家庭的重要交通工具，中国的汽车市场还有可能继续扩大。目前中国每百人汽车拥有量还不到16%，远远低于工业化国家的拥有水平。即使不想以美国、欧洲等高工业化国家的汽车拥有量作为未来发展模式，中国未来仍可能会有相当长的汽车总量增长期。汽车数量的不断增加，是中国石油消费增长的主要驱动力。

目前，各种服务业和居民生活的能源消费在中国能源总消费中占比还比较低。当前的居民生活用能占中国一次能源消费总量只有12%左右。除交通外的各种服务业的能源消费占13%左右，但近年来成为能源消费增长最快的领域。中国的居民生活用能仍然处于提高服务水平和能源优质化的过程之中。由于长期受能源供应能力制约，中国过去不得不把冬季采暖供应的范围，限制在北方地区。北方地区的城市，居民住房和各种公用建筑都设置了冬季供暖设备，同时对分散的居民用户也设法供应型煤，实现冬季采暖。随着居民居住条件的不断改善，城市地区的供暖条件也在不断改善，现在北方城市地区基本上实现了集中供热和区域供热。民用炊事用能也基本实现了燃气化。但是农村地区的能源供应仍然比较落后，中国的农村地区长期缺乏商品能源供应，许多农户的采暖和炊事用能长期依靠传统的薪柴维持。靠近城市的农村，逐渐分享了城市的商品能源供应系统。采暖用能逐渐转为煤炭，炊事用能部分变成灌装液化石油气（LPG）和电。但是远离城市的一些农村，还需要利用传统生物质能源。

中国中部地区，特别是长江流域，冬季的最低气温可以达到0摄氏度以下，室内温度如果没有采暖将会下降到5摄氏度以下。即使在中国南部地区，特别是一些山区，冬季温度也很低，室内温度也可能下降到5摄氏度以下。过去因为能源供应能力不足，这些地方没有采暖设施，多数居民冬季室内温度较低，包括在公共建筑内的冬季温度也远远低于舒适的要求。农村地区的能源供应条件就更差一些了。在中国电力发展的过程中，实现电力的全覆盖，大幅改善城乡居民的供电条件，充分满足民用电力对功率和供电稳定性的要求，是进入21世纪以来的重大进步。对城乡居民供电条件的大幅提高，为中国中部和南部地区的冬季采暖和夏季空调提供了条件，多数居民明显改善了冬季室内温度条件。近年来，随着天然气基础设施建设的大幅扩大，更多的地方开始使用天然气，进一步为居民实现更方便和舒适的采暖提供了条件。不过，中国居民目前人均能源消费水平仍然较低，有巨大的能源服务改善空间。为城乡居民提供更多的优质能源，仍然是中国今后一个时期改善能源供应的重要内容。

第二节　中国能源发展面临的资源环境和安全挑战

中国经过几十年的努力，形成了世界最大的能源供应和消费系统，基本满足了当前社会经济发展的能源需求。但是面临的环境和资源挑战十分严峻，以前的能源发展模式难以克服诸多矛盾。

一、必须尽快改变以煤为主的能源结构

中国的煤炭资源相对丰富，分布比较广泛。特别是北部多数省份煤炭资源比较集中，有较长的开采历史，煤炭一直是中国主要的能源品种。进入21世纪以来，中国的能源消费出现了长达10年的高速增

长期，从2002年到2012年，能源消费平均年增长8%，每年的增长量超过2亿吨标准煤当量。煤炭产量从2000年的不到14亿吨，增加到了2013年的近40亿吨，净增了26亿吨。煤炭在保证能源供应上起到了关键性作用，中国煤炭产量大约是全世界煤炭产量的一半。煤炭曾经在中国一次能源供应中占到了70%以上，到2016年仍然贡献了全部能源的62%。

这么多的煤炭生产和集中消费，造成了许多环境破坏和污染，也是中国能源效率低的重要原因。山西省曾经是中国最大的煤炭生产地，现在也是第二大的煤炭生产省，一年的煤炭产量曾经达到过10亿吨。20世纪末，山西煤炭产量只有6亿吨左右，已经给山西省造成了严重的土地、水资源和生态破坏。山西许多地方本来就水资源短缺，而煤炭的大量开采使地下水位大幅下降，地面树木草地干枯，许多地面河流断流或流量明显下降。煤炭开采带来的土地塌陷也是难以治理的问题，造成大量土地难以耕种，许多村庄不得不多次搬迁。经过多年的开采，山西的环保形势日益严峻，6亿吨煤炭生产已经是山西省难以承受的规模。但是后来由于煤炭需求的高速增长，以及煤炭价格的高涨，山西不但没有减少煤炭产量，反而将产量从6亿吨提高到10亿吨。类似的问题在许多煤炭矿区普遍存在。老矿区资源枯竭后，留下沉重的生态修复难题，而新矿区虽然注意到环境影响，但仍然在重复着难以避免的生态和水资源破坏。

煤炭生产安全一直是中国煤炭业的痛点。中国的煤炭资源中适合于露天开采的不多，因此地下井工开采的煤矿一直占煤炭产量的90%以上。而且由于煤炭开采量要求过大，许多地方不得不利用一些瓦斯含量高、地质条件复杂的煤炭资源，煤炭生产的安全隐患较大，煤矿安全事故一直难以避免。在20世纪90年代以前，中国煤矿的矿难发生率很高。由于技术落后、机械化程度低、安全设施不足、采矿条件差，死亡事故经常发生。经过多年的努力，煤矿生产条件不断改善，大量不满足安全生产条件的煤矿被关闭。现在煤炭生产事故死亡率已经下降到 0.2 人/百万吨煤炭。但由于中国煤炭生产规模大，虽然煤矿数量从高峰时近 60000 个矿点减少到现在的 6000 多个煤矿，但部分煤炭生产地区地质环境复杂，煤矿事故仍然时有发生，煤矿生产安全仍然是煤炭生产的一大难题。矿工尘肺病也是长期困扰煤矿生产安全的另一问题。

二、以煤为主导致能源效率低

由于煤炭是主要的工业用能源，中国除了火力发电主要依靠煤炭以外，还有大量烧煤的工业锅炉、窑炉。中国的燃煤工业锅炉曾经达到过 60 余万台。由于中小型燃煤锅炉难以保持最优运行状态，尽管多年来中国在锅炉节能方面做了巨大的努力，这些锅炉平均实际使用热效率仍然长期低于 70%，远远低于天然气工业锅炉的平均效率。煤炭的非燃料使用，例如作为化工原料，其综合热能利用效率也难以和石油、天然气相比。中国的发电主力是煤电，煤电曾经占总发电量的 80% 以上，现在仍然占总发电量的 75% 左右。与天然气发电厂相比，煤电的能源效率要低近 10 个百分点。中国能源消费中煤炭占比高，是中国工业过程能源效率低的重要原因。

三、以煤为主造成大气污染

中国城市曾经长期以煤炭作为基础燃料，城市地区环境污染一直比较严重。特别是在一些高耗能工业比较集中的城市，煤烟型大气污染更为严重。随着城市的不断扩大，传统的用煤方式已经不能适应现实，中国很早就开始对燃煤设施的烟尘排放进行治理。多数城市不得不逐步禁止居民直接使用煤炭进行分散采暖和炊事。在没有天然气或LPG供应的地方，发展了城市煤气以取代散煤，逐步取消了小型燃煤锅炉，减轻了煤烟型大颗粒物的空气污染。但是由于中国的地理条件，13亿人口大多集中在东部和中部地区，随着工业化和城市化的进展，城市越来越多，工厂越来越多，城市群和工业区域越来越集中，占用土地面积越来越大，能源消费的强度也越来越高。进入21世纪以来，中国开始大规模治理空气污染问题，除了进一步加强烟尘排放处理外，也开始治理二氧化硫排放问题，以抑制酸雨污染。高硫煤的使用受到限制，电厂开始安装脱硫装置，大城市进一步引进天然气，限制散煤使用。但是由于煤炭的消费量迅速上升，达到40多亿吨，中国还是爆发了大范围的雾霾型严重空气污染，多数城市都在不同程度上受到雾霾的威胁。受到严重雾霾影响的最大面积曾经达到150多万平方千米。除了少数高原及岛屿地区，几乎所有的地方都不同程度地受到雾霾的侵袭。特别是在冬季，许多城市曾经出现过连续多日的严重雾霾污染。以北京为例，2013年年平均空气质量指数89，距离35的中国清洁大气标准有很大差距。中国的大气污染严重程度的分布和煤炭使用强度的分布高度一致。近年来中国把治理空气污染，特别是雾霾放到了十分突出的位置。在重点污染地区严格限制并要求显著减少煤炭的用量。但治理难度很大，例如北京已经采取了多方面的措施，但2016年的年均空气质量指数仍然高达73，离空气质量标准的及格线还有不小差距。

在一些大城市，汽车保有量快速上升，汽车尾气排放也成为重要的污染源。目前北京的汽车保有量约为600万，由于汽车过多，交通拥堵已经成为常态，进一步加重了汽车尾气污染的程度。因此中国也不得不尽快大幅提高油品质量，降低汽柴油的硫含量和其他可能造成污染物质的含量，大幅度提升汽车的排放控制标准。许多城市还采取各种限制汽车拥有量过快增长的措施，目前许多大城市正在鼓励新能源汽车特别是电动汽车的使用，以减少汽车污染物排放量。

治理大气污染，要求把煤炭利用的污染物排放控制标准提高到几乎十分苛刻的程度，还要基本淘汰那些分散的难以采取大型集中污染排放控制设施的煤炭用户，用清洁能源尽可能地替代煤炭。许多地方限制和淘汰大量冶金、化工和原材料生产设施，以从总量上减少污染物的排放。同时还要治理汽车尾气排放，推动汽车电动化。环境污染治理要求中国限制能源消费总量的继续增加，尽可能地减少煤炭用量，使能源清洁化，过去以煤为主的能源发展模式必须要进行调整。

四、碳排放数量大，能源低碳化困难重重

中国的能源消费量大，2015 年占世界能源消费总量的近 23%。能源消费构成中煤炭比例高，能源碳排放强度高。中国化石能源燃烧排放的二氧化碳在 2006 年超过美国，中国成为最大的温室气体排放国。2015 年中国能源领域排放的二氧化碳占到世界排放总量的 27% 以上。如何有效应对气候变化，限制和减少温室气体排放，是中国能源发展面临的最大挑战。

2015 年联合国气候变化缔约国大会通过了《巴黎协定》，确定了把 21 世纪末全球平均温度比工业化前的温度升高控制在明显低于 2 摄氏度的共同目标。中国在推动气候变化国际合作，达成《巴黎协定》的过程中做出了积极贡献。中国也提出了国家行动计划，提出了具体的温室气体减排目标。目前，中国承诺的具体目标是 2020 年把单位 GDP 碳排放强度比 2005 年降低 40%～45%，把非化石能源在一次能源消费总量中的比例提高到 15% 以上。中国还承诺要在 2030 年左右实现碳排放峰值，并争取尽早实现峰值，同时 2030 年的非化石能源比例要提高

到20%以上。

许多国际研究机构分析了《巴黎协定》下各国提交的国家自主贡献（NDC）行动和目标可以达到的效果，认为这些行动和目标还难以实现把全球温升控制在2摄氏度以内。世界各国需要尽快强化行动并提高设定目标。联合国政府间气候变化专门委员会（IPCC）的评估报告认为，实现2摄氏度目标，需要全球温室气体排放量尽快停止增长，碳排放达峰后要快速下降，在21世纪中叶（2050年）使全球温室气体排放总量降低40%～70%，并在21世纪内实现人为产生温室气体的零排放。这对世界能源系统提出了极其严峻的挑战。全球化石能源使用量需要在30多年的时间里下降一半，并在后半世纪实现能源的非化石能源化，或通过碳捕捉和封存技术（CCS）实现化石能源的零碳排放。

中国是现在全球最大的温室气体排放国。中国是否可以尽早实现碳排放峰值，并快速降低排放量，是全球是否可以实现2摄氏度温升控制目标的关键因素之一。中国在节能方面已经做了许多努力，能源效率大幅提高，经济产出的能源强度明显下降，今后还会进一步加强节能方面的努力。中国也在努力发展非化石能源，而且在水电、风电、太阳能光伏发电、太阳能直接热利用等方面都已经走在世界前列。核电建设方面中国也是当前在建规模最大、发展最快的国家。但中国仍然没有做好足够的准备，去适应和满足全球加快温室气体控制的需求。

中国用了30多年的时间，实现了能源供应能力的高速发展。现在已经形成可以保障能源供应的全球最大的能源体系。但是这个体系仍然是建立在传统化石能源基础之上的。而且更有甚者这个化石能源系统还是以煤为主的高碳能源为基础。中国还在继续工业化和城市化进程，特别是城市化进程在今后还将持续20年～30年的时间各种预测和分析都认为中国今后能源需求仍然会保持较长时间增长。不少人认为，由于中国目前人均GDP只有8000多美元，而2050年中国的人均GDP预计达到 25000 美元，甚至更高一些。因此中国的 GDP 在今后的 30 多年内将要增长到现在的 3 倍以上。即使加强节能，使能源消费的增长速度明显低于经济增速，但未来的能源消费总量仍然可能增加到 60 亿吨标准煤当量，甚至 70 亿吨标准煤当量。仅靠非化石能源将难以满足能源供应需求，各种化石能源仍会继续增加。

五、能源进口不断增加，能源安全保障风险加大

中国曾经是亚洲重要的石油输出国。为了换取外汇，中国曾经限制石油消费，省下石油用于出口。但石油消费仍然缓慢增长，从 1993 年开始中国逐渐变成原油进口国，1997 年成为石油（包括原油和油品）的净进口国。21 世纪以来，石油进口快速增加。现在中国原油和油品的净进口量合计已经超过 4 亿吨。而美国由于页岩油气革命，大幅减少了石油进口量。中国已经成为最大的石油进口国。而且各方面的预测都认为中国还将继续增加石油进口，以后进口量很可能达到 5 亿吨。天然气的进口量也在快速增加，估计未来中国可能每年需要进口 1500 到 2000 亿立方米的天然气。

中国长期坚持主要依靠本国资源的战略，认为大量能源进口是严重的能源安全隐患。有些人提出进口石油不能超过消费量 60% 的安全界限，但是现在石油进口量已经超过了消费量的 66%，而且还可能进一步提高进口比例。近些年来石油价格的大起大落，特别是 2013 年前高达每桶 140 多美元的价格，给所有人留下深刻印象。能源安全和经济安全进一步联系起来。

中国为此采取了许多提高能源供应保障的措施，包括对石油产品收取直接消费税，鼓励各种节约石油的技术开发应用，对国内石油天然气资源勘探给予支持；借鉴国际能源署成员国的做法，建立石油战

略贮备；扩大石油天然气进口来源，推进和俄罗斯以及中亚国家的油气合作和进口，开辟陆路油气进口管线，并尽可能实现进口多来源化。在全球范围内对石油天然气进行投资，增加全球供应能力；参与石油运输通道的安全管理，包括参加国际航道护航，等等。这些措施都是必要的，但国际能源价格变动的风险仍然较高，中东地区的不稳定和战事不断，和石油天然气相关的地缘矛盾和冲突时有激化，都增加了中国对能源安全的担忧。

出于传统的能源安全保障战略思路，中国不少人把继续依靠煤炭，保持以煤为主，甚至发展煤制油、煤制天然气作为能源安全保障的重要选择。中国已经投入了数千亿人民币用于各种示范和实际生产项目，去开发和实施煤制油、煤制气、煤制烯烃项目。保障能源安全也曾经是继续扩大煤炭生产能力、把建立大型煤炭生产基地作为战略选择的原因。这些技术选择、大量投入以及已经新建的煤炭加工转换设施，成为中国实现能源低碳化的阻碍因素，也使低碳化面临巨大挑战。

第三节　中国的能源革命和转型

一、中国需要进行能源革命

30 多年的高速经济增长，伴随着能源和各种矿产品的大量消耗，大面积的耕地转为工业或交通以及建筑用地，中国环境污染日渐严重。包括大气、水、固体污染，土壤退化、重金属、持久性有机污染物、过量的农药和化肥、草地退化、水资源破坏等各种环境生态问题也不断积累。2013 年的 1 月，包括北京在内的华北地区雾霾全面爆发，严重雾霾持续了将近一个月，连续的空气污染席卷了多半个中国大陆，人们经历了历史上呼吸最不舒服的冬天。这次，不仅仅是处于排污源附近的居民，不仅仅是饮用水受到污染不得不改用其他水源的居民，不仅仅是在化工厂边上闻到异味的部分人，而是所有人感到难受。生态环境恢复治理问题一下子变成了全国人民最大的关切，治理污染、向环境污染开战成为中国生态文明建设的当务之急。从中央政府到各级地方政府感到了巨大的压力，紧急研究对策，限期改善环境质量。各有关的研究机构都被动员起来，研究雾霾为什么出现大面积突发性爆发，追根寻源。尽管各地原因不完全相同，但是过高强度的、集中的化石能源消费，特别是煤炭的巨量使用，包括汽车尾气等燃料燃烧产生的排放，是关键的污染来源。要治理雾霾，全面改善大气、水、土地的清洁质量，必须改变能源消费不断上升、化石能源继续增长、煤炭为主要能源的传统能源发展模式。

经过 30 多年的高速发展，中国的经济在 21 世纪第二个 10 年开始的时候也面临越来越严重的挑战。中国在世纪之交加入了 WTO，在 20 世纪 90 年代就开始饱和的一般消费品生产能力，开始大规模向世界市场释放。中国这个世界工厂凭借着几亿有组织的劳动大军和超稳定的社会秩序，加上中国政府对出口的长期支持和鼓励政策，地方政府的招商引资优惠条件，吸引了全世界的投资，使中国很快就改变了世界制造业的地理布局。中国进入世界制造业加工市场的规模效应，是过去亚洲四小龙兴旺时所完全不可比拟的。中国没有用多长时间，就坐上了世界最大商品出口国的交椅。然而 2007 年开始于美国、后来在欧洲扩散的金融危机，使世界市场不但没有继续扩大，反而出现了萎缩。作为拉动中国经济增长重要动力的出口经济，突然受到沉重打击。从最大的增长因素之一，一下子变成压缩经济增长的负面因素，即使后来有所恢复反弹，但难以维持稳定，至今仍然在增长正负分界线上下波动。中国政府从 2008 年开始对国内投资进行了大规模的刺激，中央和地方政府动员了几十万亿的额外资金，推动投资、刺激内需增长，加快各种基础设施建设。各地争相进行各种工业园区建设，房地产开发也再次冲高。在这些经济刺激政策的作用下，中国经济在世界经济普遍衰退和低迷的情况下，仍然保持了较高速度的增长。2008 年中国的经济增速从过去的 10% 以上（2007 年达到惊人的 14.16%），下降到 9.63%。2010 年的 GDP 增速又上升到 10% 以上。但是这种经济增长动力难以持久，从 2011 年开始，经济增速从 10% 以上持续降低，2012 年低于 8%，2015 年开始低于 7%。

在中国经济增速从 10% 以上回落到 7% 的时候，中国今后 GDP 应该或可以保持多高的增速引起了激烈的讨论。有一些经济学家仍然主张保持尽可能高的经济增速，并支持继续采取经济刺激措施，加大投资，维持建设规模，包括继续大规模建设煤炭、电力，以及油气供应设施，为以后的能源需求消费继续较快增长提前做准备。但也有更多的人认为中国经济已经超过了合理的增长速度，而继续依靠发展出口、投资、基础设施建设、房地产等维持高速经济增长已经不可持续。中国应该合理下调经济增长预期，控制无效投资，更多地考虑 GDP 增长所不能包含的社会分配公平、环境生态保护等方面，缓解社会压力，解决长期可持续发展增长动力等问题。越来越多的现实经济变化，进一步推动了对过去高速发展的模式是否可以延续的反思。是继续刺激原有的增长因素，维持现有格局的延续？还是进行重大结构性调整，走更加全面协调的可持续发展新路？这已成为中国目前面临的重大战略选择。中共十八大以来，以习近平同志为核心的党中央作出经济发展进入新常态的重大战略判断，中国的经济增速会有所放缓，中国必须冷静下来，考虑重大的结构调整和新的发展理念问题了。

2009 年的联合国气候变化大会通过了《哥本哈根协议》，开辟了全球合作应对气候变化的新阶段。由于中国从 2006 年开始成为世界最大的温室气体排放国，而且发展中国家的排放总量也超过了工业化国家，中国已经必须更多地参与全球减排温室气体的行动。《哥本哈根协议》实际上使国际合作应对气候变化的责任和义务，从20世纪《京都议定书》的发达国家带头减排、发展中国家自愿选择是否采取行动的阶段，改变为所有国家都有责任和义务更加具体地承担相应限制和减少温室气体排放的阶段。尽管各国情况不同，共同而有区别的责任原则仍然存在，但中国已经进入了全球气候变化谈判的中心角色地位。中国能源发展已经越来越感觉到了世界绿色低碳转型的阵阵雷声，再也不能以不变应万变，继续维持以煤为主的化石能源发展模式了。

中国的能源究竟需要走什么样的发展道路，需要制定什么样的发展战略，一直是中国能源界关心和热烈讨论的问题。早在20世纪80年代初，当时刚刚成立的中国能源研究会就开展了比较全面的能源战略和政策研究。改革开放后，中国经济开始高速增长，而当时中国能源工业仍然延续计划经济时期的管理体制，投资渠道单一，技术准备不足，供应明显难以同步增长。中国能源研究会提出了能源供应量翻一番，以支撑经济翻两番的能源发展战略，加快了能源生产能力的发展速度。到20世纪末，中国基本上解决了能源投资的瓶颈，能源短缺现象也得到明显缓解。随着石油开始大量进口，中国的能源从几乎完全依靠国内资源，开始面向全球化。中国的能源研究界也通过各种国际交流，学到了工业化国家进行能源战略研究的各种方法。我们的目光开始更多地考虑全球能源技术的发展趋势，低碳化问题也开始进入了中国能源战略制定的政策目标。国家发展改革委能源研究所作为中国政府唯一的一个综合性能源政策研究机构，从20世纪90年代起开始研究能源发展战略问题。能源研究所在21世纪初发表了《2020年中国能源发展情景报告》，明确提出要把进一步提高能效、调整能源结构、改变以煤为主作为能源发展战略的主要任务。这是当时系统讨论中国能源发展战略的重要研究成果，引起了各方面的注意和重视。随后国家能源领导小组办公室又组织了中国能源中长期战略研究，组织了几十个能源企业和研究院所几百人参加。该研究对各个能源行业的发展问题进行了深入的分析。但是由于2005年前后正好是中国煤炭大发展阶段，能源结构调整和低碳化的必要性还不为许多人所接受。这一研究中不同意见的争论还是集中在是否应该强化节能优先，是否应该有效引导和控制能源消费需求增长，中国是否应该重视能源结构、改变以煤为主的发展模式等问题上。中国工程院在2008年到2010年也开展了中国中长期（2030—2050）能源战略研究，这个研究比较明确地提出了能源可持续发展的目标，认为中国可以通过引导合理消费，加强节能政策促进技术进步，用有限的能源增长实现长期经济和社会发展目标。中国工程院的报告认为中国到2050年能源消费总量可以控制在55亿吨标煤以内。煤炭消费比例可以明显下降，而天然气、核电、水电、风电、太阳能以及其他再生能源有巨大的增长空间。中国应该从以煤为主过渡到以煤、油、天然气、核和可再生能源作为五大支柱的多元能源结构。工程院的能源战略研究的这些重要结论成为其后中国能源发展规划和战略的重要基础。

进入21世纪第二个10年以后，中国经济发展需要新的动力，经济需要结构性调整的必要性越来越明显。中国开始重新思考经济发展的新理念新思路，能源发展再也不能简单延续原有的发展模式了。

世界能源发展的趋势性变化也推动着中国更加重视能源发展战略问题。欧洲的低碳化进展迅速，可再生能源比例不断提高，对中国起到了很好的示范作用。美国的页岩气革命给中国能源发展造成了冲击，许多人在思考中国是否可以仿照进行相应的革命。经过前一段时期的工业化大发展，中国的能源装备制造能力得到了全面的提高，各种能源的生产能力也都大幅提高，而国内的能源需求开始出现变化，能源消费的增速开始明显下降。能源发展从曾经的各种能源都有充分增长空间，互为补充，基本上不形成竞争的市场条件，变为各种能源开始面临共同有限市场空间的挤压。能源结构调整从对市场增量的分配，一下子进入了对现有存量的竞争和替代。国际油价的再次冲高和迅速下跌，使中国前一段的许多高成本油气投资和煤制油气项目投资变成重大负担。治理环境污染和应对气候变化的紧迫性不断加剧，但传统的强势能源特别是煤炭，不愿意退出老大地位。清洁低碳的能源，例如可再生能源、核电以及天然气，已经开始大规模进入市场，对传统能源形成压力，但经济竞争力仍然有限。中国有没有必要为绿色低碳能源开拓更大的发展空间？能源供应能力充足情况下，还要不要继续推动节约优先，也成为一个十分现实的问题。有人认为能源多了，节能就没有那么重要了。国家要不要坚持推动能源的绿色低碳化转型？如何推动这种转型？一时间各方争论不一。也有人认为中国的能源转型可以慢慢来，不一定要用能源革命的提法。

中国究竟要不要进行能源革命，要进行什么样的能源革命，已经成为中国能源发展的现实紧迫问题。

2014 年 6 月，中央财经领导小组召开第六次会议，研究中国能源安全战略，再次明确提出中国必须推动能源生产和消费革命。中国国家主席、中央财经领导小组组长习近平主持会议并指出了中国能源革命的内容和方向。能源革命是当前，也是今后很长一段时期内，中国能源发展战略和能源政策的基本指导思想。

习近平把中国的能源消费革命放到能源革命的首位，对中国的能源发展具有重要意义。长期以来，能源战略的重点都是放到如何保障供应。能源发展的目标都是如何去满足现在和未来的能源消费需求，而很少考虑需求的合理性。对未来能源消费的预测往往偏高，所以一般都要求有更多的能源供应投资。这在许多国际能源机构的研究报告中都是很常见的现象。能源消费革命明确提出抑制不合理能源消费，就是对能源发展以满足需求为主要目标的一种纠正。中国必须选择合理的消费方式，不能照搬发达国家现有的能源高消费模式。中国还是一个发展中国家，现在的人均能源消费量仍然低于发达国家，和发达的能源高消费国家的人均能源消费量相差得更远。中国的能源消费不能以美国加拿大等国家为目标模式，这不仅是因为中国人口多资源有限，更是考虑到全球面临的气候变化挑战。要想解决能源绿色低碳化，不但需要通过技术进步，提高各种用能设施的能源转换和利用效率，还要防止浪费性的消费模式，培养节约型的消费方式和消费行为。中国的能源消费政策特点是重视保障普遍的能源服务，各种能源基础设施和供应能力，要考虑为绝大多数中国人提供相同的能源服务，而不能只为少数或部分人提供服务。因此更要提倡节约，反对浪费型、奢侈型能源消费。中国要长期坚持节约优先，不仅要在能源供应能力不足时重视节能，更要在能源供应能力充足时重视节能。还要动员全社会形成崇尚节约、杜绝浪费、保护资源、尽可能减少环境污染的社会意识和个人品德。合理消费要成为中国能源发展战略的重要目标，同时也要追求最高的能源技术效率和能源经济效益。中国在城镇化过程中，在产业结构选择、基础设施建设、房屋建设和交通模式选择等多方面，都要优先考虑节约能源。能源消费革命还提出了设定能源消费总量控制目标的具体要求，使这种总量控制目标成为中国全社会的有约束力的发展目标。在中国的“十三五”规划（2016—2020 年）中，已经设定了能源消费总量控制目标。

习近平提出的能源供给革命，强调了要建立多元化的能源供应体系，就是要改变以煤为主的能源结构。特别是明确提出了要着力发展非煤能源，形成煤、油、气、核、新能源和可再生能源多轮驱动的能源供应体系，把能源结构调整作为能源供应发展战略的重点。中国过去煤炭占了能源消费总量的三分之二，今后也不可能指望转变为以石油和天然气为主，从以煤为主一下子转变为以非化石能源为主也需要有个过渡阶段。向低碳能源过渡需要几十年以上的时间，所以仍然要有一个不断减少煤炭比例、提高天然气消费比例、增加石油消费、加快核能与可再生能源等非化石能源发展的多元化发展过程，最终改变到以非化石能源为主甚至是完全的低碳和无碳能源供应体系。

习近平还指出能源技术革命要以绿色低碳为方向。绿色首先要解决现有的能源生产转化和消费的清洁化以及环境保护问题。中国在今后几十年里尽管煤炭消费总量会不断减少，但仍然不得不继续大量使用煤炭。所以提高煤炭和其他化石燃料利用的效率，尽可能减少煤炭生产和消费过程中的污染物排放和环境影响，是中国能源技术创新和发展的重要内容。但是低碳化是最终目标，而且必须从现在就开始增加低碳能源的比例。能源科技研发的重点，一方面要面向能源消费系统的高效化、智能化、低碳化，包括各种高效工业节能技术，先进高效低碳建筑物能源技术，先进低碳高效交通工具及其体系，等等；另一方面要推动对各种低碳能源，包括核电和各种可再生能源，以及其他新能源供应系统的研发和技术创新，包括储能、氢能源、核聚变等技术发展。

中国的能源体制革命要通过能源管理体系的改革，为实现能源消费供应和技术革命创造更好的条件。能源领域的改革是中国经济体制改革的重点之一。中国的能源体制改革一直在进行。从 20 世纪 80 年代开始，中国就在探索从原来过于僵化的计划经济转变为更加灵活的市场经济，能源领域的各种改革就没有停止过。在以经济建设为中心和改革开放搞活经济的推动下，中国成为各种改革思潮的大试验场。在计划经济时期中国曾经有过煤炭工业部、石油工业部、电力工业部，能源工业是集中的生产部门，能源矿山和工厂只是具体的生产车间，完成预定的生产任务。经过多轮改革，现在中国已经形成了由许多中央直接管理的大型国有企业、地方政府管理的国有企业、多种合资和私有企业共同组成的能源企业集群。其中大型国有企业是中国能源企业的主要骨干，在生产技术能力和资本实力方面占有优势。多数国有企业也都是上市公司，企业管理在不断适应国内和国际市场竞争的需要。国家对能源价格的管理也经历了多次改革，目前仍然对电力上网和销售价格实行规制定价，油品价格也实行根据国际价格变化而跟踪变化的规制性定价。国家的价格管理政策的重点是维持能源价格的合理稳定，对居民用电、供热、供气价格长期采取保护和优惠政策。中国今后的能源领域的改革还需要进一步考虑如何使管理体制能够更好地适应推动能源消费革命和供应革命的要求。

二、能源转型正在路上

世界能源系统已经经历过多次大的转型。从蒸汽机时代的煤炭替代薪柴，到 20 世纪中叶石油成为主要能源，再到后来石油和天然气并存的后石油时代。这些能源转型都是由于技术的进步为大规模开发新的能源品种创造了条件，新发现的能源品种更高效、更清洁、更方便，可以满足更多的新用途。

全球气候变化推动的能源转型，却是因为化石能源排放的二氧化碳，使人类不得不放弃对各种化石能源的使用，进行艰巨的低碳转型。中国经过了几十年的努力建立起来的庞大的能源系统，特别是以煤炭为主的能源生产消费系统，似乎是突然感受到了空前的转型压力。

中国的能源消费市场从 21 世纪初到 2012 年，经历了高速发展的“黄金十年”，平均年增长率达到 8%。人们曾经预计能源消费还将持续增长下去，虽然增速会有所回落，但需求总量前景仍然美好。当时的煤炭行业曾经认为中国的煤炭消费将从当时的35亿吨左右，继续上升到48亿吨。政府相关部门据此制定了大规模在中国中西部地区发展新的煤炭和火电基地的计划，并全面推动这些地方的投资建设。根据前些年电力消费高速增长的经验，电力企业也认为需要大量建设更多的发电设备。而新增的核电和可再生能源发电难以满足电力消费增长的需求，所以中国仍然需要大批建设大型燃煤电厂。尽管气候变化要求低碳化的声音越来越大，但近期的发展需求好像仍然需要传统的化石能源包括煤炭才能支撑。这种过于乐观的发展观点在2013年以后受到能源消费市场的重大打击。

2008年中国的经济也受到了国际金融危机的影响，能源消费增速从前一年的8.7%下降到2.9%，不过第二年就开始反弹，到2010年又上升到7.3%并维持到2011年。2012年能源消费增速又开始下降到3.9%，但这在当时并没有引起足够的重视，许多人期望世界经济可以走出低谷，中国仍然可以保持原有发展模式，能源消费增速还可能再次反弹。然而后来的事实与多数人的期望相差甚远。尽管中国的经济增速从2012年的7.9%到2016年的6.7%只下降了1个多百分点，但能源增速却一路下降，到2015年达到0.9%的最低点，2016年也只有1.4%。电力消费增速从曾经的高于10%，回落到2012年的5.6%，2015年降低到只有0.5%的最低点。煤炭消费量从2014年开始出现总量下降，从2014年到2016年的三年间，年煤炭消费量分别下降了2.9%、3.7%和4.7%，累计下降了11%。煤炭生产量也从2013年时约40亿吨下降到2016年的34.1吨。

能源消费增速的迅速下降，特别是煤炭消费总量的连续下降，是出乎许多人预料的。由于对这种能源消费形势变化预计不足，而能源产能投资还在继续扩大，使中国的煤炭和电力市场出现了明显的供大于求局面。煤炭价格在2014年到2015年出现暴跌，下降幅度达到

60% 左右。火力发电设备的年运行时间连续几年大幅下降，从 2013 年超过 5000 小时连续下降到 2016 年的 4165 小时，远远低于设备合理运行的小时数。但是发电能力的增长仍然维持很高的增速，除了水电风电和太阳能发电保持高速增长以外，燃煤电厂也保持了大规模的增长，进一步加剧了电力供大于求的情况。发电能力的过快增长，特别是燃煤火电的持续发展，一方面是由于各方面对能源消费出现重大变化预期不足，决策调整滞后；另一方面也是由于把电力投资项目的审批权从国家能源局下放给各地方政府，出现了项目准入失控，大量火电建设项目争相上马，缺乏对全局性市场变化的反应。

由于燃煤电厂产能明显过剩，电力市场竞争十分激烈，对核电、水电和其他可再生能源发电设备的充分利用也造成了很大的压力。许多地方出现了风力、太阳能以及水力发电电网不能容纳的情况，由此浪费的电量一年数以百亿千瓦时计。国家能源局面对火电新建项目明显过多的情况，不得不重新提出控制火电项目总量的要求，也不得不要求发电能力过剩严重的地区暂停风电、太阳能等新建大型投资项目。

对于中国能源未来的消费需求增速，目前看法还不一致。但多数意见认为中国的能源消费会进入低速增长期，难以回到曾经的高增速期了。

国家发展改革委能源研究所、清华大学、中国社会科学院、中国人民大学的一批知名专家最近完成了中国可以提前实现碳排放峰值的研究报告。该报告认为，中国的能源消费将进入一个长期的低速增长期。他们认为，中国经济发展本身进入了一个重要的转型阶段，保持经济增长已经不能继续只依靠增加一般制造业的产能，而必须依靠提高单位产品和劳务的附加值。拉动高能耗原材料生产数量增加的各种因素都已经越过峰值，包括基础设施建设规模和房屋建设规模以后都将逐渐缩小。中国的高能耗原材料产业整体进入饱和期，钢铁水泥等基础原材料需求量已经进入下降期；工业产能上涨空间十分有限，工业用能有可能很快达到峰值；而建筑节能技术和交通节能措施可以有效减少中国建筑和交通用能的增长幅度，中国能源增速可以长期保持在很低范围之内。这个研究认为，中国2050年前人均GDP可以从目前的8000美元提高到25000美元以上，但能源消费可以控制在只比现在增加25%左右，平均年增速将不到1%。

该研究报告认为，由于中国将不断加强空气污染治理，煤炭消费总量将持续下降。而且非化石能源的增加不但可以满足新增能源的需求，还可以替代一部分煤炭。天然气的进一步扩大供应，可以进一步推动煤炭消费量的下降。因此中国应该可以在2025年以前使碳排放提前达峰。

节能和非化石能源的技术进步和大规模应用，可以在碳排放达峰后有效降低碳排放总量。但要真正实现碳排放大幅度下降，仍是中国能源系统面临的巨大挑战。中国有可能需要大幅缩短以煤炭为燃料的各种设施的使用寿命，而从现在起就重点限制和煤炭相关的能源投资，并继续加快非化石能源的发展。专家们预测，由于电动汽车将在2025年到2030年期间成为主流销售车型，石油消费将相应达到峰值并随后开始下降。天然气有可能成为最后退出市场的化石能源，今后二十年内天然气消费量将不断增加。中国的核电应该成为重要的低碳能源，2050年中国核电可能达到4亿千瓦左右，水电会达到4.5亿千瓦，风力发电和太阳能发电都将超过10亿千瓦，甚至远远超过。中国现在已经是世界上水电、风电、太阳能发电装机最多的国家，也是目前正在建设的核电装机最多的国家，中国有信心通过持续的努力，实现能源的绿色低碳转型。

本书以下章节将详细介绍中国在节能、可再生能源、煤炭、石油和天然气以及电力等领域的发展经历，还将讨论中国能源管理体制的改革和变化。

第二章

节能优先和能源消费革命

中华人民共和国成立的时候，中国还是一个完全以农业为主的国家，能源工业极其落后。只有少数大城市有一点电力供应，多数城市和所有的农村都没有电力。全国的发电装机还不到 200 万千瓦，年发电总量只有 43 亿千瓦时。石油产量只有十几万吨，天然气根本没有形成产业。煤炭几乎是唯一的商品能源，供应量极其有限。新中国经过近 30 年的努力，到 1980 年时一次能源总产量已扩大了几十倍，达到 6 亿吨标准煤。发电量也提高到了 3000 亿千瓦时。但对当时 9.87 亿人口的大国来说，这一量级的能源仍然主要用于工业生产，并且是按计划供应，人民生活用能的供应非常有限。

20 世纪 70 年代，中国 80% 以上的人口还是农民，许多农村地区还没有电力供应，除了本地有煤炭资源的农民可以就地生产一些煤炭以外，农村基本得不到生活用的商品能源供应，即使是点灯用的煤油也是定量供应。农民主要依靠秸秆、薪柴等原始生物质能源做饭和取暖。许多地方因为没有足够的薪柴，农民不得不减少做饭次数，一天只能吃一顿热饭的现象经常发生。城市居民住房条件很差，人均不到 10 平方米的居民建筑面积，家庭除了几个电灯以外，几乎没有其他家用电器。照明用的白炽灯泡多为 15 瓦和 25 瓦的，能用 40 瓦的灯泡就是很奢侈的了。为了节约电费，在不需要看书的地方，使用 3 瓦、5 瓦的灯泡也很普遍。一台收音机可能是唯一的家用电器。只有很少的家庭有能力购置一台黑白电视机。1980 年以前，电冰箱属于医疗设备，根本不对居民销售。除了部分有集中供热的房屋外，许多城市居民只能依靠定量供应的蜂窝煤或煤球做饭和取暖，用煤必须十分小心节约，否则就可能出现家庭“能源危机”。

由于能源供应能力增长赶不上需求的增长，能源短缺长期以来一直是中国能源发展面临的主要问题。为了缓解供需矛盾，节约能源、杜绝浪费一直是一个重要的政策目标。

第一节　节能优先是中国的国家发展战略

一、曾经因为能源短缺而不得不节能

20世纪80年代开始，随着中国的改革开放，生产用能需求快速增长，而能源供应能力的发展跟不上需求的增长，原来由计划经济规定产量和用量的能源平衡方法逐渐失效。全国各地各种新的工业企业如雨后春笋般大量涌现，能源短缺问题变得十分严重。一时间，中国每个省、每个市甚至每个县的领导和政府的经济管理部门，都不得不想方设法去争取得到更多的煤炭和电力供应，解决能源供应缺口问题。

出产煤炭的地方就成了最热门的地方。中国的煤炭资源大多分布在中西部，其中山西省煤炭产量大，距离工业生产增长最快的东部沿海地区也比较近，自然就成为最重要的煤炭供应地。当时东南沿海地区的各级政府主要领导，几乎都要到山西去争取得到更多的煤炭供应。江苏等地流传的说法是所有的县长都去过山西，找过当地领导，也去过当地的煤矿，设法多买到一些煤，甚至要想办法运去许多紧缺的食品和轻工产品，作为给当地的额外礼物。上海市为了保证山西分配给上海的煤炭能够及时运到上海，专门派出了几百辆载重汽车常年在山西帮助运送煤炭，确保煤炭可以从各个煤矿运输到火车站。而由于运力不够，运煤的火车成了抢手货。为了拿到车皮（车厢），各个用户也是绞尽脑汁，甚至许多用户不得不自己购买专用车皮派人跟车运输，还要防止车皮被别人盗用或错用。由于铁路运煤能力紧缺，各方面都想方设法争取更多的运力，铁路的车站、货场、转运设施都奇货可居。各级铁路管理部门不断变相提高运价，各种收费名目繁多，煤炭运输相关收费名目多达几十种，几乎所有的设施和过程都另外收费。煤炭最短缺的时候，煤炭运输价格甚至明显高于煤炭本身价格。山西的煤炭运到上海或广东，运价占煤炭价格的比例可以高达50%～60%。

在20世纪80到90年代，电力短缺曾经比煤炭的短缺更严重。工业和经济发展曾经受到电力短缺的严重制约。政府不得不对电力供应实行严格的配给制度，限定企业的用电数量。即使如此也难以解决缺电问题，在多数地方不得不实行分区分时停电的供电政策。对不同的企业根据其负荷的特点，规定不同的用电时间，有些工厂白天没有电力供应，只能夜间生产。更严重的地区还实行一周轮换停电几天，以保持电网的安全运行。有些地方甚至开三停四，开二停五，也就是一周只能供电三天或两天，企业生产受到很大的影响。为了协调电力供需矛盾，各地政府都成立了专门机构，称为用电管理办公室，负责计划用电、安全用电、节约用电，简称“三电办”。当时“三电办”的权力很大，特别是通过安排用电计划，对有限的电力供应进行分配。而安全用电的主要目的是防止企业和居民超负荷用电，造成电力线路的不安全问题。节约用电在电力短缺的情况下是一种不得不受到重视的措施，企业都需要在规定的电力负荷条件下，尽可能地多生产，因此如果可以节约一些电力的话意味着可以多生产一些产品。

在这种能源严重短缺的情况下，中国不得不高度重视节能。20世纪80年代到90年代初，是中国节能管理工作的第一阶段。这一阶段中国政府实施节能管理的工作重点是促进国有企业的能源节约，弥补全国能源供应的短缺，支撑国民经济快速发展。节能的主要目的就是缓解能源短缺，企业必须注意利用一切可能的手段节约能源。而这个时期提高能源利用效率的节能技术还十分缺乏。中国在20世纪80年代初提出了力争用20年时间使经济总量（GDP）翻两番的经济发展目标，当时国家有关能源主管部门和研究单位认为能源供应能力不可能相应同步翻两番。从当时的煤炭、电力、石油等规划的投资项目测算，中国的能源供应20年间最多可以增加一倍，因此国家提出了能源翻一番支持经济翻两番的重要战略。相应制定开发与节约并重，近期把节约放在优先地位的能源发展方针。由于中国当时仍然主要延续着计划经济管理模式，在是否要从计划经济改变为市场经济方面还在进行试探和争论。所以这一阶段中国节能管理的特点是政府主导，政策和措施具有明显的行政指令特征。

1981年，“六五”计划（1981–1985年）全面规范节能工作，制定了《对工矿企业和城市节约能源的若干具体要求（试行）》共58条款的详细节能管理细则，称为节能“58条”。该细则要求企业建立节能管理机构，加强企业节能基础工作，包括要建立能源台账、开展能源平衡分析，以发现节能潜力。企业要对重点工艺、重点设备进行能源定额管理，实行节能标准等等。国家和地方政府以及企业建立三级能源管理网，实施能耗考核制度；各省（区、市）以及一些重要的城市要建立节能服务中心；制定实施节能优惠政策，加大节能资金投入。节能“58条”对推动企业加强节能起了很好的作用。后来还在许多地方进行了落实节能“58条”的评比活动，对节能管理搞得好、单位产品能耗达到国际或国内先进水平的企业进行表扬和奖励。

1986年，国务院又颁布《节约能源管理暂行条例》，建立国务院节能工作办公会议制度，研究全国重大节能问题；组织制定了主要的节能标准和节能设计规范，全面规范节能工作；制定和实施节能税收优惠政策，如对节能贷款给予利率优惠，对节能效益实行“税前还贷”，对节能产品减免产品税和增值税3年，引进节能设备和技术减免关税等；继续对国有企业节能措施投入节能基建和技改资金；国有企业实行节能奖，奖金可计入成本；开展国有企业节能管理升级活动，安排节能示范工程，推广节能先进技术等。

这一时期最主要的节能措施是实施能源定量供应、企业能源定额管理制度，国务院发布了压缩烧油、节电、节油、节煤等指令，企业只能得到定额确定的能源供应配额。大多数企业没有自己直接从煤矿或电厂得到额外供应的能力，只能在配额之内使用计划分配的煤炭、电力供应。后来随着能源市场的逐步扩大，有些大企业虽然可以争取在计划配额外得到更多的能源供应，但当时计划配额外的市场能源价格要远远高于计划配额价格。

二、学习和改善适应市场条件的节能管理

1. 中国学习和借鉴多国节能经验

1992 年，邓小平南方谈话中指出“社会主义也有市场，资本主义也有计划。计划多一点还是市场多一点不是社会主义的根本特征”，明确了中国要向社会主义市场经济过渡，再次推动了中国的改革开放进程。计划经济时代的体制逐步被改变，原来单纯依靠政府能源主管部门单一掌握能源建设项目、单纯依靠中央投资搞能源建设的投资体制出现了巨大的变化。依靠多种来源进行能源投资，加快能源供应能力建设，中国逐渐形成了依靠中央政府、地方政府和各行各业共同建设能源项目的新机制。在煤炭资源丰富地区，各级地方政府根据自己的投资能力，很快建设了大量小规模的、设备比较简易的煤矿，包括许多乡镇煤矿（有煤炭资源所在地农民集体投资和运行的煤矿）。尽管当时煤矿生产安全受到很大冲击，死亡事故不断，煤炭资源利用率下降，但煤炭生产能力快速增加。电力建设为了更多地筹集建设资金，提出了多家办电的政策，一开始是让缺电严重的地方政府筹资进行电力建设，也鼓励大用户参加电力投资以优先得到相应的用电配额。这些措施使煤炭和电力供应能力加快发展，一方面缓解了能源紧缺状况，另

一方面也开始出现了计划之外的能源市场。过去基于配额和用能标准进行节能管理的模式不再适用，市场条件下企业和地方政府的能源供应开始多样化。

这一阶段是中国经济处于从计划经济向市场经济的转轨阶段，政府尝试建立适应市场经济体制要求的节能经济激励政策和机制；随着中国对外开放程度不断提高，中国也更多地了解世界各国的节能政策和促进节能的各种措施，特别是市场经济条件下的节能经验。

在 20 世纪 80 年代，中国主要是向日本学习节能管理经验，特别是日本的企业能源管理的经验。例如开展能源审计，企业设立能源管理师等基本都是从日本引进的。进入 90 年代，更多的西方节能和能源管理理论、经验被介绍到中国。其中联合国开发计划署（UNDP）、世界银行等国际机构在这方面做了很大贡献。《联合国气候变化框架公约（UNFCCC）》签署后，全球环境基金（GEF）中设立了气候变化专项基金，用于支持发展中国家的温室气体减排能力建设及示范项目，也为世行等国际机构在中国开展节能政策能力建设和示范项目提供了更多的资金来源。联合国开发计划署早在 20 世纪 90 年代中期就直接支持了中国的绿色照明工程。世界银行也发起了在中国建立节能市场服务机制的示范项目，并具体帮助中国在北京、辽宁和山东建立了第一批节能服务公司。中美建交以后，不少美国学者和专家，包括非政府组织进入中国，也带来了美国在节能和能源管理方面的经验。欧洲一些国家的政府和社会组织，例如德国的 GTZ（现在的 GIZ），也纷纷在中国开展活动推动节能，都起到了很好的作用。

中国在充分实行开放政策，认真学习借鉴世界各国节能政策和实践方面的经验方面，得到了许多国家和国际机构以及个人朋友的帮助。在众多帮助中国引进国际节能经验的国际友人中，对中国节能事业有较大贡献的应该提到两位美国朋友。一位是美国能源部劳伦斯伯克利国家实验室（Lawrence Berkeley National Laboratory, LBNL）的马克·列文（Mark Levine）先生，另一位是当时美国能源部太平洋西北实验室的威廉·钱德勒（William Chandler）先生。马克·列文先生是美国知名的能源专家，也是节能方面的政策专家，长期参与联合国政府间气候变化专门委员会（IPCC）的工作，是美国能源部劳伦斯伯克利实验室的一个部门主任。列文先生从1988年第一次访华起，就开始对中国的节能问题高度关注，为此他在劳伦斯伯克利实验室专门成立了中国能源项目组，专门研究中国的能源节约问题。从1989年起就和国家发展改革委（当时还是国家计划委员会）能源研究所建立了紧密的合作关系。20多年来，马克·列文在劳伦斯伯克利实验室的中国能源项目组前后接待了能源研究所上百人次的工作访问和培训，长期和中方开展合作研究。当然还有很多来自中国其他科研单位、大专院校的人员也和马克·列文的中国能源项目组建立了广泛的工作联系。马克·列文和他的团队也成为访问中国的常客，从1989年开始系统地向中方介绍美国和国际社会开展能效研究和制定能效政策的经验和分析方法。

在20世纪90年代初，马克·列文先生和钱德勒先生还帮助策划和组织了当时国家计划委员会主管节能和环保工作的司领导到美国进行深入调研。在近两个星期的时间里，每天安排三场甚至四五场不同机构的会见参观，遍访了美国联邦和重要州市的能源和环保相关政府、监管机构、科研单位、企业以及非政府组织，系统了解美国的能源、节能和环保政策及实施情况。访问归来后，相关领导感叹道："这次总算对美国的节能环保情况有了系统认识，也弄明白了什么是市场条件下的区别于单纯节约能源的能源效率概念了。我们也领教了马克·列文先生的认真和充分利用时间的高效率工作精神和方式。"

以前中国的节能主要是通过行政方式管理计划配额，以及相对强制性地推行一些工业节能技术的应用，而劳伦斯伯克利实验室所在的美国加利福尼亚州是美国在节能和环保方面最先进的州，有很多推进节能的新理念新方法，中方通过这些合作交流受益匪浅。我们当时从马克·列文那里引进了能源效率（energy efficiency）的概念，节能不仅是为了解决能源短缺，更重要的是用最少的能源创造更多的产出和效益，是一个重要的经济效益问题。从马克·列文的团队那儿，我们学会了如何对各个行业进行节能潜力技术经济分析的系统方法，开发了中国最早的节能潜力部门分析模型。成为后来分析中国节能潜力，开展能源发展情景分析的重要工具。中国还由此引进了能源综合资源规划（Integrated Resources Planning）概念方法，将节能作为能源供应方案的有机组成部分，把节能节约下来的能源视为有效的资源开发，只要节约等量能源的投入少于开发的投资，就应该优先考虑节能项目，以达到整个能源供需平衡的最低成本和资源的最优配置。电力行业的需求侧管理（Demand Side Management）的概念和方法也是通过和马克·列文的合作引进过来的。电力建设需求侧管理（DSM）要求电力供应方也要把用户的节能管理作为保障电力供应的重要资源，并纳入供电能力建设的规划范围，体现节电的优先性。在20世纪90年代能源综合资源规划（IRP）、需求侧管理（DSM）的方法被引入中国，并在中国推广。第一个示范的案例就是对深圳市当时的电力建设项目进行优化，在分析了深圳市各方面的节能潜力后，专家们建议深圳市可以少建或缓建一座30万千瓦的发电厂，起到了很好的示范作用。经过20多年不断发展和普及，电力系统的需求侧管理已经成为中国重要的政策，也开辟了广泛的市场，现已进一步延伸到“能效电厂”“需求侧响应”等节电理念和举措，并在部分城市开始试点。

马克·列文对中国节能和能源低碳发展的另外一个重要的贡献是推动成立了最初由美国大卫与露茜尔·派克德基金会（The David and Lucile Packard Foundation）和威廉与佛洛拉·休利特基金会（The

William and Flora Hewlett Foundation）资助成立的中国可持续能源项目（China Sustainable Energy Program），后来在此基础上于2013年正式更名为能源基金会（中国）。列文先生运用了他在美国长期从事节能技术和政策研究的声誉，以及对中国节能事业重要性的认识和热情，促成了这个后来对中国能源可持续发展起到了重要帮助的项目。

能源基金会（中国）的宗旨是推动能源效率的提高和可再生能源的发展，帮助中国过渡到可持续能源的未来。通过资助中国的相关机构开展政策研究、加强标准制定，推动能力建设并推广最佳实践，助力中国应对能源挑战。基金会的项目资助领域包括清洁电力、环境管理、工业节能、低碳发展、可持续城市、交通、策略传播七个方面。该机构在北京市公安局正式注册，而且成为国家发展和改革委员会唯一同意担任主管单位以示支持的外方非政府结构。在过去的十几年中，能源基金会（中国）由于成绩显著，吸引了更多的基金会参与资助，影响不断扩大。

该能源基金会是国际基金会在中国与中方一起推动能源可持续发展政策，并推动这些政策在各个领域和地方实施的最成功的合作典范。截至2015年底，能源基金会在中国资助的研究和政策实施项目达到2300个，项目单位超过630家，其中包括国内外一流的政策研究机构、高等院校、行业协会、地方节能机构和非政府组织等，在中国的赠款金额累计已超过2.4亿美元。可以说中国的能源可持续发展，特别是节能、可再生能源以及气候变化有关的政策研究都或多或少地得到了基金会的支持，不但使中国更好地了解和学习国际有关实践经验，也改善和强化了相关的研究理论和方法工具，为中国有关能源可持续发展政策的制定和实施做出了重要贡献。

马克·列文现在已经退休，但他在劳伦斯伯克利实验室建立的中国能源项目仍然后继有人，一直继续着和中方的合作研究，成为中美能源政策研究之间的友好纽带。

原来在美国能源部太平洋西北实验室担任一级研究员的威廉·钱德勒先生也是美国知名的能源和环境公共政策以及国际关系专家，他也长期致力于推动世界的能源可持续发展。早在1989年，钱德勒先生和马克·列文先生一起推动中美在节能方面的合作。他在美国能源部争取到资金支持，在全球5个原计划经济国家建立了以首都名字命名的能源效率中心，如莫斯科能源效率中心、华沙能源效率中心、布达佩斯能源效率中心等，推动这些国家在节能和提高能源效率领域的国际合作，促进国内节能机制建设、节能技术和产品的推广和应用。并且终于在1993年得到美国能源部的支持，推动共同发起和成立了由国家计委能源研究所和美国能源部共同支持的北京能源效率中心（Beijing Energy Efficiency Center，简称BECon），美国方面除了钱德勒先生所在的美国贝特尔太平洋西北国家实验室（Battelle, Pacific Northwest Laboratory, PNNL）以外，马克·列文所在的劳伦斯伯克利实验室以及世界自然基金会（World Wildlife Fund for Nature）美国分部也是共同发起和支持组织。

北京能源效率中心（以下简称"效率中心"）在中美双方权威研究机构的支持下，很快成为中国引进国际节能先进理念和实践的核心机构。当时美国克林顿政府出台的一系列有利于提高能源效率、减少温室气体排放的法律法规、能效标准和举措，例如联邦政府推动绿色照明计划、电机挑战计划、电力需求侧管理（DSM）、综合资源规划（IRP）以及各种减少温室气体排放应对气候变化的措施方法等等，都通过效率中心比较系统地介绍给了中方。以效率中心为桥梁，能源研究所与美国能源部两个实验室建立了良好的交流渠道。效率中心成立以后，得到了来自世界银行（WB）、联合国开发计划署（UNDP）、PNNL、LBNL、WWF等国外机构研究资金的支持，不仅将绿色照明、电力需求侧管理（DSM）、资源综合规划（IRP）、合同能源管理（EMC）等节能新概念引入国内，还开创了国内相关领域的重大国际合作和实践。效率中心成为能源研究所对外开展节能和提高能源效率领域国际合作的窗口，对内为政府节能决策机构提供技术支持和咨询服务的国家级研究团队。1997 年美国克林顿总统访华期间，还特别邀请北京能源效率中心时任执行主任即本书作者周大地先生去桂林参加面对面圆桌会，讨论节能和环保合作问题。克林顿还为北京能源效率中心题字，对效率中心为推动节能事业做出的努力表示感谢。

二十几年来，效率中心一直致力于节能领域的政策研究和政策实施推动工作，参与了中国节能战略、中长期节能规划和节能政策研究制定。成为中国政府进行节能政策研究和制定的骨干队伍。还为中国政府主持管理了不少国家级节能重大社会工程。成为中国在节能政策和相关理论方法方面最有影响力的机构。2013 年国家四部委对全国少数单位颁发国家级节能工作先进单位奖状，北京能源效率中心成为全国唯一一个获得该奖项的政策性研究单位。

近 30 年来，钱德勒先生一直在促进中美之间在可持续发展能源以及气候变化方面的对话和合作。中方人员也多次访问太平洋西北实验室。钱德勒先生还帮助中方多方人士建立和美国政府、国会、智库之间在能源政策和气候变化政策方面的联系；后来还亲自到中国操作建立合资的能源服务公司，推动工业节能投资项目，成为到中国实践采用能源服务公司方式推动节能投资的少数外国学者。

2. 中国探索市场经济下的节能管理方法

20 世纪 90 年代以后，中国积极探索适应市场经济的节能管理方法，节能从以缓解能源短缺为目的逐渐改变为提高资源利用经济效益为主要目的。政府对节能管理手段和措施进行重大调整，取消了计划经济体制时期建立的一些节能政策和措施。1994 年起，国家开展了税收、金融体制方面的改革，企业经营自主性大幅提升。过去按计划分配能源、控制投资、规定企业工资奖金具体数量的做法逐渐改变，计划经济体制时期国家在节能方面建立的财政、税收、金融优惠政策也不再适用，逐步被取消。例如，中国的企业曾经基本上都是国有企业，工资和奖金内容及数量严格由国家规定。为了鼓励节能，国家规定企业通过节能技术改造取得的经济效益可以有少部分用于对相关职工发放奖金，称为节能奖。在工资普遍较低、奖励性收入十分有限的计划经济时代，这些奖励对促进企业职工积极想办法搞节能技术革新改造、加强能源管理起到了很大的激励作用。但随着市场经济体制的逐渐建立，国家不再对企业规定具体的奖励许可额度，企业对职工的奖金不再受国家直接控制，企业可以更多地决定奖励数量和内容，因此过去的节能奖规定失去了实际意义，政府节能管理职能部门需要探索和建立新的节能激励政策和措施。

由于政府逐渐不再具体管理企业的技术改造投资，过去直接由政府规定企业节能投资项目和数量的做法也不再适用。1994 年，国家成立中国节能投资公司，安排节能专项资金，以商业投资的方式对节能基建/技改进行投资；国家还开始通过发起专项节能社会工程，推动重要的节能技术发展和推广应用，最早开始的是“中国绿色照明工程”，全面促进高效照明产品的大批量生产和全社会的普遍使用。为了探索市场经济条件下的节能机制，开展了能源服务公司试点和电力需求侧管理试点。通过能源服务公司试点，学习一些发达国家采用合同能源管理模式推动节能技术改造，同时承担节能项目筹资，并以节能技改项目的经济收益回收投资和分享效益的新机制。从那时起，国家在扶持能源服务（管理）公司方面就一直不断改进相关政策，给予多方面倾斜。2010 年中央财政专门安排了奖励资金，支持合同能源管理模式，鼓励发展节能服务公司，推动企业实施节能技术改造，并通过合同能源管理认定节能技术改造项目的节能效果。

中国加强了对节能技术改造的引导。一方面充分了解世界各国在主要工业领域、主要工艺、主要设备方面的先进技术，另一方面也加强了对国内各个领域能源利用技术现状的调查和潜力分析，在这些基础上找到差距，提出优先考虑的技术改造、设备更新的技术清单。1996年，国家计委首次印发《中国节能技术大纲》，提出详细的节能技术路线和方向，引导企业发展和应用先进节能技术，淘汰落后技术和设备，推广节能科技成果。随着时间的推移和技术的不断进步，节能技术大纲后来还多次更新。

为了适应市场经济条件下帮助企业了解各种节能技术进展和先进技术的实际应用情况，加强节能信息传播，1997年国家经贸委组建“节能信息传播中心”，对国内节能技改和高效节能设备的应用案例进行评估，并向国内发表公布，供各界信息共享。当时国家经贸委主要负责中国工业节能，还与全球环境基金/世界银行合作开展了“中国高效锅炉项目”“中国节能促进项目”等。

三、加强节能法制化建设

随着能源供应领域的体制改革，中国的能源投资不断增加，煤炭和电力建设速度大大加快，能源短缺问题基本得到缓解。当时中国经过了近20年的发展，基本实现了农业产品充分供应，一般生活消费品的供应也得到极大的改善，居住条件得到了初步改善，许多人开始有了比较像样的住房。城市地区彩电、冰箱、音响设备、VCD已经基本普及，空调开始进入家庭，家用电器保有量以惊人的速度增加，人们的能源消费水平有了很大提高。家电市场的扩大，促进了制造业大发展，中国几乎每个省（区、市）都有自己的冰箱、彩电等家电制造企业，出现了几十个家电品牌，但产业重复严重。1997年亚洲金融危机前后，中国出现了第一次明显的普遍性产能过剩和经济调整。能源也随之出现第一次产能过剩，特别是煤炭市场供需关系逆转，产大于销一时十分严重，许多煤矿不得不停产或降低产量。节能管理已经完全不能局限于作为缓解能源短缺的辅助措施，提高经济效益、改善经济发展质量逐渐成为推动节能的主要动力。

另一方面，随着中国社会主义市场经济秩序的确立，节能管理必须依据法律才能有效进行。经过几年的反复酝酿和修改，1997年11月，全国人大常委会通过《中华人民共和国节约能源法》，并在1998年1月1日开始施行，节能工作开始步入法制化轨道。《节能法》为中国在经济社会发展中确定节约能源的重要性、全面推进节能工作奠定了必要的法律基础。1998年开始执行的《节能法》共有6章50条。在第一章总则中界定了节能法的宗旨和基本政策目标。当时的《节能法》第四条确定“节能是国家发展经济的一项长远战略方针”，并规定“国家制定节能政策，编制节能计划，并纳入国民经济和社会发展计划，保障能源的合理利用，并与经济发展、环境保护相协调”。第二章节能管理中对从国务院到基层政府的节能管理内容和权限进行了规定，国家应该对新建工程项目进行能效审核管理，禁止低效落后项目建设；国家制定能效标准；对落后的耗能过高的用能产品、设备实行淘汰制度；对重点用能单位进行重点管理等等。在第三章合理使用能源中，对用能的主体特别是企业要如何加强节能做了规定，包括对生产产品的能效管理。第四章专门对节能技术进步进行规定，包括如何要求和鼓励节能技术进步，以及划定了重要的节能技术领域。第五章是法律责任，重点是授权对不执行节能法、浪费能源、生产落后产品设备等等违法行为进行责罚处理。第六章附则规定了法律生效的日期为1998年1月1日。

《节能法》的制定和实施是中国节能政策的重要宣示和法律保障。对中国的节能政策的目的、范围、主要内容、如何实施、各方责任等进行了规定，成为后来中国推进节能的重要基础。随着中国制定和实施节能政策以及节能工作的不断深入，《节能法》在 2008 年和 2016 年又进行了两次修改完善。现在的节能法增加为 7 章，其中第三章从“合理使用能源”改为“合理使用和节约能源”，增加了新的第五章“节能激励措施”，更加详细地规定了政府激励节能的政策范围和主要措施。《节能法》从最初的 50 条增加到了 87 条，许多内容更完善、更详细、更具体、更可操作。其中第四条改为“节约资源是我国的基本国策。国家实施节约与开发并举、把节约放在首位的能源发展战略”。随着中国从 2006 年起开始实施节能目标分解和责任负责制度，《节能法》也做了相应的调整，把这一做法法律化、制度化。具体明确“国家实行节能目标责任制和节能考核评价制度，将节能目标完成情况作为对地方人民政府及其负责人考核评价的内容”。

1998 年节能法公布后，国家依据《节能法》制定了一系列配套法规，包括:《国家计委、国家经贸委、建设部关于固定资产投资工程项目可行性研究报告“节能篇（章）”编制及评估的规定》《节能低碳产品认证管理办法》《重点用能单位节能管理办法》《关于发展热电联产的规定》《节约用电管理办法》《民用建筑节能管理规定（2005）》等；同时进一步加强节能宏观管理，制定出台了《节能中长期专项规划》等；利用国债资金等加大对重点行业和重点企业节能的支持，实施“节约增效工程”，组织节能型、清洁型工厂示范；组织节能科研项目，科技部将节能项目纳入“科技型中小企业技术创新活动”；加强节能信息传播，继续与 GEF / 世界银行合作开展中国节能促进项目，推广应用合同能源管理这一市场节能机制等。

四、节能成为全面协调可持续发展的重要内容

进入 21 世纪以后，中国经济再次迎来了一个高速发展期，经济增长速度平均达到 10% 左右。工业化进程加快，制造业水平大幅提高，能源装备制造和建设能力开始完全可以支撑大规模高速度的能源开发和过程建设。能源投资总量不断高速增长，煤炭、电力以及其他能源的建设进入了高速发展期，能源短缺基本消除。石油以及天然气进口数量逐渐上升，加上国内油气产量的增加，国内油气供应也完全走向市场供应体制。在经济高速发展的同时，土地矿产资源的投入量也高速上升，环境压力逐渐增大，环境污染日渐严重。中国共产党和政府开始全面考虑发展模式和发展路径问题，其中资源环境问题得到了更多的重视。

2005 年，在中共十六届五中全会上，党中央提出“要加快建设资源节约型、环境友好型社会，促进经济发展与人口、资源、环境相协调”。胡锦涛指出：“节约能源资源，走科技含量高、经济效益好、资源消耗低、环境污染少、人力资源优势得到充分发挥的路子，是坚持和落实科学发展观的必然要求，也是关系我国经济社会可持续发展全局的重大问题。”建设资源节约型和环境友好型社会成为中国提出科学发展观的重要内容。

党中央要求树立和落实以人为本、全面协调可持续的科学发展观，坚持资源开发与节约并重，把节约放在首位的方针；实现经济增长方式的根本性转变，明确了要以提高资源利用效率为核心，以节能、节水、节材、节地、资源综合利用和发展循环经济为重点，加快结构调整，推进技术进步，加强法制建设，完善政策措施，强化节约意识，尽快建立健全促进节约型社会建设的体制和机制，逐步形成节约型的增长方式和消费模式，以资源的高效和循环利用，促进经济社会可持续发展。

党中央同时强调了崇尚节约的社会道德观念的建设，提出“建立资源节约型社会，必须在全社会树立节约资源的观念，形成节约光荣、浪费可耻的社会风气，养成人人都乐于节约一张纸、一度电、一滴水、一粒米、一块煤的良好习惯”。

党和国家的相关决定从多方面阐述了建设节约型社会的重要意义，提出中国基本国情是人口众多、资源相对不足、环境承载能力较弱。这种基本国情，决定了我国必须走建设节约型社会的路子。加快建设节约型社会，是贯彻科学发展观的必然要求。要处理好经济建设、人口增长、资源利用、环境保护的关系，在节约资源、保护环境的前提下实现经济较快发展，促进人与自然和谐相处，提高人民生活水平和生活质量。解决中国长期发展的资源环境约束问题的根本出路在于节约资源。加快建设节约型社会，控制和降低对国外资源的依赖程度，还是保障经济安全和国家安全的重要举措。因此，加快建设节约型社会具有极端重要性和紧迫性等等。这些理论和观念的发展和深化，为中国不断加强节能，推动节能政策发展完善，提出了更高的目标和要求。

中国从“十一五”规划（2006—2010年）起，开始把降低单位GDP能耗作为全国的重大发展目标，和环境排放总量下降目标一起成为少数定量约束性目标。这一约束性目标就是政府必须采取一切手段，必须确保实现的目标。而且约束性目标是否实现，政府要向全国人民代表大会做正式汇报，作为政府业绩的重要评价内容。“十一五”规划期间提出的能源强度（即单位GDP能源消费量）下降目标为五年下降20%左右。这是一个非常雄心勃勃的目标，五年里能源强度平均每年要下降近4.4%，而世界多年平均能源强度下降率仅有不到1.4%。提出这么高的目标，而且能源消费量涵盖了全部社会能源消费，不仅包括了与GDP总量统计直接相关的生产部门，也包括了在生产法GDP统计体系里和GDP数量没有直接关系的居民消费能源。因此产生GDP统计的生产部门要有更大的能源强度下降率，才能抵销民用生活用能数量不断上升对抬高能源强度的影响。这一综合性节能目标的提出，以及各级政府、企业为了实现目标制定和采取的多方面政策和技术措施，极大地推动了节能。后来的每个五年规划期，中国都提出了相应的能源强度下降目标。而且从“十三五”规划开始，还增加了能源消费总量控制目标。也就是说不但能源强度要持续下降，而且能源消费总量也要实行必要的控制，不能因为经济增速超过原来预期的速度，就可以相应等比例增加能源消费总量。

把提高能效作为国家经济社会发展的约束性总量控制目标，极大地推动了节能政策的加强和完善。节能和提高能效从一个能源资源利用效率的资源经济问题，被提高到体现国家发展方式转变、全面协调可持续发展程度的重要标志。要达到单位GDP能源消耗强度下降的目标，涉及了经济建设和社会发展的各个方面，要从经济增速、经济和产业结构调整等各能源消费领域共同付出努力。不但工业部门要承担具体的节能减排责任，所有的公共建筑、居民用能、交通运输，以及主要用能设施和器具，都必须考虑相应的提高能效、降低能源消耗量的问题。这个重要的政策目标有力地动员了从中央到地方的各级政府、各行业部门和企业（特别是重点用能企业）、商业、交通运输业、建筑业以及普通居民，都来共同承担责任，从管理、技术、行为等多方面动员起来，分别推进节能减排。

2006年至今，设立单位GDP能耗下降的国家约束性目标，且实行分级节能减排目标责任制为引领的制度建设，让中国建立起了比较完善的、全方位的节能管理体系，推动节能、提高能源效率进入了制度化、日常化管理阶段。主要工业企业制订年度节能减排目标已经成为正常要求，主要高能耗工业（例如冶金、化工、建材、石化等等）

的主要耗能工序最低能效限额标准已经普遍推行。各种重要用能设备（例如锅炉窑炉、风机、电机、水泵等等）和产品（包括空调以及主要的办公和家用电器）的能效标准以及标识制度已经比较完善，并不断升级更新。交通节能已经明确了系统节能的方向，包括实行轨道交通和公共交通优先，建立机动车燃油经济性标准，鼓励发展小型车和新能源车（以电动车为主），加强城市规划，鼓励和保留慢行系统等等。中国的高速铁路系统已经成为城际铁路交通的核心运输系统，城市公交体系和地铁等轨道交通在城市地区得到优先和快速发展，中国也成为世界上最大的电动车销售国和拥有国。中国还在全国推行了新建居住建筑和公共建筑的节能标准，在学校、医院等公用建筑加强节能管理，并逐步对既有居住建筑和公共建筑进行节能改造。国际上各种先进的建筑节能技术都引进到中国，各种绿色、低碳、超低能耗建筑在中国各地进行示范，并开始规模性建设。政府也建立和加强了各种促进节能的财政政策、税收政策、价格政策和金融政策，支持企业推进节能技术改造，还重点支持了许多高效节能产品的推广应用。

近年来，中国的经济发展进入了“新常态”，增长速度从超高速（年均 10%）回落到中高速（年均 6%～7%），过去靠土地矿产等资源大量投入发展传统产业，更多地依靠加大投资率或依靠更多的出口一般性制成品拉动经济的方式，都难以继续支撑经济稳定发展，中国经济正在进行重大的结构性调整。2013 年开始，中国能源消费增长速度大幅下降，单位 GDP 能耗下降速度超过国家预定的年度和五年规划目标。这一方面是过去长期节能政策和能力建设效果的体现，另一方面也是经济结构性变化带来的附带效果。中国如何在新形势下不断前进，更快地提高能源利用效率，建设节约型社会，是我们面临的新挑战，更是新机遇。

中共十八大以后，以习近平同志为核心的党中央，对绿色低碳可持续发展高度重视。习近平进一步诠释和强调生态文明建设的重要意义，高度重视环境保护和治理、资源节约和保护。中国的发展要把握“五位一体”总体布局，实现经济、政治、文化、社会和生态文明五个方面相互协调，共同发展。习近平还提出了创新、协调、绿色、开放、共享的“五大发展理念”，进一步明确了绿色低碳的发展方向。2017 年 5 月 27 日，习近平在中共中央政治局第四十一次集体学习时强调“推动形成绿色发展方式和生活方式是贯彻新发展理念的必然要求，必须把生态文明建设摆在全局工作的突出地位，坚持节约资源和保护环境的基本国策，坚持节约优先、保护优先、自然恢复为主的方针，形成节约资源和保护环境的空间格局、产业结构、生产方式、生活方式，努力实现经济社会发展和生态环境保护协同共进，为人民群众创造良好生产生活环境”。习近平进一步提出“必须改变过多依赖增加物质资源消耗、过多依赖规模粗放扩张、过多依赖高能耗高排放产业的发展模式”，“要全面促进资源节约集约利用。生态环境问题，归根到底是资源过度开发、粗放利用、奢侈消费造成的。资源开发利用既要支撑当代人过上幸福生活，也要为子孙后代留下生存根基。要树立节约集约循环利用的资源观，用最少的资源环境代价取得最大的经济社会效益”，要“推动形成节约适度、绿色低碳、文明健康的生活方式和消费模式，形成全社会共同参与的良好风尚”。

中国现在正在进行一场深刻的发展方式的再革命。要实现上述全面发展的目标，中国在节能方面需要继续创新，需要尽快在各个能源消费领域达到节能和能效技术世界先进水平，而且要通过创新，进一步在节能技术方面引领世界发展潮流，同时探索和开拓绿色低碳发展和生活方式。为全球应对气候变化，实现可持续发展做出更多的贡献。

五、节能效果显著，能源效率稳步提高

经过长期努力，节能的效果显著，中国的能源强度（单位 GDP 能耗）持续下降。按 2010 年可比价格计算，中国的单位 GDP 能耗从 1980 年时的 2.63 吨标准煤/万元，下降到 2015 年的 0.72 吨标准煤/万元，能源强度下降了 72.6%。（图 2.1）

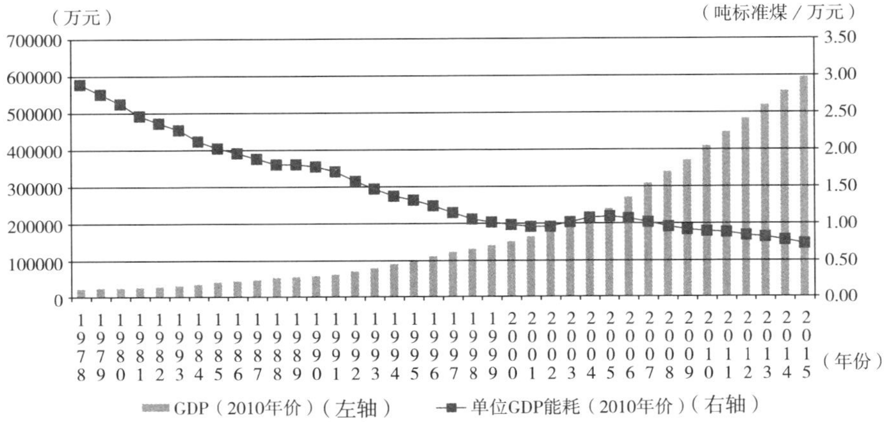

图 2.1　中国的单位 GDP 能耗

数据来源：《中国统计年鉴》和《中国能源统计年鉴》

在工业部门，经过多年的持续努力，中国能源效率不断改善，生产单位高耗能产品的能源消耗水平稳步下降。特别是进入 21 世纪以来，中国能源效率的改善速度明显加快。仅在 21 世纪前 14 年，中国工业生产绝大多数行业的单位产品能耗下降了 15% 以上，有的行业下降了 50% 甚至更多。许多工业领域装备运行或产品单耗的最高能源效率纪录已经达到国际领先。

由于积极推进建筑节能改造，新建建筑强制性能效标准提高了 50%～75%。在保障采暖舒适程度不下降的同时，中国北方地区采暖的单位面积能耗逐渐下降，从 2001 年的 22.8 千克标准煤/米^2 下降到 2014 年的 14.6 千克标准煤/米^2，下降了 36%。（图 2.2）中国目前的建筑物单位面积用能平均比欧洲国家低 50% 左右。

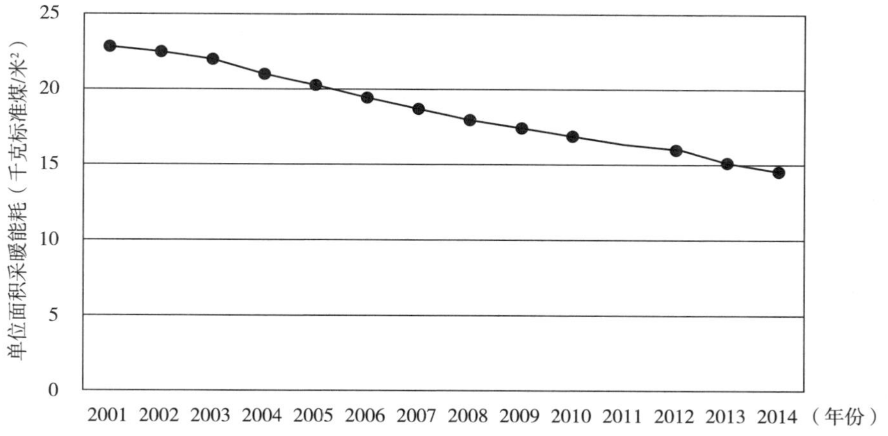

图 2.2 2001—2014 年北方采暖地区单位面积采暖能耗

数据来源:《中国建筑节能年度发展研究报告 2016》

中国汽车的燃油效率稳步提高。近几年中国新售乘用车的燃油经济性平均每年提高 1.6%（图 2.3）。中国原定新增车辆平均燃油经济性目标是 2015 年要达到每百公里 6.9 升以下，这一目标已经实现。新的目标是 2020 年新增汽车燃油经济性达到每百公里 5 升，目前在向着这一方向努力。中国已经成为世界电动汽车最大的销售国和保有国。

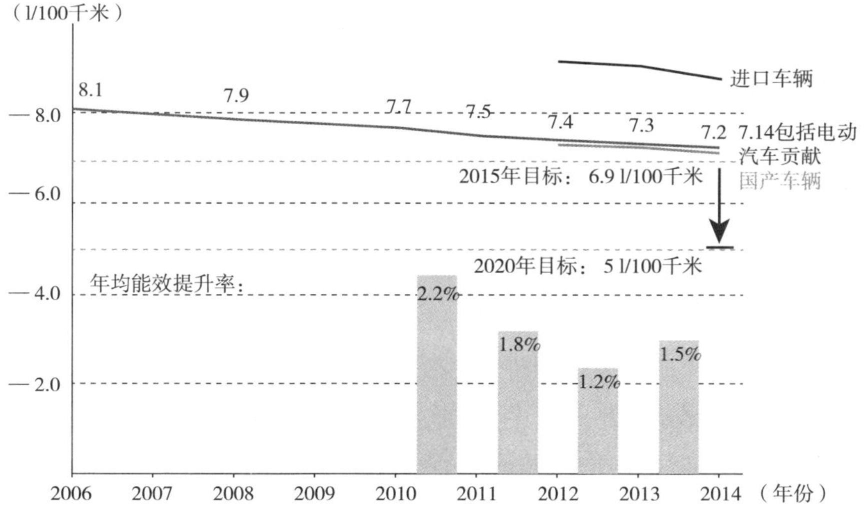

图 2.3 中国新售车辆燃油经济性水平及年均提升速度

数据来源：ICCT，（International Council on Clean Transportation），2015。

第二节　具有中国特色的国家节能管理制度

长期以来，中国不断认真学习和借鉴世界各国在节能和提高能效的政策和措施，可以说凡是在一些国家和地区实施有效的节能经验，中国都想方设法引进并试用。早期的许多提高能效的技术路线和管理方法主要是学习引进来的。随着中国节能工作的逐渐深入，我们不得不探索更有效、更符合中国国情的政策和措施，在建立节能管理体制方面不断创新，全面推进节能。

一、实施“节能目标责任制”

1. 创新节能目标评价考核制度

从 2006 年开始，中国将限期定量降低单位 GDP 能源消费量作为节能的宏观控制目标，作为国家五年经济社会发展规划的重要约束性指标。这些约束性规划指标，通过全国人民代表大会批准，成为具有法律约束力的国家发展目标。为了确保国家节能目标的实现，国务院通过国家发展改革委员会协调各有关部委，分工负责落实各个领域和行业的节能管理工作。例如工业和信息化部分工负责工业领域的节能管理，城乡发展和建设部负责建筑领域的节能管理，交通运输部负责交通领域的节能管理，国家能源局负责能源供应行业的节能管理，如此等等。中国还建立了从上至下的多级目标分解落实机制，将规划目标分解到各个省、自治区和直辖市。即每个地方都要承担本地方相应的五年期间单位 GDP 能耗下降目标任务，并把五年的任务进一步分解到每一年需要具体下降的年度目标。中国还为此建立了“节能目标责任评价考核制度”，由中央政府对省级政府制定和完成节能目标的情况进行定期考核，并对考核结果进行公示。相应各省（区、市）也向自己所辖的下一级政府分解节能目标，并对下一级政府的节能目标完成情况进行类似的考核。成为上级政府推动和督促下级政府节能工作进展的重要制度。

节能目标责任制以契约的形式，明确了地方政府需要承担的、量化的节能责任，辅以相应的奖惩和问责措施，这种目标责任分解和分级责任制度，使国家节能政策和具体的节能综合目标，落实到全国每一个省、每一个市、每一个县，进而落实到每个主要用能单位，而且通过不同行业部门的纵向政策，影响到各种产品市场，以及大众的消费方式。

“节能目标责任评价考核制度”也是综合评估各级官员执政能力和实际成绩的标准。节能考核不仅是对各级政府节能目标实现与否的审核，也是对各方面节能政策的制定和实施过程及其效果的考核。这种目标责任逐级分解和考核评估制度的建立，从组织上保证了国家节能目标的落实，使促进完成国家节能目标成为各级政府的具体执政责任之一。

2. 节能目标责任制度具有法律约束力

中国第一次制定五年的综合节能目标是“十一五”规划（2006—2010 年）时期。由于是第一次确定国家节能目标，各方面都没有经验。根据过去单位 GDP 下降的历史实际，出于要加强建设节约型社会，落实党中央提出的全面协调可持续的科学发展观，国家发展改革委在分析了“十一五”期间经济发展、能源需求变化、节能潜力等因素后，建议以单位 GDP 能耗下降 20% 左右作为五年节能目标，并得到了国务院的同意，经全国人民代表大会批准正式成为第一次的国家节能定量目标。

国家发展改革委作为落实实现国家节能目标的牵头政府机关，首先提出了把节能任务分解到各个省级政府的想法。如何把这个国家目标合理地分配给各省（区、市），还是费了一番功夫。中国各省（区、市）的经济发展状态有许多差别，东部地区一般经济发展比较快，经济总量大，消耗的能源也相对比较多，但技术进步和管理水平也比较好，单位 GDP 能耗一般都比较低。中西部省（区、市）有些是能源资源大省，工业中能源原材料工业比重高，能源价格相对较低，管理相对比较粗放，所以单位 GDP 能耗也明显高于东部省（区、市）。其他不是能源生产大户的中西部省（区、市），一般经济总量较低，也盼望加快经济发展。一种简单的做法是把全国能源强度下降 20% 的目标原封不动地照搬到各个省（区、市），要求每个省（区、市）都下降 20%。但这样做似乎并不科学，没有考虑各个地方不同的现状、潜力和能力。如何分配更为合理呢？

国家发展改革委能源研究所为此进行了专题研究，提出科学的分配方法和相应的分配方案。能源所课题组分析了全国 31 个省（区、市）的经济发展状况、现有经济结构、能源消费、技术水平、科技教育水平、环境资源条件等相关因素，采用了聚类分析的方法，把各省（区、市）相关因素进行对比。从节能的责任和压力、节能的潜力和能力等不同方面进行分类。例如，如果某地现在能源强度高、环境质量差，则属于节能责任和压力较高一类；某地现在能源消费总量高，也应该属于责任大之列。责任大、压力大就应该承担更多的节能任务。另一方面也考虑潜力和能力因素，经济发达、技术水平高、教育文化事业比较发达，管理水平好就是能力比较强，可以考虑多负担一些节能任务。而如果现有高能耗产业技术比较落后，技术改造空间大，就是节能潜力比较大，也有实际多承担节能任务的潜力。各省（区、市）的能源消费数量相差很大，能源消费大省如果少分配一些节能任务，其他能源消费小省就需要付出很大努力来填补空间。为此能源研究所还建立了一个模型，不管各省（区、市）的节能目标如何分配，都要保证全国的节能目标可以完成。在多个影响因素中对不同因素进行加权，进一步分析各种因素对节能目标分配的不同影响。经过多方案分析对比，得到的一致结论是能源消费大省（多在东部沿海经济发达地区）和中西部的能源生产和消耗省，在各种方案中都属于必须承担较多节能责任的省份，而多数经济总量小、能源消费量不高的省份，则对国家达到节能目标的影响较弱，一般处于中间地位。这些分析结果经与部分省区市从事节能的负责官员以及专家进行交流后，大家认为还比较客观真实地反映了各地经济发展以及节能潜力的基本情况。后来在国家发展改革委和各省（区、市）政府协商分配节能目标责任时也是基本按照这个原则进行讨论和落实的。

2006 年国家发展改革委将“十一五”期间的节能目标任务分解到各省、自治区、直辖市，省级人民政府进一步将目标逐级分解到各市、县以及重点耗能企业。目标分解一般采取上一级政府与下一级政府、企业协商的方式，在确保完成地区约束性目标任务前提下，兼顾不同地区、企业在发展阶段、技术水平上的差异，一定程度上体现了区别对待的原则，同时鼓励地方政府和企业自愿承诺更高的节能目标。国家发展改革委和省级地方政府签订目标责任书，对年度目标、节能量等进行书面确认。这种节能目标逐级落实的机制后来正式纳入修订的《节能法》。节能目标责任评价考核制度经过全国人大批准，写入了《节能法》，具有法律约束性。

由国家发展改革委组织各相关部委的干部，并吸收专家学者组成考核工作组，每年对各省（区、市）的节能工作进展和节能目标完成情况进行考核，是节能目标责任分级负责制的重要环节。考核方法采取实地核查、量化打分的方法，分为节能目标完成情况和节能措施落实情况两类指标，满分共计 100 分。其中：节能目标完成指标为定量考核指标，根据目标完成率评分，满分为 40 分，超额完成的适当加分；节能措施落实指标为定性考核指标，满分为 60 分。节能措施落实情况的考核，主要包括节能工作组织领导、节能目标分解落实、淘汰落后生产能力、节能投入和实施重点工程、节能技术开发和推广、重点耗能企业管理、节能能力建设、基础工作和法律法规执行情况等（表 2.1）。对于重点耗能企业，依据属地化管理原则，由各地方节能主管部门进行评价考核，操作流程和方法与省级人民政府节能评价考核类似，考核内容更加具体、细致，重点针对微观层面，企业节能措施落实情况、目标完成情况和管理制度建设情况等。此外，结合每年节能形势和工作任务，节能评价考核的具体内容、指标体系也会进行相应调整，确保其指导、督促和引导作用有效发挥。

考核评分结果不但要通告当地政府，特别是要指出那些做得不够好之处，以引起地方政府的充分重视。考核结果还向全社会公布，动员社会进行监督和促进。节能目标完成情况是地方政府官员业绩考评的重要参考依据。对考核等级为“完成”和“超额完成”的省级政府，结合全国节能表彰活动进行通报表扬、表彰奖励等；对考核等级为“未完成”的省级政府，领导干部不得参加年度评奖和不得被授予荣誉称号等，中央政府暂停对该地区新建高耗能项目的核准和审批，而且该地区应向国务院做出书面报告，提出限期整改措施。一些地方政府在中央政府上述政策基础上，进一步对节能目标责任制出台了具体规定，包括诫勉谈话、通报批评、停职检查等，督促地方政府确保完成节能目标。

表 2.1　省级人民政府节能目标责任评价考核计分表

考核指标	序号	考核内容	分值	评分标准
节能目标（40 分）	1	万元 GDP 能耗降低率	40	完成年度计划目标得 40 分，完成目标的 90% 得 36 分，完成 80% 得 32 分，完成 70% 得 28 分，完成 60% 得 24 分，完成 50% 得 20 分，完成 50% 以下不得分。每超额完成 10% 加 3 分，最多加 9 分。本指标为否决性指标，只要未达到年度计划确定的目标值即为未完成等级。
节能措施（60 分）	2	节能工作组织和领导情况	2	1. 建立本地区的单位 GDP 能耗统计、监测、考核体系，1 分； 2. 建立节能工作协调机制，明确职责分工，定期召开会议，研究重大问题，1 分。

续表

考核指标	序号	考核内容	分值	评分标准
节能措施（60分）	3	节能目标分解和落实情况	3	1. 节能目标逐级分解，1分； 2. 开展节能目标完成情况检查和考核，1分； 3. 定期公布能耗指标，1分。
	4	调整和优化产业结构情况	20	1. 第三产业增加值占地区生产总值比重上升，4分； 2. 高技术产业增加值占地区工业增加值比重上升，4分； 3. 制定和实施固定资产投资项目节能评估和审查办法，4分； 4. 完成当年淘汰落后生产能力目标，8分。
	5	节能投入和重点工程实施情况	10	1. 建立节能专项资金并足额落实，3分； 2. 节能专项资金占财政收入比重逐年增加，4分； 3. 组织实施重点节能工程，3分。
	6	节能技术开发和推广情况	9	1. 把节能技术研发列入年度科技计划，2分； 2. 节能技术研发资金占财政收入比重逐年增长，3分； 3. 实施节能技术示范项目，2分； 4. 组织推广节能产品、技术和节能服务机制，2分。
	7	重点企业和行业节能工作管理情况	8	1. 完成重点耗能企业（含千家企业）当年节能目标，3分； 2. 实施年度节能监测计划，1分； 3. 新建建筑节能强制性标准执行率完成年度目标得4分，完成80%得2分，不足70%的不得分。
	8	法律、法规执行情况	3	1. 出台和完善节约能源法配套法规等，1分； 2. 开展节能执法监督检查等，1分； 3. 执行高耗能产品能耗限额标准，1分。
	9	节能基础工作落实情况	5	1. 加强节能监察队伍、机构能力建设，1分； 2. 完善能源统计制度并充实能源统计力量，1分； 3. 按要求配备能源计量器具，1分； 4. 开展节能宣传和培训工作，1分； 5. 实施节能奖励制度，1分。
小计			100	

资料来源:《国务院批转节能减排统计监测及考核实施方案和办法的通知》

说明：每年考核评价指标体系和计分办法依据当年节能工作任务和形势有调整，此处参考2007年情形。

3. 适度从紧的国家节能目标可以有效推动全国的节能

中国从“十一五”规划期间制定国家节能目标起，到现在为止已经是第三次制定五年规划节能目标和实施目标分解和责任制。

在“十一五”规划第一次分解省级目标时，采取的是先由地方政府自己上报本地区目标，然后国家适当调整分解目标的方法。如果某省（区、市）提出的节能目标即单位GDP能耗下降率超过全国的20%目标，则按本省（区、市）提出的目标予以确认；对提出的节能目标未达到全国目标的，则中央政府会与该省（区、市）的政府进行协商达成分配目标，前提是国家目标的实现需得到保障。

由于是第一次做，一些省区市对自身今后五年究竟有多大的节能潜力并不很清楚，因此有几个省区市上报了较高的节能目标。吉林省提出的“十一五”节能目标是单位GDP能耗下降30%，山西省和内蒙古自治区提出的节能目标是25%。多数省区市同意按国家目标承担责任，也有部分经过比较认真的分析，认为难以达到20%的能源强度下降幅度。这些省区市或是现在能源强度明显低于平均水平，或是经济发达程度较低，估计工业增长速度较快，重化工业结构较重。由于有几个省区市承诺多承担节能责任，也为少数省区市留下了减负的空间。最后的责任分解结果是多数省区市节能强度变化率大于或等于20%，少数省区市不到20%。

“十一五”期间正好是中国经济继续高速发展的时期，2006—2007年能源消费增长速度仍然很快。2006年吉林省、山西省和内蒙古自治区三个省区的单位GDP能耗指标下降速度远远低于预期，没有完成年度目标，压力很大。三个省区要求调低原来过高的节能目标。考虑到当初直接提出的目标明显超过国家目标，适当回调合情合理。2007年时，中央政府同意对吉林、山西和内蒙古自治区的“十一五”节能目标分别从30%、25%和25%调低到22%，仍然高于其他省区市和国家的20%下降率目标。其他省区市“十一五”节能目标不作调整。（表2.2）

表 2.2 “十一五”全国及各省（区、市）单位 GDP 能耗下降目标和实际完成情况

	“十一五”目标（%）	“十一五”实际完成（%）
北京	20.0	26.6
天津	20.0	21.0
河北	20.0	20.1
山西	22.0	22.7
内蒙古	22.0	22.6
辽宁	20.0	20.0
吉林	22.0	22.0
黑龙江	20.0	20.8
上海	20.0	20.0
江苏	20.0	20.5
浙江	20.0	20.0
安徽	20.0	20.4
福建	16.0	16.5
江西	20.0	20.0
山东	22.0	22.1
河南	20.0	20.1
湖北	20.0	21.7
湖南	20.0	20.4
广东	16.0	16.4
广西	15.0	15.2
海南	12.0	12.1
重庆	20.0	21.0
四川	20.0	20.3
贵州	20.0	20.1
云南	17.0	17.4
陕西	20.0	20.3
甘肃	20.0	20.3
青海	17.0	17.0
宁夏	20.0	20.1
新疆	20.0	8.7
全国	20.0	19.1

资料来源：国家统计局网站

“十一五”规划期间单位GDP能耗下降20%左右的节能目标是一个很积极的目标，对全国节能工作推动作用明显。因为2007年末发生的全球性金融危机引起全球经济震荡，中国为了保持经济稳定，加大了对国内投资的刺激政策，加速国内房地产、基础设施及产能建设。在2009—2010年使钢铁水泥等高能耗产品重新出现粗放型扩张发展，拉动了高耗能产业的能源消费量上升，使原来进展比较顺利的能源强度下降的进程受到严重影响，不少地方能源消费增速反弹，完成国家分配的节能目标出现困难。由于是第一次在国家发展规划中提出了约束性的节能目标，中央政府为了确保完成任务，多次召集会议，督促各行业各地方认真完成节能任务。为了完成中央下达的节能目标任务，各地都开始提前核算和估算经济总量（地方的GDP）和能源消费总量。能源强度下降没有达到预定进度的地方，开始从高能耗产业着手，降低能源消耗量，采取限产和限制能源供应特别是电力供应的强制性措施。从2010年9月开始，广西、广东、江苏、浙江等省区开始对不符合能耗标准的钢铁生产企业，实施强制性拉闸限电或提高供电价格。广西不仅对落后产能实行限电，一些节能水平较高的钢厂也准备部分停产。河北省武安市18家钢厂以及一些焦化、铁矿采选企业接到政府通知，要求钢铁企业限电停产20天到1个月，涉及钢铁生产能力约2000万吨。个别地方甚至影响了居民的日常电力供应。2010年9月3日起，河北安平县政府要求企事业单位、公共设施及普通百姓每隔两天停电22小时。2010年11月，河南省信阳市下属的商城县、潢川县、光山县等地方为确保完成本地区节能目标，不区分生产用电和居民生活用电，或以区域限制供电不好区分不同用户为由，对企业生产和居民生活全部拉闸限电。个别地方政府采取的这些过于极端的措施，受到了舆论媒体的批评。

“十一五”的单位 GDP 能耗下降 20% 左右的国家目标，由于少数地方政府的原定目标过高不能完成，中途进行了调整。个别高能耗省（区、市）没有完成目标。明显超额完成节能任务的省（区、市）十分有限，绝大多数是刚刚完成或略有超额。全国核算下来五年间能源强度下降了 19.1%，勉强完成了原定下降 20% 左右的目标。

完成“十一五”规划节能目标出现的困难和最后仅仅是勉强完成了任务，对后来的五年规划确定相应的国家目标，以及地方政府分配节能目标产生了很大的影响。“十二五”规划（2011—2015 年）期间，国家节能目标从上一个五年规划期的能源强度下降 20% 下调到了 16%。为了保证任务可以完成，国家对目标设定留有余地，也得到了地方政府的支持。各省（区、市）在承担节能目标时普遍出现了“畏难情绪”。前面说到的国家发展改革委能源研究所提出的用聚类分析方法，从节能责任、节能潜力、节能能力、节能难度等方面，测算各省（区、市）应承担的节能目标的方法，使目标能比较顺利地分解到各省（区、市）。

然而，从 2013 年开始，中国的经济发展进入了深入结构调整期。经济增长速度开始明显回落，能源消费增速更是明显下降。所以“十二五”规划期间，全国各地都比较轻松地完成了节能任务。全国单位 GDP 能源消费量五年之内下降了 18.2%，超过了原定 16% 的目标。有 10 个省（区、市）明显超额完成节能任务，得到了国家表彰。有一些省（区、市）的能源强度下降超过了 20%。（表 2.3）

表 2.3　“十二五”时期各省（区、市）单位 GDP 能耗下降目标和考核结果

省（区、市）	“十二五”节能目标（%）	考核结果
北京	17	超额完成
天津	18	完成
河北	17	超额完成
山西	16	完成
内蒙古	15	完成

续表

省（区、市）	“十二五”节能目标（%）	考核结果
辽宁	17	完成
吉林	16	完成
黑龙江	16	完成
上海	18	超额完成
江苏	18	超额完成
浙江	18	超额完成
安徽	16	超额完成
福建	16	完成
江西	16	完成
山东	17	完成
河南	16	超额完成
湖北	16	超额完成
湖南	16	完成
广东	18	超额完成
广西	15	完成
海南	10	完成
重庆	16	完成
四川	16	完成
贵州	15	超额完成
云南	15	完成
西藏	10	完成
陕西	16	完成
甘肃	15	完成
青海	10	完成
宁夏	15	完成
新疆	10	基本完成

资料来源：国家统计局网站

制定国家五年和年度节能目标，向各级政府分配节能目标责任，并定期进行督促、考核和问责，是中国实施的节能管理制度创新，是目前中国政府自上而下推动节能降耗，建设节约型社会的有效做法。从“十三五”规划（2016—2020年）开始，除了确定了单位GDP能耗下降15%的目标以外，还确定了将2020年全国能源消耗总量控制在50亿吨以内的能源总量控制目标，作为新增的约束性指标，以进一步强化节能。

偏紧的节能定量目标，对提高能效、推动节能的作用十分明显。因此“十一五”期间节能管理的能力建设得到了全面的加强。而如果国家的节能目标比较宽松，这种目标约束的节能管理方法的效果就相对较弱。长期坚持制定国家的节能目标，对全社会形成重视节能，建设节约型社会，形成了很好的战略引导。

二、重点用能企业的节能行动

工业是中国主要的能源消费部门，消耗了全国能源消费总量的70%左右。其中高能耗企业又占了工业能源消费的70%左右。中国一直重视重点用能企业的节能。

1.“十一五”时期的“千家企业节能行动”

为了完成国家的节能目标，除了动员各级政府实行目标分解和责任考核以外，中国政府在2006年还启动了“千家企业节能行动”。2004年国家发展改革委在钢铁、有色、煤炭、电力、石油石化、化工、建材、纺织、造纸等9个重点耗能行业中，对综合能源消费量达到18万吨标准煤以上的1008家独立核算企业开展了“千家企业节能行动”。这一千多家企业2004年综合能源消费量为6.7亿吨标准煤，占全国能源消费总量的33%，占工业能源消费量的47%。国家发展改革委与千家企业签订了节能目标责任书，明确了“十一五”期间这些企业各自的节能目标和责任。千家企业节能行动的主要目标是：能源利用效率大幅提高，主要产品单位能耗达到国内同行业先进水平，部分企业达到国际先进水平或行业领先水平，“十一五”期间千家重点耗能企业节能 1 亿吨标准煤左右。

“千家企业节能行动”具体活动包括：

（1）千家企业都要进行能源审计和编制节能规划。政府邀请专家审核能源审计报告，不合格的企业进行整改。

（2）千家企业每年报送能源利用状况报告，并由国家节能主管部门发布《千家企业能源利用状况公报》。

（3）国家印发《重点耗能企业能效水平对标活动实施方案》，指导钢铁、化工、水泥三个高耗能行业积极开展能效对标。

（4）国家支持千家企业积极实施节能技术改造，确保企业单位产品综合能耗指标大幅下降。

（5）强化企业节能管理。千家企业 95% 以上建立了专门的能源管理机构，配备了相关能源管理人员，完善三级计量仪器、仪表配备，在部分企业开展了能源管理师试点。

各级政府举办了能源计量、能源审计、节能规划、先进适用节能技术等一系列培训，帮助企业提高节能能力。

2010 年时，中国政府对“十一五”期间千家企业节能目标完成情况和节能措施落实情况进行了评价考核。2006 年签订节能目标协议的千家企业中先后有 127 家企业关停、兼并或转产，可以考核的企业还有 881 家，其中 866 家企业完成了“十一五”节能目标，占可考核企业的 98.3%；有 15 家未完成“十一五”节能目标。“十一五”期间，这些企业共实现节能量 1.6549 亿吨标准煤，超额完成“十一五”原定 1 亿吨标煤的节能目标。（图 2.4）

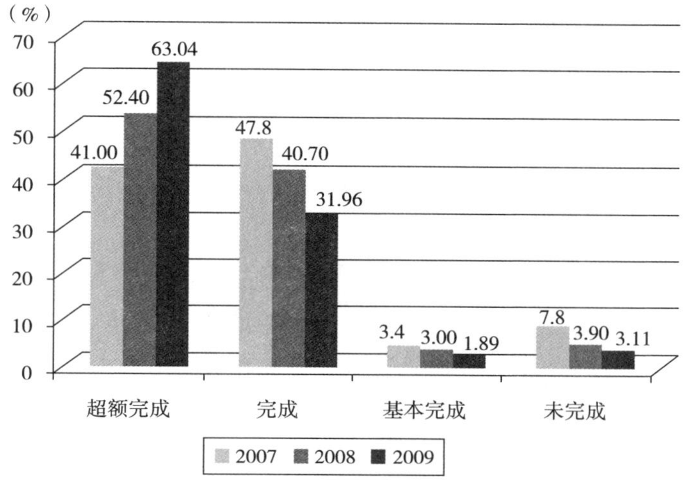

图 2.4 千家企业节能目标完成情况(2007—2009 年)

资料来源:国家发展改革委公告

除了和中央政府直接签订节能协议的千家大型企业开展节能行动以外,各个地方政府也效法,对本地的重点能源消耗企业开展节能行动,涉及企业上万家。

2.“十二五”时期的“万家企业节能低碳行动”

“十一五”时期开展的“千家企业节能行动”成效显著,中国政府于 2011 年启动了“十二五”期间的“万家企业节能低碳行动”,除了把重点能源消费企业包括在内以外,还将宾馆、商厦、学校、医院、交通运输企业等大型能源用户纳入到重点推动的范围中,促进更多的行业提高节能意识、强化节能知识,提高节能能力,采取节能行动。

“十二五”时期选择的“万家企业”降低了能源消费量的门槛,把年综合能源消费量 1 万吨标准煤以上以及部分年综合能源消费量 5000 吨标准煤以上的重点用能单位都纳入节能行动。2010 年综合能源消费量 1 万吨标准煤及以上的工业企业,综合能源消费量 1 万吨标准煤及以上的客运、货运企业和沿海、内河港口企业,或拥有 600 辆及以上车辆的客运、货运企业,货物吞吐量 5000 万吨以上的沿海、内河港口企业；综合能源消费量 5 千吨标准煤及以上的宾馆、饭店、商贸企业、学校，或营业面积 8 万平方米及以上的宾馆饭店、5 万平方米及以上的商贸企业、在校生人数 1 万人及以上的学校等都包括在内。当时这类企业全国共有 16000 家左右（图 2.5）。“万家企业”的能源消费量占全国能源消费总量的 60% 以上。

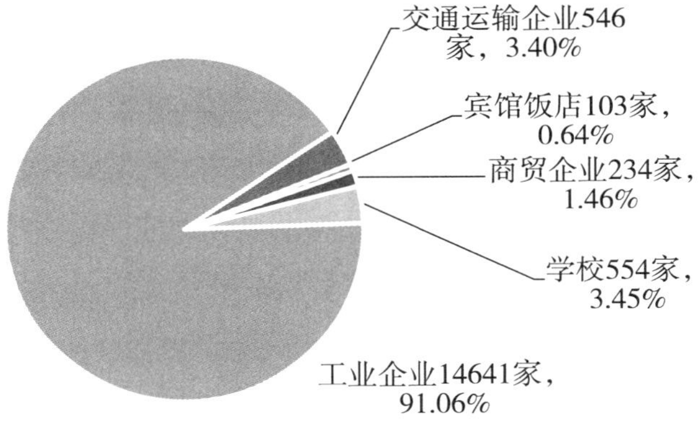

图 2.5　万家企业的分领域构成

资料来源：作者根据《万家企业节能低碳行动实施方案》内容绘制

为了有效推进“万家企业节能低碳行动”，政府对来自全国 31 个省（区、市）的专家进行了培训，这些专家作为教师再对本地的企业开展节能知识的培训。

2014 年，中国政府对万家企业的进展进行了考核评估。一共有 13328 家企业参加考核，另外的 2750 家企业因业务重组、关停等原因未参加考核。参加考核企业中，4126 家考核结果为“超额完成”等级，占 30.96%；6814 家考核结果为“完成”等级，占 51.13%；1440 家考核结果为“基本完成”等级，占 10.80%；948 家考核结果为“未完成”等级，占 7.11%。（表 2.4）2011—2014 年，万家企业累计实现节能量 3.09 亿吨标准煤，超额完成“十二五”万家企业原定 2.55 亿吨的节能量目标。

表 2.4 2014 年各地区万家企业节能目标完成情况汇总表

地区	企业数量（家）		企业节能目标考核情况（家）				未完成企业比例	“十二五”节能量目标（万吨标准煤）	2011—2014年累计完成节能量（万吨标准煤）	节能量目标完成进度
	国家公告万家企业数量	实际考核企业数量	超额完成企业数量	完成企业数量	基本完成企业数量	未完成企业数量				
北京	241	225	8	115	90	12	5.33%	224	586	262%
天津	211	180	55	116	6	3	1.67%	486	650	134%
河北	803	653	229	338	64	22	3.37%	2175	1912	88%
山西	638	499	49	208	165	77	15.43%	1395	1570	113%
内蒙古	697	570	127	307	91	45	7.89%	1160	1344	116%
辽宁	524	473	93	272	36	72	15.22%	1402	1152	82%
吉林	247	219	81	97	20	21	9.59%	437	659	151%
黑龙江	489	366	143	122	38	63	17.21%	626	618	99%
上海	269	248	106	88	16	38	15.32%	685	1121	164%
江苏	1221	1021	397	567	34	23	2.25%	2205	2426	110%
浙江	1220	1116	294	653	98	71	6.36%	1006	1370	136%
安徽	349	319	98	167	25	29	9.09%	840	937	112%
福建	458	371	64	248	41	18	4.85%	525	713	136%
江西	297	228	106	104	2	16	7.02%	620	764	123%
山东	1188	1016	576	414	8	18	1.77%	2530	3548	140%
河南	1032	707	155	395	72	85	12.02%	1584	1547	98%
湖北	812	726	314	340	70	2	0.28%	996	1131	114%
湖南	552	410	191	148	29	42	10.24%	619	792	128%
广东	970	894	87	578	210	19	2.13%	1563	1430	91%
广西	440	413	131	239	32	11	2.66%	446	655	147%
海南	45	44	10	27	2	5	11.36%	37	84	227%
重庆	221	158	16	100	33	9	5.70%	306	330	108%
四川	989	784	289	353	89	53	6.76%	1009	1122	111%
贵州	275	180	36	134	3	7	3.89%	391	433	111%
云南	399	324	134	165	11	14	4.32%	502	760	151%
西藏	8	7	1	2	3	1	14.29%	3	22	733%
陕西	516	394	96	234	10	54	13.71%	667	1218	183%
甘肃	245	177	31	91	34	21	11.86%	370	965	261%
青海	115	128	40	60	3	25	19.53%	83	75	90%

续表

地区	企业数量（家）		企业节能目标考核情况（家）				未完成企业比例	“十二五”节能量目标（万吨标准煤）	2011—2014年累计完成节能量（万吨标准煤）	节能量目标完成进度
	国家公告万家企业数量	实际考核企业数量	超额完成企业数量	完成企业数量	基本完成企业数量	未完成企业数量				
宁夏	269	224	29	71	88	36	16.07%	305	395	130%
新疆	278	204	129	36	16	23	11.27%	267	474	178%
新疆生产建设兵团	60	50	11	25	1	13	26.00%	48	100	208%

资料来源：作者根据国家发展改革委的公告编制

“千家企业”和“万家企业”节能行动的开展，推动了大型工业企业率先开展节能工作。重点企业节能行动显著提高了企业的节能能力，培育了一批企业节能骨干，为在更大范围内推动企业节能工作起到了良好的示范作用。

三、淘汰落后产能，加快设备更新

淘汰落后产能是中国推动节能、提高能效的重要措施，也是中国过去十几年里能源转换和利用技术迅速提高的重要原因。

进入 21 世纪以后，中国制造业迎来新的发展高潮，高耗能产品产量也迅速增长。各地加快经济增长速度的劲头很足，投资数量增加很快。国家集中投资大型项目，地方也在尽可能地上项目，但多数是中小型项目，产能迅速增加。由于各地竞相争取上项目，重复建设也比较普遍。中国一方面出现了比较普遍的产能过剩，市场竞争日趋激烈，另一方面各地的技术差距很大，最先进的技术和设备不断引进，具备规模竞争力的大型设备不断建成，但落后的技术装备也在重复建设，不少新建的设施达不到高效规模，能源利用效率低。一些落后的高能耗和高污染设备在各种地方保护政策下仍然不愿退出市场，许多行业的集中度偏低。例如，2008年中国粗钢产能达到6.6亿吨，超出当时实际需求约1亿吨，而粗钢生产企业平均规模不足100万吨，大量低能效中小型高炉还在运转，排名前5位企业的钢产量仅占全国总量的28.5%[①]。淘汰落后产能不但可以明显提高能效，还可以抑制产能过剩，防止盲目竞争和劣币驱逐良币。

中国从2006年开始，把淘汰落后产能作为实现国家节能目标的重要措施，以电力、煤炭、钢铁、水泥、有色金属、焦炭、造纸、制革、印染等行业为重点，综合采取法律、经济、技术和必要的行政手段，推动淘汰落后产能。中央政府先后发布了《国务院关于发布实施〈促进产业结构调整暂行规定〉的决定》《国务院关于印发节能减排综合性工作方案的通知》《国务院批转发展改革委等部门关于抑制部分行业产能过剩和重复建设引导产业健康发展若干意见的通知》《产业结构调整指导目录》《国务院关于进一步加强淘汰落后产能工作的通知》等指导文件，具体制订了钢铁、有色金属、轻工、纺织等产业调整和振兴规划等行动方案，明确规定了哪些低能效高污染的技术或设备属于必须淘汰的落后产能，要求各地区按期淘汰。同时，鼓励地方政府根据当地产业发展实际，制定范围更宽、标准更高的淘汰落后产能目标任务。

对一些重点行业，国家提出要求淘汰落后产能的具体定量目标，并将每年定量目标分解到各地。中央财政设立专项资金对淘汰落后产能进行部分补偿，或用于解决关停落后企业后的职工就业问题，对经济欠发达地区淘汰落后产能给予奖励。对未按期完成淘汰落后产能任务的地区，暂停对该地区投资建设项目的环评、核准和审批；对未按要求淘汰落后产能的企业，依据有关法律法规责令停产或予以关闭。

能源利用效率和环境排放是确定落后产能定量目标的主要指标。

① 国务院:《钢铁产业调整和振兴规划》，2009年3月20日。

国家对各个行业的主要高能耗设备、工艺、技术路线等制定产品能耗限额标准，对达不到能耗限额标准的落后产能坚决予以淘汰。表 2.5 是“十一五”期间部分具体落后产能（装备）的淘汰内容和定量目标。

除了行政性的强制淘汰落后产能以外，各地政府还采取了各种经济性手段，推动产业升级和技术进步。其中，实行差别电价，提高差别电价差价差额，对超过能效限额标准的，实行惩罚性价格政策，促使企业更新设备，加快技术改造进度。

中国超额完成了“十一五”时期淘汰落后产能的各项目标，共关停小火电机组 7682.5 万千瓦，淘汰落后炼铁产能 12000 万吨、炼钢产能 7200 万吨、水泥产能 3.7 亿吨等。在关闭造纸、化工、纺织、印染、酒精、味精、柠檬酸等重污染企业方面都取得积极进展，产业结构明显优化，生产技术水平显著提升（表 2.5）。

表 2.5 “十一五”期间中国重点耗能行业淘汰落后产能情况

行业	淘汰落后产能内容	单位	“十一五”淘汰目标	“十一五”实际淘汰	目标超额完成率
电力	实施“上大压小”关停小火电机组	万千瓦	5000	7682.5	53.7%
炼铁	300 立方米以下高炉	万吨	10000	12272	22.7%
炼钢	年产 20 万吨及以下的小转炉、小电炉	万吨	5500	7224	31.3%
电解铝	小型预焙槽	万吨	65	84	29.2%
铁合金	6300 千伏安以下矿热炉	万吨	400	663	65.8%
电石	6300 千伏安以下炉型电石产能	万吨	200	305	52.5%
焦炭	炭化室高炉 4.3 米以下的小机焦	万吨	8000	10700	33.8%
水泥	等量替代机立窑水泥熟料	万吨	25000	37000	48.0%
玻璃	落后平板玻璃	万重量箱	3000	6000	100.0%
造纸	年产 3.4 万吨以下草浆生产装置、年产 1.7 万吨以下化学制浆生产线、排放不达标的年产 1 万吨以下以废纸为原料的纸厂	万吨	650	1130	73.8%

资料来源：1.《国务院关于印发节能减排综合性工作方案的通知》，2007 年；2. 工业节能“十二五”规划，钢铁工业、有色金属工业、建材工业、石油和化学工业、造纸工业等高耗能工业“十二五”规划。

淘汰落后产能要克服很多阻力。落后产能是一些地方的重要经济组成部分，也牵涉到不少企业的生存。各地的资源条件差别较大，能源价格特别是煤炭和电力价格也有比较大的差距。完全依靠市场竞争淘汰低能效的设备和产能需要很长的恶性竞争期，因此国家有必要进行干预。国家节能目标和分级责任制缩短了落后产能的淘汰和技术进步周期。例如“十一五”期间，山西提出的节能目标比较高，为了完成目标，山西省政府与各市政府逐一签订了淘汰落后钢铁产能责任书，各市必须按照责任书的要求组织实施本地区的关停工作。山西省政府要求，在关停淘汰名单公布 1 个月内，各部门和各地级市政府要确保将对关停钢铁企业（或高炉、转炉）实施停水、停电、停运强制措施。在关停淘汰名单公布 3 个月内，强制吊销关停企业工商营业执照、收回钢铁生产许可证。当年的 10 月 30 日前全面完成年关停淘汰任务，拆除淘汰高炉、转炉炉体及风机、烧结、烟囱等设施，平整生产场地。

实现节能目标和强化环境污染治理互相支持。例如山西吕梁市当时存在大批落后的高能耗、高污染企业，环境污染十分严重，各种污染物排放都严重超标，国家环保总局对该市所有的新投资项目都一律不予环评批准。淘汰落后产能成为节能降耗和污染减排的重要手段，2007 年该市关停取缔 191 户能耗高、污染重的企业，炸毁烟囱 208 根，明显改善了空气质量，降低了能源强度。

淘汰落后产能一直是中国实现节能目标的重要方法。随着经济发展和技术进步，各种设备、产品的能效和环保标准也在不断提高，不断有一些设备、工艺、产品进入新的“落后”范围。在“十二五”规划（2011—2015 年）期间，淘汰新的“落后”产能，仍然是《节能减排“十二五”规划》的重要内容之一。

“十二五”时期，国家提出的淘汰目标包括小火电 2000 万千瓦、炼铁产能 4800 万吨、炼钢产能 4800 万吨、水泥产能 3.7 亿吨、焦炭产能4200万吨、造纸产能1500万吨等。（表2.6）国家继续鼓励各地区制定更严格的能耗和排放标准，加大淘汰落后产能力度。

表2.6 “十二五”时期淘汰落后产能一览表

行　业	主要内容	单位	淘汰产能目标
电力	大电网覆盖范围内，单机容量在10万千瓦及以下的常规燃煤火电机组，单机容量在5万千瓦及以下的常规小火电机组，以发电为主的燃油锅炉及发电机组（5万千瓦及以下）；大电网覆盖范围内，设计寿命期满的单机容量在20万千瓦及以下的常规燃煤火电机组	万千瓦	2000
炼铁	400立方米及以下炼铁高炉等	万吨	4800
炼钢	30吨及以下转炉、电炉等	万吨	4800
铁合金	6300千伏安以下铁合金矿热电炉，3000千伏安以下铁合金半封闭直流电炉、铁合金精炼电炉等	万吨	740
电石	单台炉容量小于12500千伏安电石炉及开放式电石炉	万吨	380
铜（含再生铜）冶炼	鼓风炉、电炉、反射炉炼铜工艺及设备等	万吨	80
电解铝	100千安及以下预焙槽等	万吨	90
铅（含再生铅）冶炼	采用烧结锅、烧结盘、简易高炉等落后方式炼铅工艺及设备，未配套建设制酸及尾气吸收系统的烧结机炼铅工艺等	万吨	130
锌（含再生锌）冶炼	采用马弗炉、马槽炉、横罐、小竖罐等进行焙烧、简易冷凝设施进行收尘等落后方式炼锌或生产氧化锌工艺装备等	万吨	65
焦炭	土法炼焦（含改良焦炉），单炉产能7.5万吨/年以下的半焦（兰炭）生产装置，炭化室高度小于4.3米焦炉（3.8米及以上捣固焦炉除外）	万吨	4200
水泥（含熟料及磨机）	立窑，干法中空窑，直径3米以下水泥粉磨设备等	万吨	37000
平板玻璃	平拉工艺平板玻璃生产线（含格法）	万重量箱	9000
造纸	无碱回收的碱法（硫酸盐法）制浆生产线，单条产能小于3.4万吨的非木浆生产线，单条产能小于1万吨的废纸浆生产线，年生产能力5.1万吨以下的化学木浆生产线等	万吨	1500
化纤	2万吨/年及以下粘胶常规短纤维生产线，湿法氨纶工艺生产线，二甲基酰胺溶剂法氨纶及腈纶工艺生产线，硝酸法腈纶常规纤维生产线等	万吨	59

续表

行 业	主要内容	单位	淘汰产能目标
印染	未经改造的74型染整生产线，使用年限超过15年的国产和使用年限超过20年的进口前处理设备、拉幅和定形设备、圆网和平网印花机、连续染色机，使用年限超过15年的浴比大于1 ：10的棉及化纤间歇式染色设备等	亿米	55.8
制革	年加工生皮能力5万标张牛皮、年加工蓝湿皮能力3万标张牛皮以下的制革生产线	万标张	1100
酒精	3万吨／年以下酒精生产线（废糖蜜制酒精除外）	万吨	100
味精	3万吨／年以下味精生产线	万吨	18.2
柠檬酸	2万吨／年及以下柠檬酸生产线	万吨	4.75
铅蓄电池（含极板及组装）	开口式普通铅蓄电池生产线，含镉高于0.002%的铅蓄电池生产线，20万千伏安时／年规模以下的铅蓄电池生产线	万千伏安时	746
白炽灯	60瓦以上普通照明用白炽灯	亿只	6

资料来源:《节能减排“十二五”规划》

截至2014年末，全国累计淘汰炼钢、炼铁、水泥、平板玻璃落后产能分别达到7500万吨、6900万吨、5.7亿吨和1.52亿重量箱，提前一年完成了“十二五”淘汰落后产能目标任务。

淘汰落后产能的政策一直实施到现在。由于中国多年以来维持了很高的经济增长速度，保持了很高的固定资产投资率，固定资产投资总量逐年高速增长，2016当年投资额已经达到60.6万亿元，约合9.3万亿美元左右。制造业的投资数量大，新建产能多，各地重复性建设仍然很普遍，产能过剩已成为一种痼疾。淘汰落后，已经不但是节能降耗的需要，也成为中国特有的平衡市场供需的调节手段。现在淘汰落后产能也是中国促进产业升级、加快技术创新和进步、调整产能结构的重要手段。

以不断提高能效和环境标准推动淘汰落后产能，客观上大大加快了中国制造业的装备更新和技术进步，使中国用很短的时间实现了多数产业部门的技术和装备现代化，而且这个进程还在加快。能源装备的更新周期也大幅缩短，许多设备和工业设施的传统技术经济寿命可能是25年、30年甚至是40年或更长；但在这种很短时间形成超大规模生产能力，且很快进入产能过剩的状态下，实际的经济寿命可能缩短为15年甚至更短，资本有效回报周期缩短，沉没损失提前。中国电力行业过去15年大规模迅猛发展，现有的发电设备都很新，平均年龄不到10年，加快淘汰落后产能也是造成这一状况的重大因素。所以中国的发电设备技术水平在短时间内成为世界最新最好的，供电煤耗从20世纪每千瓦时400多克标煤，下降到2016年的312克标煤/千瓦时。这种加快技术短周期更新可能已经形成了一种新的技术更新模式。

通过对旧设备加快淘汰、对存量设备实施节能技术改造、严控新增生产能力的能源效率水平，中国高耗能企业的整体技术水平和企业管理水平得到明显提升。仅仅是2011到2015年，中国火电供电煤耗从2010年的333克标准煤/千瓦时下降到2015年的315克标准煤/千瓦时，下降5.4%；铝锭综合交流电耗从2010年的14013千瓦时/吨下降到2015年的13500克标准煤/吨，下降3.7%；吨水泥熟料综合能耗从2010年的115公斤标准煤/吨下降到2015年的110公斤标准煤/吨，下降4.4%；乙烯综合能耗从2010年的886公斤标准煤/吨下降到2015年的835公斤标准煤/吨，下降5.7%等等，高耗能工业的能源利用效率持续提高。目前中国电解铝交流电耗、燃煤发电供电煤耗等能效指标已达到国际先进水平，企业的现代化程度和管理人员的素质比十年前大幅度提升。

四、国家重大节能工程的佼佼者——中国绿色照明工程

抓住有重大节能效果的先进技术、先进产品、先进装备，积极组

织全国性重大节能工程。通过有目标、有计划地引进先进技术，加快国产化进程，对关键技术组织攻关，扩大先进节能装备、产品生产能力，在试点示范的基础上，进行全国范围的推广应用，从而形成巨大的节能效果，这就是中国的“国家节能工程”。“中国绿色照明工程”是国家节能工程中的一个成功案例。

中国绿色照明工程自 1996 年 5 月启动，截止到 2010 年的 15 年间，节约照明用电 1289 亿千瓦时，相当于减少二氧化碳排放 1.16 亿～1.25 亿吨。高效照明产品之一的荧光灯（包括直管型荧光灯、紧凑型荧光灯 CFL 等）产量从 1995 年的 4.1 亿只增长到 2013 年的 69.6 亿只，白炽灯与荧光灯的生产比例由 1995 年的 6.25∶1 转变为 2013 年的 1.28∶1。中国已成为世界上最大的高效照明产品生产国，2016 年荧光灯出口量达到 32.8 亿只[①]。

截至 2013 年，高效照明产品的居民用户市场占有率已达 78.1%，其中大中城市为 90.93%；工业用户市场占有率达 90.12%，包括商厦、酒店、学校和办公楼在内的商业用户的市场占有率高达 94.96%[②]。

21 世纪开始时，在直管型荧光灯、CFL、高强度气体放电灯（HID，如高压钠灯、金属卤化物灯）等高效照明产品的设计、材料、工艺和生产等方面，中国已稳居世界前列。现在正在向第四代绿色照明的发光二极管光源（LED）发展。LED 灯的市场占有率大幅上升，已经成为普遍使用的新一代通用型高效照明光源。中国以 LED 光源发展为基础，正积极探索、研发智能光源前沿技术，已取得突破性进展。例如：长春应用化学研究所利用研究成果创新性地发明了发光寿命可调并与交流供电频率匹配的稀土 LED 发光材料，在国际上首创新一代交流 LED 白光照明光源技术，解决了交流 LED 发光频闪的世界性难题。该技术

① 资料来源：中国轻工业联合会数据。
② 资料来源：中国照明学会和北京华通人商业信息有限公司的市场调查数据。

产品与传统直流电源驱动的 LED 相比，具有散热好、能量转换效率高、体积小等优势，可提高寿命 1 倍以上，能耗和成本分别降低 15% 和 20% 以上。复旦大学计算机科学技术学院研制出一种利用屋内可见光传输网络信号的国际前沿通信技术，将网络信号接入一盏 1 瓦的 LED 灯珠，灯光下的 4 台电脑即可上网，最高速率可达 3.25G，平均上网速率达到 150M，堪称世界最快的“灯光上网”。

中国生产的高效照明产品曾经多数是国外知名品牌的贴牌产品。经过绿色照明工程长时间的支持和引导，中国品牌产品不断提高质量，而且价格更具竞争性，在市场上逐渐占据了更大的比例。2015 年在世界需求趋缓，中国多数产业出口下降的状态下，中国的照明产品出口继续保持接近两位数的增长速率，充分体现了中国照明在世界的产业优势。

中国绿色照明工程的实施历程就是中国高效照明产业快速发展、高效照明产品占领市场的过程。绿色照明的概念是在 20 世纪 90 年代从欧美国家引入中国，比西方国家晚了 10 年左右。绿色照明概念很快受到中国政府的高度重视，也得到了联合国等国家机构的大力支持。1996 年、2001 年和 2008 年中国的绿色照明工程先后得到联合国开发计划署（UNDP）、全球环境基金（GEF）共计 2312.5 万美元的技术援助支持。

1996 年 5 月，国家经济贸易委员会（简称国家经贸委）联合国内 10 个部委、院、总会、公司，成立了“中国绿色照明工程”协调领导小组、工程实施办公室和专家组。1996 年 9 月，国家经贸委发布了《中国绿色照明工程实施方案》。绿色照明工程当时把可以直接替代白炽灯的紧凑型荧光灯作为重点，从加强科普宣传节能灯的节电效果开始，普及节能灯的节能知识。并且从大型公共建筑开始推广节能灯的应用。1996 年 10 月，“中国绿色照明工程北京展示中心”开业，成为国内第一家集科普、教育、宣传、推广和销售为一体的宣传展示场所。在1996年中国绿色照明工程启动时，少数进口的紧凑型荧光灯泡价格高达160元一只，是普通白炽灯泡的七八十倍，一般消费者根本买不起。国内生产的节能灯泡要便宜得多，但质量不高，价格也要几十元一只。市场上还有一些价格只有一二十元的，质量就更差，不但光通量衰减快，使用寿命也短。照明工程把提高质量作为主要目标，推动材料、工艺、设备的提高升级。由于节能灯生产的技术门槛较低，在政府大力宣传绿色照明、推广节能灯的形势下，生产节能灯的企业如雨后春笋般出现。20世纪90年代后期，全国节能灯生产企业达到8000多家。大量小企业用低质廉价部件粗制滥造，以次充好。价格的恶性竞争还导致部分大企业不得不生产价格便宜的低档产品，质量也无法得到保证。这些劣质节能灯充斥市场，影响了消费者的信心。

中国绿色照明工程推动绿色照明产品标准的制定，先后于1997年、1998年、2003年、2009年分别制定和发布了多项高效照明电器产品能效标准和照明设计节能标准。工程还开展了“照明产品质量承诺制”试点工作，在严格产品测试的基础上，选择了一批质量好、生产稳定的企业，给予重点宣传，培养市场。1998年，在北京、上海、南京、郑州等大城市的知名大型商厦、灯具专卖店，设立了“中国绿色照明工程质量承诺制”柜台，推介专卖优质产品。商厦和企业签订所售产品的质量承诺协议，凡商厦在承诺柜台销售出去的照明产品，如出现质量问题，将向消费者提供8个月至1年包退换承诺。质量承诺活动实施一年，取得了很好的效果，选择的北京等8个城市的示范点高效照明产品销售量分别比上年同期增长了30%～75%，产品退换率不到万分之一。2003—2004年又进一步扩大了质量承诺示范活动，逐步建立起高效照明产品的诚信市场，促进了高效照明产品生产企业提高产品质量和服务，消除消费者购买高效照明产品的风险。

中国绿色照明工程还开展了照明产品节能认证工作。通过节能认证的产品相当于经过质量和节能效果的检验，先后有46家照明企业的近600多种型号的照明产品获得了节能认证。消费者只要在市场上看到标有节能产品认证标志的产品，就可放心购买。

为了鼓励企业和事业单位购买和使用高效照明产品，中国绿色照明工程办公室还组织开展了高效照明产品大宗采购示范活动。第一期选择北京等8个省市和铁道部为示范地区和行业，采用政府招投标方式，安排示范用户65家，批量采购安装高效照明产品超过60万只。既降低了单位采购成本约20%，也保证了产品质量，形成了产品使用寿命期限内节电9700万千瓦时的能力。同时，还组织开展需求侧管理照明节电示范活动，为78个用户安装了68万只高效照明产品。经专家评估，项目在产品使用寿命期限内节电量可达1.2亿千瓦时，削减电网峰荷1.4万千瓦时。

通过上述多方面的努力，高效照明产品质量提升，市场需求明显增加，高效照明产品国内销售量大幅增长，照明节电成效显著。紧凑型荧光灯国内销售量2003年达到3.56亿只；T8直管荧光灯销售量达到2.86亿只。2003年，家庭用户高效照明产品使用普及率为72.8%；工矿企业高效照明产品使用普及率为73.7%；高效照明产品占全社会照明产品使用的比例达43%。绿色照明在中国已家喻户晓，购买和使用节能灯成为时尚潮流。

由于生产技术装备的工艺不断改进，生产规模和集中度也不断提高。紧凑型荧光灯的价格迅速下降，没有几年的时间，中国市场上质量很好的节能灯价格下降到10元一只左右，市场也迅速扩大。

中国政府在建筑物节能中把推广应用节能灯作为基础性节能措施，利用各种机会扩大节能灯的社会认知度。中国绿色照明工程先后为“希望工程”（为贫困地区建设学校）的学校，为北京奥运会场馆建设，为多个地区的扶贫活动赞助节能灯，扩大节能灯市场影响。2005年5月，中国与国际高效照明协会（IAEEL）联合，首次在发展中国家召开“2005年中国绿色照明国际会议暨第六届国际高效照明会议”，对世界节能界、照明界和中国的节能与照明事业产生深远的影响，进一步推动了全球照明领域的合作。2008年，联合国秘书长潘基文参加了UNDP/GEF支持的“逐步淘汰白炽灯加快推广节能灯”项目启动仪式，向全球发出“通过更换一个灯泡、改变我们的思维方式，就可以改变世界”的倡议，掀起了全球绿色照明的新浪潮。2010年，中国率先研究制定并发布了中国逐步淘汰白炽灯路线图，向全世界宣告中国淘汰白炽灯的决心和时间表。2012年联合国气候变化国际谈判多哈会议期间召开了绿色照明主题边会，助力中国作为有责任的排放大国向全球表明中国在减排二氧化碳上的不懈努力。

1. 从绿光到绿色理念植根千家万户

20世纪90年代中叶，当“绿色照明”的概念刚刚传入中国时，为什么叫“绿色”照明？是用绿颜色的灯吗？这样的问题经常被老百姓问及。“绿色”代表环保、代表节能的理念当时在中国老百姓中的认知度非常低。

中国绿色照明工程在UNDP/GEF的支持下，开展了丰富多彩、形式多样的宣传活动；充分利用大众传媒和社会渠道，普及绿色照明的知识。包括制作“绿色照明”电视专题宣传，拍摄了电视系列节目《绿色照明、耀我中华》，开辟“绿色照明在中国”网站；在一些杂志和报刊开辟了宣传绿色照明的专栏或专刊，印制和散发“绿色照明”宣传品；广泛地收集资料，编辑了包括绿色照明内容在内的小学生节能读本；采用生动、活泼的故事和卡通形式，在社区、学校开展宣传活动。

2003年，绿色照明工程在北京6所小学开展了以“绿色照明、环境保护”为主题的“中国绿色照明节能小先锋”评比活动。在小学里开展绿色照明宣传活动，是希望通过“小手牵大手”，把绿色理念通过孩子带到家庭，以孩子的绿色理念影响父母。在活动期间，学生们还自己制作和完成了“节能图画”和“节能小文章”，把绿色照明理念与教学活动紧密结合。仅这一项活动，就有将近2万学生参加，带动了全北京市15000个家庭。

为了构建长效绿色照明宣传机制，依托高效照明生产企业、节能监察机构、大学、灯具城和社区，在全国创建了21个绿色照明教育示范基地，截至2014年底累计参观人数超37万人次。

2012年，联合国秘书长潘基文先生在全国节能宣传周期间，参加了绿色照明专题宣传活动，接受了中国小朋友代表赠送的“我爱绿色世界”淘汰白炽灯宣传作品。

通过各种宣传教育活动，中国公众对绿色照明的认知率由2001年的59%上升2013年到69%。中国绿色照明工程不仅带来了高效照明产品的生产和使用，更重要的是让代表节能和环保的“绿色”理念深入人心，实现了从“绿光”到绿色理念的根本转变。

2. 建立覆盖中小城镇和农村的绿色照明推广体系

到了21世纪第一个10年期间，中国大中城市居民用户高效照明产品在用量已超过电光源在用量总量的80%。但在小城市和农村地区，白炽灯的使用量仍然较大，小城市和农村地区成为绿色照明推广的薄弱环节。从2009年开始，中国绿色照明工程开展了对小城市和农村地区的高效照明产品推广活动。

中央政府实施了节能产品惠民工程，包括对高效照明产品的用户实行补贴政策，并规定用于农村和经济欠发达地区的比例，这个比例从2009年的不低于20%、2010年的不低于30%提升至2011年的不低于60%、2012年不低于70%。中央财政补贴资金通过政府招标，由中标企业负责定向推广节能灯，按销售节能灯的数量领取政府补贴。

一些知名的照明产品制造企业通过公益活动促进农村地区高效照明产品推广。如雷士照明和中国青少年发展基金会共同发起的“光明行公益工程”，通过捐赠节能灯改善欠发达地区、贫困地区、革命老区、边远山区等的中小学校照明环境。自2009年6月启动以来，已对40余所受赞助的学校捐赠节能照明产品和改造照明环境，改善了5万余名师生的教学照明条件和视觉健康环境。在雷士照明的规划中，计划对全国1000所中小学照明环境进行改造，预计“光明行公益工程”将惠及100万师生。

绿色照明工程还帮助企业在中小城市和农村地区建设节能灯营销网络体系。在一年的示范期内，帮助6家企业在27个省（区、市）589个县共开发网点1849个，累计销售节能灯2143.14万只，主要用于替代白炽灯。这一个单项活动就可实现年节电量约8.76亿千瓦时，减排二氧化碳62.57万吨。

3. 引领世界照明产业转型升级

1995年前后，中国大陆自镇流荧光灯的生产设备主要是德国贝德莱公司制造的H型自镇流荧光灯半自动生产线和中国台湾的半自动生产线。很多生产紧凑型的荧光灯小企业几乎都是靠大量人工操作，例如荧光灯注汞工序完全是人工操作，几十名工人两只手分别抓着四五只滴注完汞珠的灯管，在工作台面上连续垂直敲动，让汞珠到达合适位置，质量和环境安全都难以保障。

经过中国绿色照明工程的持续开展，中国照明电器行业的规模和技术水平大幅提升。中国成为荧光灯的最大生产国，生产全球三分之一以上的荧光灯。2006—2013年中国荧光灯产量由37.1亿只增长到69.6亿只，年均增速达9.4%（图2.6）。

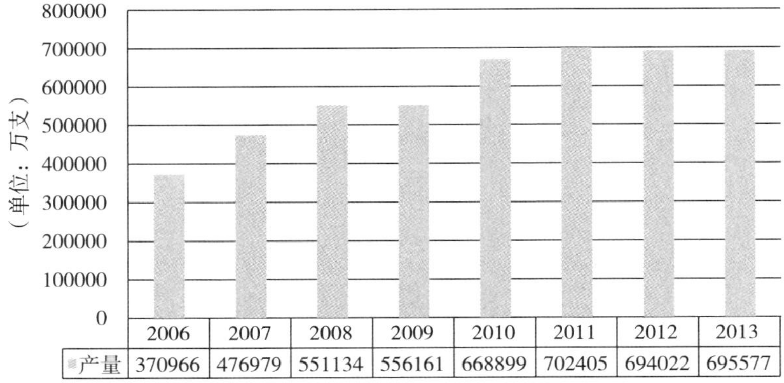

图 2.6　2006—2013 年中国荧光灯产量

资料来源：中国照明电器协会，2014 年 9 月。

2011 年后，中国荧光灯的产量保持在 70 亿支左右，全国荧光灯行业总销售额在 70 亿美元左右，出口额逐年提升，2013 年出口额达到 40 亿美元。（表 2.7）

表 2.7　2011—2013 年荧光灯产品产销情况

	生产量（万支）	出口量（万支）	进口量（万支）	销售总额（万美元）	出口额（万美元）
2011 年	702405.37	358904.18	2524.02	691965.99	353570.03
2012 年	694022.14	346593.18	2009.28	728820.11	363971.21
2013 年	695577.23	408208.62	1804.45	691104.09	405583.50

资料来源：中国照明电器协会，2014 年 9 月。

中国还是白炽灯等传统照明产品生产大国，年白炽灯产量也曾达到 40 亿支以上，占世界总产量的三分之一以上。2011 年成为中国普通照明用白炽灯产品总产量峰值年，达到 41.7 亿只，出口量也创下峰值，达到 31.8 亿只。随着全球逐步淘汰白炽灯活动的推进，一些国际公司逐渐关停了海外工厂，把生产和订单转移到中国。中国开展白炽灯生产转型活动，大幅减少白炽灯产量，转而生产节能灯。绿色照明工程帮助大型白炽灯生产企业进行转型，选取了转型意愿相对较高的 10 家大型白炽灯生产企业，帮助它们制定转型方案，组织包括上述企业在内的

31家企业共1200人进行转型培训，支持企业进行转型。2010—2012年，这10家企业将累计减少白炽灯产能22.6亿只，占2012年全国总产量的58%。年增产高效照明产品8.76亿只，每年可节电495亿度。

2009年以来，上述10家企业白炽灯产量基本呈减少趋势，高效照明产品产量呈逐年递增趋势。截至2013年底，10家企业累计淘汰白炽灯产能16亿只，约占全国白炽灯产量的40%。其中，5家转型试点企业白炽灯产量累计减少40%以上，高效照明产品累计增加16%以上，转型效果非常明显。

安徽世林照明股份公司是项目支持的5家转型升级试点企业之一。根据该企业的淘汰白炽灯行动计划，在2010至2015年的6年期间，该企业将逐步淘汰原有4.3亿只/年的白炽灯产能，其中2010—2014年每年淘汰7000万只，2015年淘汰8000万只。同时，加快生产双端荧光灯、紧凑型节能灯、一体化支架、LED灯具等高效照明产品，在现有高效照明产品年产能7000万只的基础上，拟投资1.936亿元，采用先进的高效荧光灯生产技术和固汞工艺替代液汞工艺，实现到2015年高效照明产品年综合产能2.64亿只。

安徽世林照明股份公司转型成效显著。监测结果表明，截至2012年底，该企业白炽灯产量比试点前减少了53%，高效照明产品产量增加了34%，每年产生节电量33.8亿度。

近年来，国内多家公司已在国际上以自主品牌进行市场拓展，今后会有更多的中国照明公司会以产品、品牌或资本方式走向世界。

中国过去20年来，建筑物面积从人均10平方米左右，发展到现在人均超过45平方米。家庭照明从一家只有两三个灯泡，到现在多达几十盏灯。“绿色照明工程”推动了中国的高效照明技术和产品不断升级、大规模普及，极大地降低了照明用电的增长速度和增长量。今后绿色照明仍然将作为重大节能领域，更多、更高效、更节能的照明技术和产品将不断出现，为中国绿色低碳发展提供技术支撑。绿色照明产业是中国绿色低碳新兴产业发展的组成部分，将成为引领世界高效照明产业和技术发展的主力军。

第三节　中国的节能事业造就了新的时代英雄

任何伟大的事业都要靠人的创造和努力。中国的节能已经成为一个越来越重要的发展领域，也造就了一大批现代的英雄人物和单位。这些英雄人物推动了中国的节能事业发展，使中国逐渐走向引领高效绿色低碳可持续发展的未来。谨从中择一二介绍。

一、创造世界燃煤火电最高运行效率的冯伟忠

当前，世界上最先进的燃煤发电机组是大型超超临界（USC）机组。进入 21 世纪以来，中国从国外批量引进了百万千瓦级的超超临界发电机组，而近年来开始可以自主制造生产这种先进的发电机组。在世界各国运行的超超临界燃煤发电机组中，运行效率最高的世界纪录曾经是位于丹麦的 411MW 两次再热超超临界低背压机组，该发电机组于 2009 年曾经达到了年运行平均 286 克标准煤／千瓦时的高水平。其他超超临界发电机组的实际运行效率大多在 290 克标准煤／千瓦时以上。而中国上海外高桥第三发电厂在 2008 年引进技术建成的百万千万超超临界发电机组，从建成投产开始，就不断继续创新性技术改造，使发电机组的能源效率远远超出原有设计水平，连续打破了燃煤火电能源效率的世界纪录。该厂 2009 年到 2011 年期间发电煤耗分别为 282、280、276 克／千瓦时，机组在 74%～81% 负荷率下连续大幅刷新供电煤耗世界纪录，这个世界纪录远远领先，迄今还没有被打破。上海外高桥第

三发电厂的燃煤发电机组发电净效率已经达到 46.5%，已经高于欧盟计划在 2050 年才能达到的平均净效率 45.2%。

一般情况下，发电机组建成投产后，运行效率能够达到原来设计水平就很不容易。许多机组由于种种原因都在低于原设计效率状态下运行，超过设计水平实属不易。在生产过程中，每降低 1 克标煤发电煤耗都是十分困难的，而上海“外高桥三厂”却打破了极限，在中国环境排放标准不断提高，稳定运行的外部条件变得更加复杂，负荷率波动较大的情况下，却通过对整个发电厂锅炉、蒸汽轮机和发电机三大环节实行整体优化，大胆进行创新性节能改造。在降低了污染物排放，提高了机组运行的稳定性，减少设备损耗的同时，使机组的运行效率远远超过原来设计目标，创造了运行能源效率的世界先进纪录。

创造这一世界纪录的领军人物是上海外高桥第三发电有限责任公司总经理冯伟忠。他提出并带领团队研发和实施了“零能耗脱硫”等 12 项世界首创技术、“超超临界机组参数和运行方式优化”等 6 项国内首创项目，取得 13 项专利，解决多项环保技术难题，并刷新了 18 项行业纪录，使中国燃煤发电技术一举超越世界最先进水平；同时培养出一支高素质技术团队，正在中国全面推广这些先进技术；使更多的 30 万 ～100 万千瓦的发电机组大幅降低发电煤耗，减少污染和碳排放，使中国一批发电机组都成为国际先进高效绿色领先机组。

冯伟忠是中国企业中从一般工人转变成为世界知名的发电行业高级专家和企业领导人的典型代表，也是一个难得的奇迹。1971 年，16 岁的冯伟忠初中毕业后进入了上海崇明发电厂，在检修车间热工仪表班当学徒工。他始终牢记父亲的教导，学科学文化，才能有自己实现理想发展的前途。

冯伟忠从进入发电厂工作时起，就开始自学各种电力相关课程，从中学到大学的多门功课，都是利用业余时间攻克下来的。学以致用，冯伟忠肯动脑、勤动手，很快成为厂里工人中少有的能干人，在维修各种老旧机器的过程中成为技术骨干。1978年中国开始了改革开放加快发展经济的历史转变，工厂重新重视和启用有知识有文化的技术人员。也允许有实际工作经验的工人参加考核，提升为技术员。冯伟忠参加了考核，以第一名的成绩，从普通工人晋升为技术员，从此成为工厂里技术改造的骨干成员。

冯伟忠身处基层一线，有梦想、敢创新、脚踏实地。每天下班后，他都会再花四五个小时学习和研究，而且几乎没有周末和节假日，常常加班到夜里12点，这个习惯他保持了40年。电厂工作和技术改造的需求，成了他自身的兴趣；依靠自学，跨越了锅炉、汽轮机、电气控制、计算机等专业，在每个领域都成为专家。在电厂从小到大的发展过程中，他从每次新设备建设安装开始，都从头学习钻研到底，在发电厂工作的40多年，使他有更多的机会接触实际运行中的问题，全面掌握了电站锅炉、汽轮机和发电机以及各种辅机的系统运行知识。

早在1988年至1992年间，崇明发电厂一台2.5万千瓦机组要改造成5.5万千瓦双轴汽轮发电机组。面对国内第一台双轴汽轮发电机组的改造，作为负责人的冯伟忠并没有退却，他在缺乏技术资料和改造经验储备的情况下，利用两台计算机独自完成了两大关键技术的仿真论证，仅仅花费了1000万元就完成了机组改造。这次成功的改造为发电厂带来了每年500万元的回报。如今，这台国内最早的双轴汽轮发电机组仍在正常运转。

进入21世纪后，中国批量引进了百万千万超超临界机组，上海外高桥三厂也引进了两台，冯伟忠参加了这两台机组的整个建设调试过程。他以国内最新火电装备为基础，认真汲取国内外超临界和超超临界火电机组建设的经验和教训，以突破世界先进水平为目标，进行系统优化，从机组选型、系统设计、设备制造和安装，到机组调试和运行，全面、全过程地展开了“100 万千瓦时超超临界机组系统综合优化和节能关键技术研究”项目。冯伟忠和他的团队，敢于拿当时世界上最先进的超超临界发电机组开刀，不但要达到原有设计运行指标，还要大幅超过设计指标，大幅提高整个机组的运行效率。开发的节能技术涵盖了系统设计优化、设备改进、研发专门节能设备，机组启动和运行方式及控制策略的优化和创新等，而这些节能技术的实施，极大地提升了火电机组的综合性能。当然在这么大型的先进机组上“动手术”，风险和阻力并不少。但冯伟忠由于全面掌握了大型电厂的整体技术知识，开始向传统的设计和运行规范挑战，打破了很多传统的技术界限。冯伟忠的每一项技术革新，都经过了深入的研究，严格的论证，周密的计算甚至计算机仿真模拟，在有充分理论根据支撑的前提下，才敢于动手改造。

他发明的“蒸汽加热启动”技术，颠覆了传统的锅炉启动方式，大大降低了大型机组启动能耗，综合启动费用仅相当于传统方式的 1/6，显著缩短了约 2/3 启动时间；他发明集中式汽轮发电变频电源中心等技术，使厂用电率下降到 3% 以内，比常规厂用电每年大幅下降约 50%，创造了最低厂用电率的世界纪录。

他在国际上首次发现固体颗粒侵蚀（SPE）损害汽轮机叶片造成发电效率持续下降的根本原因，率先研发出汽轮机叶片免受颗粒侵害的系列综合治理的核心技术，在世界上首次根治了超（超）临界机组固体颗粒侵蚀（SPE）致使效率持续下降这一困扰了国际电力行业数十年的火电“癌”症；使机组在 2008 年投产之时效率就达到了世界领先。2008 年在伦敦电力论坛上，冯伟忠作为亚洲区的唯一代表报告了这个成果，引起世界发电业的震动。后来华尔街日报在 2010 年以《世界最高效的燃煤发电厂在上海》予以报道，在世界煤电行业树起了“中国标杆”，电厂成为国内唯一获“高新技术企业”称号的煤电企业。

冯伟忠还发明了高效全天候脱硝和脱硝催化剂高效延寿等系列新技术，解决了低负荷情况下电厂脱硝装置不能正常运行的难题；突破了烟气余热利用、弹性回热等新理论，攻克了SCR催化剂表面的凝结硫酸露等一系列问题，大大降低了催化剂的寿命损耗；解决了高标准环保要求和高能耗的矛盾，二氧化硫排放浓度为62.70毫克/米^3，显著低于国标（200毫克/米^3），氮氧化物排放浓度为48.58毫克/米^3（新国标100毫克/米^3），烟尘排放浓度为11.03毫克/米^3（国标50毫克/米^3），取得了显著的环保效益；提出"广义回热"等热力学新理论，解决了空预器结露和堵塞世界难题，并实现单台机组每年节约标煤2.4万吨以上。

尽管一度电仅耗煤273克，领先于世界，但是冯伟忠仍不满足，又有了新追求：要向每度电煤耗251克进军。"创新要像连续剧，不能一集播完没下集。"冯伟忠常常这样说。

冯伟忠提出的"一种新型汽轮发电机组"设计创新，可以在现有的材料和技术平台上，使目前超超临界机组在单位造价不变的前提下，能耗再降约5%。创新设计的"135万千瓦高低位双轴二次再热超超临界发电机组"，能耗有望降到全球火电行业"无人敢想象的水平"，使发电厂的供电煤耗下降到251克/千瓦时。这个技术创新达到的效果，可以超过目前人们正在进行研发的新一代高超临界机组的效率。原来人们走的路线是把现在超超临界的摄氏600℃蒸汽进一步提高到700℃，以期提高效率。但现在使用的很多材料都难以承受700℃的高温，因此从锅炉到蒸汽轮机都要做大幅度的材料变更，至今仍然没有解决这个难题。但冯伟忠提出的新方案在不大幅提高蒸汽压力的条件下，可以实现的发供电效率竟可以超过高温方案，是一种充分利用现有蒸汽能量潜力的创新方案。

2015年12月31日中国国家能源局正式批准，将135万千瓦高低位双轴二次再热超超临界发电机组作为国家清洁煤电示范性项目，由上海申能股份有限公司主导建设，项目选址安徽淮北市。工程奠基仪式已于 2016 年 10 月 12 日举行，力争 2019 年上半年建成投产；该项目设计供电煤耗 251 克/千瓦时。这是一个由中国创造的绿色煤电全新世界纪录，首台机组不久将问世。

2016 年 6 月，冯伟忠教授应邀出席美国工程师协会（ASME）2016 年会做专题演讲，并接受 ASME 电力最高荣誉奖“最佳创新者奖”。ASME 有 134 年历史，是制造业领域的世界权威，世界上 90 多个国家进出口机械工程设备的参考标准由其制定。ASME 颁发的“最佳创新者”奖，设立于 1954 年，用于肯定在热力发电站实践或设备等方面做出杰出贡献的人士，是 ASME（电力）的最高荣誉。中国专家受到 ASME 表彰在中国历史上是第一次。从圣迭戈会议中心的讲台上走下来，外国专家始终围着“外三”团队不愿离去，一名美国某大型发电公司的工程师甚至告诉冯伟忠：“我想到你们电厂去工作。”

总部位于美国的巴布科克·威尔科克斯公司是世界上第一台蒸汽发电锅炉的诞生地。当前，全球约半数的大型电站锅炉仍然采用该公司技术。来自该公司的韦斯利先生参加了 ASME 颁奖会后颇为感慨：“如今‘外三’的实际年平均运行效率高达 44.5%，比美国煤电机组的平均运行效率还要高出不少，这是一个多么了不起的数字啊！”

ASME 电力运行与维护技术委员会副主席、注册能源管理师克里斯托弗·马塞拉评价说：冯伟忠教授基于中国中医疗法从根本机理上寻求治病途径的理念，聚焦于系统的潜力挖掘，这种理念对基于通常视为独立组件或者隐藏在看似相互排斥的目标（如控制污染和能源效率）之间的内在联系有着独特的认知和见解。ASME 年会称冯伟忠教授的系列创新技术为冯氏“5E 技术”[Energy saving（节能）、Environment protection（环保）、Efficiency preservation（保效）、Ensuring safety（安全）及 Elevated T-G unit（高低位分轴布置的汽轮发电机组）]，认为冯氏技术不但提高了效率，严格控制了传统污染排放，还大大降低了燃煤电厂的碳排放，为全球应对气候变化做出了贡献。人们不得不讨论美国国家环保局为了淘汰燃煤电厂设定的二氧化碳标准是否有效的问题。因为美国国家环保局规定的636公斤/兆瓦时的排放限值，从技术上把原来所有可能的燃煤发电包括人们正在研发的先进的超超临界（A-USC）电厂，都排除在外了。但冯伟忠将要建成的供电煤耗只有251克标煤的新电厂，却可以符合美国国家环保局的限制标准。人们打趣地说，冯氏技术有望使煤电行业获得重生和复兴。注册能源管理师克里斯托弗·马塞拉还说，如果有一天，冯伟忠教授被全世界公认并得到与电力工程师尼古拉特·斯拉、爱迪生·托马斯和汽车制造业先驱亨利·福特一样的尊重，他们一点都不惊讶。

冯伟忠注重企业管理“软实力”建设，提出“一个企业如果没有企业文化的凝聚，很难获得长足的发展”。他带头构建具有“外三”特色的企业文化体系。提出了“团结协作、甘于奉献、锐意创新、勇夺第一、尊重人才、科学发展”的团队精神，确定了“节能”“创新”“奉献”三个企业价值观关键词，他还把40年来的工作体会浓缩成了“和谐、敬业、进取、创新”8个字，将其定为企业精神，以此和员工共勉。冯伟忠身传言教，带领和指导20多人的技术创新队伍一起创新，充分发挥团队作用，取得了不少科技成果。2012年公司荣获“全国质量奖”，这也是全国发电企业首获此奖。

如何让“外三”厂的节能减排技术得到推广，是冯伟忠和他的团队目前正在努力的重要工作。他说：“这一系列技术属通用技术，原则上可适用于任何火电机组的新建配套或老机组改造，可为我国火电脱硫的可持续发展带来极其深远的影响。”

2010年10月成立了上海申能能源科技有限公司，由冯伟忠兼任总经理，依托的是“外三”一系列的节能和环保的创新技术，进行国家知识产权成果产业化转化，向国内外发电行业提供节能科技服务。2012年已经着手对吴泾第二发电、外高桥第二发电、山西兴能、徐州铜山等6家国内发电企业进行节能技术综合改造。

近几年，越来越多的电厂找到了“外三”厂，期待用上这样的技术。华润电力控股有限公司最早与“外三”厂签订了技术改造合作协议，据其负责人周俊卿介绍，经过“外三”厂的技术改造，该公司铜山华润5号机组的效率与未经改造的机组相比提升了约1.4%；供电煤耗实际降低了约10克/千瓦时，超出了7.5克/千瓦时的预期。神华集团安庆电厂3号机组采用“外三”厂技术改造后，也已完成168小时运行，各项参数均有突破。

冯伟忠长期奉献于中国电力节能创新事业，取得了巨大的成绩，也获得了人们的尊重，以及许多奖励和荣誉。他曾荣获中国电力建设科学技术成果一等奖，2010年全国低碳经济突出贡献人物，2010年感动（全国）电力十大人物，2012年全国五一劳动奖章，2013年度何梁何利基金创新奖，2013年“中国杰出质量人”称号，2016年首届“中国生态文明奖先进个人”，2016年度美国机械工程师协会“最佳创新者奖”，2016年第七届“全国优秀科技工作者”称号等荣誉。他还兼任清华大学、东南大学、华北电力大学客座教授，上海电力学院特聘教授、硕士生导师。

冯伟忠已经到了可以考虑退休的年龄，但他仍工作在一线。他不但要为许多电厂节能改造的新工程操心，还一心投入将要创造世界燃煤电厂新能效纪录的251新电厂的建设。他还在不断挑战自己，新的高峰会在哪里？

二、脱颖而出的节能环保企业——神雾集团

中国长期坚持节能优先，为一大批有志节能环保的创业者和企业提供了广阔的市场。北京神雾环境能源科技集团，这个今天知名的节能环保公司，就是一个从一家小微公司开始，依靠把节能燃烧技术做大做强，走向世界节能环保市场，成为节能环保大企业的佼佼者。

神雾集团是中国节能环保领域的领军企业，专业从事化石能源、矿产资源及可再生资源高效清洁利用技术的研发与技术推广。公司成立于1996年，如今已经拥有九家控股子公司（含两家中国A股上市公司，市值440亿元），总资产134亿元，员工3700余人。

神雾集团先后获得“国家火炬计划重点高新技术企业”“2012年中国清洁技术企业20强企业”第一名，2013年“十大绿色创新企业”“中国节能服务产业十佳品牌企业”，德勤公司发布的“2012中国清洁技术企业20强企业”第一名，贵阳生态文明国际论坛“2013中国节能服务公司百强榜”第二名，等等各类荣誉、奖励、称号50多项。神雾集团还先后承担国家、省部级科技课题23项。

神雾集团拥有由240人高水平科研核心团队组成的国家级企业技术中心，也是“北京市企业技术中心”“北京市劣质铁矿石综合利用工程技术研究中心”“北京市低变质煤与有机废弃物热解提质工程技术研究中心”“蓄热式高温空气燃烧技术北京市工程实验室”及国家级博士后工作站。神雾集团还拥有化工、冶金两个国家甲级工程设计院、一个炉窑工程专业一级设计院及一个电力乙级设计院。神雾集团的节能减排装备制造平台占地30万平方米，专门用于核心节能减排装备的加工制造。神雾集团已经获省部级以上科技奖六项，申请国内外专利1600余项，制定国家及行业标准四项。

神雾集团自主创新的八项重要节能环保新技术，多被评价为具有

国际领先水平，有很高的节能和减排效果，可以广泛应用于冶金、有色、化工、能源、火力发电、有机固体废弃物及金属固体废弃物的处理等，对污染排放进行源头治理。公司已经完成的节能环保技术和工程，产生的效果每年节能 3000 万吨标煤以上、减排二氧化碳 6000 万吨以上，正在承担的项目建成后每年将增加节能 1000 万吨以上、减排二氧化碳 2500 万吨以上。

神雾集团的创始人、现在的董事长吴道洪是火箭发动机和航空发动机的博士，在学校时就是高才生，学习成绩优异。他在北京航空航天大学攻读博士学位期间，了解到自己学的火箭导弹技术如果用于工业锅炉窑炉的喷嘴、燃烧器技术改造，可以在陶瓷、玻璃、石油化工、冶金、电力等民用领域成为重要的节能技术。这方面的应用范围十分广阔，可以为中国当时效率低、污染重的许多企业大幅节约能源，减少污染排放。于是，吴道洪在攻读博士学位的时候，就开始为企业做喷嘴、油枪、喷枪等燃烧器的设计改造，走上了创业之路。

1995 年，在中国石油大学重质油加工国家重点实验室做博士后的吴道洪，已经拥有了自己的七项专利技术。在中国改革开放不断深入，各种公司大量涌现的条件下，吴道洪以原来业余搞节能项目积累的几十万元钱起家，正式创办了北京神雾喷嘴技术有限公司，开始了神雾集团的创业发展。创业初期，吴道洪成立了“吴道洪燃烧与喷雾技术实验室”。当时的条件十分艰苦，作为实验场地的小厂子建在北京远郊区的农村。但吴道洪和他的团队却在这里研发出“气泡雾化技术燃烧器”，成功地打入了工业市场。

1995 后的五年间，神雾的年收入增长了近百倍，1999 年达到了 900 万元。为了扩大节能环保业务范围，吴道洪正式成立了北京神雾热能技术有限公司。新神雾的第一代节能燃烧技术已经覆盖了钢铁、建材、石化、电力等多个高耗能行业，最高可节能 10%～20%，平均节能达到5%以上。1999年，吴道洪发明了“蓄热式烧嘴”新产品，实现节能和减排30%至70%的效果。吴道洪将“蓄热式高温空气燃烧技术”原理开发为从燃烧器、蓄热材料，到换向阀门、控制系统等全套蓄热式燃烧器技术体系和专利产品。新神雾的节能产品发展成了工业炉的整体节能装置。2000年，他又发明了“烧嘴式蓄热高温空气燃烧技术”，形成了神雾的第二代节能技术，如今已在国内外800余座大型工业炉窑上得到应用。这些应用每年为中国节约化石能源1500万吨标准煤以上，减少二氧化碳排放3000万吨以上。这个技术被国家发展改革委、工信部、科技部等列为国家重大节能减排推广技术。

吴道洪强调，神雾先进的节能燃烧技术，能够提高燃烧效率、节省燃料。无论重油、柴油、天然气，还是煤炭作燃料的工业炉窑，都可以通过神雾技术的节能改造，通过提高效率，实现节能投资的经济有效。中国过去30年的节能改造项目本身都是经济有效的，有些经济效益很显著，投资回收期好的不到1年，一般不高于3年。一些大型项目可能要长一些，但都明显短于大多数能源供应项目。但是节能项目的市场失效问题也很明显。企业经济效益好的时候，企业领导的主要目标是尽可能利用现有产能更多地生产，更多地占领市场，获得更多的销售收入，因此不想为了节能改造耽误生产。而市场销售不好，企业效益下降时，一般情况下，企业也没有多余资金进行节能改造。企业领导这时可能想得更多的是如何开发新产品开拓市场的问题，而且企业运行人员对节能技术的了解也很难深入。因此中国节能市场的开拓，一直是政府节能政策的重要目的。中国节能目标的制定，设备能耗标准和产品能耗标准的制定和不断更新，为中国的节能技术不断创造市场需求。像神雾集团这样的提供先进节能环保技术的企业，只要确实有先进技术和产品，就可以迅速地发展起来。而且技术越先进，市场声誉越高，发展就越快。

神雾集团就是凭借着不断创新，在高效燃烧技术方面保持领先而发展壮大起来的。神雾集团也在市场变化中遇到过资金短缺、周转困难的问题，但由于国家对节能环保产业的长期明确支持，这些困难都得到了解决。新技术的研发和投入也得到了更多投资者的支持。神雾集团重视不断研发新技术，逐渐从高效燃烧技术供应商向提供节能环保整体解决方案的行业龙头进发。

吴道洪十分重视神雾集团的研发平台建设，组建了节能与低碳技术研究院，目标是吸引国内外顶尖人才，构建以节能燃烧技术为核心的整体解决方案，成为节能和大气雾霾治理的核心技术研发基地。在神雾的3700名员工中工程技术人员占了大多数。神雾集团还通过并购方式，迅速地发展和壮大了自己的专业工程设计能力，成立了自己高资质的工程设计院，把神雾研发的先进技术更快地推向工程投资项目。吴道洪说："我们以技术实力所构建的平台基地，更像是孵化器，在原有提供各种燃烧器技术的基础上，为各个细分行业整体能源管理提供更深入的环保解决方案。"例如，神雾借助设计院的实力进行完整的蓄热式加热炉方案的设计，仅此项技术每年即可为钢铁厂产生节能经济效益20亿元以上，减少二氧化碳排放500万吨以上。吴道洪的目标是把炼油石化、煤炭、火力发电、冶金、有色、建材、水泥、有机固废处理等行业，都成为神雾集团可以提高节能环保深度服务的行业对象。

除了为国内的企业提供节能环保技术以外，神雾集团的技术和产品已经走向国际，神雾集团提出，对海外输出的技术应该是低碳、清洁、高效、循环的颠覆性技术。这些颠覆性的技术不仅要突破我国制造业能源高效清洁利用的技术瓶颈，也要为全球制造业的转型升级提供新鲜的血液。神雾集团获得了瑞典最大的钢铁公司SSAB的合同订单，向瑞典SSAB公司推广了神雾蓄热式高温空气燃烧技术装备；与印度的TATA集团合作，建设了神雾高效、低碳排放的蓄热式轧钢加热炉，成为印度钢铁业的节能环保改造示范项目；在印尼的高效利用矿产资源的红土镍矿清洁冶炼项目总额已经达到了数亿美元；在澳大利亚的项目达到 10 亿美元，在非洲也有数亿美元的项目。神雾海外市场已经拓展到 13 个国家，并且已经在“一带一路”沿线及海外其他国家和地区，开展了大量的提高能效项目。

随着中国生态文明建设力度不断提高，环境保护和治理的投入也不断增加，神雾集团也把环保技术作为新的发展重点，把自己的研发和工程优势不断地向各个行业延伸，解决不同地域、各个行业所共同面临的环保节能问题。

2015 年神雾集团全球第三代垃圾处理技术，通过创新的无热载体蓄热式旋转床热解技术将生活垃圾资源化利用，实现垃圾治理无害化、资源化、减量化。河北霸州 200 吨 / 天生活垃圾热解处理项目是全球首台垃圾热解处理的商业化示范项目。

神雾集团将燃烧技术 3.0 与各工业领域生产流程结合，立足流程优化与再造，实现了从设备节能到系统节能的飞跃。目前已开发出七项颠覆性的工业节能与大气雾霾治理新技术，涉及燃煤锅炉、钢铁有色、煤化工、固废处理等高能耗、高污染领域，这些技术的应用不仅可以减少 90% 以上的大气污染物排放，还可节能 20%～30% 甚至更多。这些技术已经实现产业化，仅 2016 年上半年就已取得 350 亿元的合同订单。

吴道洪对神雾集团的业务继续发展非常自信，认为靠节能环保技术和服务的公司也可以成长为世界 500 强。他说：“我们的核心节能减排技术，尤其涉及非常规化石能源、非常规矿石资源、可再生能源和资源等三大领域，神雾在这三大领域技术中的任何一个颠覆性技术的成功，都有可能使神雾集团成为未来世界 500 强企业之一。退一万步来讲，假使我们管理团队的管理、运作水平不是那么的理想，运气也不是那么好，未来神雾这三个领域的核心颠覆性技术加起来也能成为世界500强企业之一。”

从神雾集团的发展过程中，我们可以看到中国企业创新的力量，更感受到企业创新为国家和社会发展所带来的巨大推动。中国的能源绿色低碳转型，治理雾霾，还绿水青山的绿色发展新征途，需要更多神雾这样的企业。

三、绿色低碳发展后继有人

中国现在每年有大学毕业生700万人，教育是培养接班人的重地，绿色低碳发展理念正在许多大学扎根，一些大学也成为绿色发展的开拓地。位于中国上海的同济大学是中国知名大学，也是培养绿色低碳发展人才和理念的开拓者，其校园文化的第一条即是“绿色校园”。同济大学绿色校园的建设理念是，肩负着培养人才、科学研究和社会服务、文化引领等多重功能的中国高等教育院校，在应对气候变化、建设资源节约型、环境友好型社会进程中，也理应成为引领社会的先行者。

同济大学积极倡导可持续发展，全面建设“节约型校园”，鼓励节能技术创新和实地应用，强化节能监管、引导全校师生员工共同参与，建设节约型校园文化，形成科技节能、管理节能和宣传教育节能“三位一体”的节约型校园建设体系，将可持续发展的理念渗透到校园建设及管理的每一个环节。

同济大学的绿色校园建设目标是将学校建设成为环境保护和可持续发展教育的示范基地，成为环境保护和能源节约方面的科学研究和技术创新的共同平台，成为环境保护和可持续发展理念传播的前沿阵地；为可持续发展不断提供新的的科技支撑。

同济大学的绿色校园建设，依托科学技术，积极实施可再生能源利用和资源循环利用；节约管理显成效，节能运行管理经济效益显著；建立起多层次节能教科基地，开放示范技术、普及节能科技、提高节约意识、支持和引导学生的节能主题活动。

1. 科技节能建设绿色校园

同济大学对校园教学楼、大礼堂等建筑物进行节能改造，用现代科技实现节能减排。同济大学的文远楼建于 1953 年，曾经是“中国的第一栋现代主义建筑”，是入选《世界建筑史》和《中国建筑史》的经典建筑，也是上海市级保护建筑。同济大学就是要在保护历史建筑的基础上对建筑进行现代生态节能技术改造。同济大学与德国生态节能建筑技术专家合作，组建了包括建筑、结构、机电、水暖、智控等强大的专业技术梯队，运用国际最先进的节能建筑设计方法，确立“节能、环保而舒适”的改造理念，把这座文远楼改造为展示最新的生态节能技术和产品的平台。

文远楼改造采用了许多节能低碳技术包括地源热泵、内保温系统、节能窗及 Low-E 玻璃、太阳能发电、雨水收集利用系统、高效 LED 灯具、屋顶花园、冷辐射吊顶与多元通风等等。现在文远楼已经成为老建筑节能改造的示范建筑物。

同济大学大礼堂建成于 1962 年，被提名为“新中国 50 年上海经典建筑”，是上海市优秀历史建筑。承载着大众集体记忆的大礼堂是社会审美和技术发展的时代缩影。大礼堂优美大胆的整体式现浇钢筋混凝土联方网架结构曾享有“远东第一跨”的美名。但大礼堂远远达不到现在的节能建筑标准，同济大学在大礼堂改造中又采用了很多新技术，不但在外观和功能上保持了原建筑的特点，又整体大幅提高了建筑物的能效水平。经过改造，大礼堂的空调系统比现在一般的新建筑空调耗能要低 20% 以上。

2. 重视加强节能管理

同济大学重视建立节约意识，从一些细微之处树立节约资源，保护环境的理念习惯。节约能源，从点点滴滴的小事做起。早在2007年，学校图书馆就制定出台了《同济大学图书馆节能管理细则》，这其中包括空调、阅览室照明、安全通道和走廊照明、地下室除湿机、电梯、南北侧房、地下书库照明的节能管理等。明确规定了许多具体措施，例如“在白天自然光源充足的情况下，尤其在夏季天气晴好时，阅览室室内的照明灯可减少开启或不开”。阅览室管理员根据当天的天气情况，在满足读者阅读要求的前提下进行动态调节，适当调整室内照明灯的开启数量，并适度调节百叶窗帘的高度，尽量以自然光代替灯光照明。细则执行一年之后，图书馆的耗电量有了明显降低，而这一细则至今都在不断地修订和完善之中。

学校综合教学楼也是长期严格执行严格的节能管理，包括建立细致的节能巡查，连夜晚学生自修时的保安巡逻，都要进行自修教室的节能管理。当前一间教室内的上座率不足50%时，保安不会打开第二间教室。做好节能管理工作，不单单靠物管人员，也需要师生们的积极配合支持。刚进校的新生，进入教室后一般会把所有的照明都打开，物业管理员就会和学生沟通，讲解这栋楼的节能传统，学生也欣然同意关掉不必要的灯。通常过了一学期后，新生的节能意识就会加强，养成用电用水的好习惯。

3. 广泛开展节能教育宣传

同济大学还注重节能宣传教育，以“节约是美德，节约是智慧，节约是品质，节约是责任”为主题，广泛开展宣传教育活动。通过主题班会、组织生活、报告会、座谈会、征文、展览、媒体、网络等多种形式、多种途径，开展宣传教育活动，在全校开展浪费现象和节约典型的征集活动，有近千名学生参与了征集活动。同时，还开展了

“节约水电周”“节粮周”“绿色环保周”“节支周”“书籍循环使用”等主题活动周系列活动，提倡节约、反对浪费，提高节约认同感，增强节约责任感。

同济大学的学生们积极响应学校的号召，提出了“无纸化办公”建议，建议学校的各类文件和通知尽可能实行“无纸化办公”，尽可能利用电子化、信息化的办公方式，在会议中多使用PPT、投影播放文件，发放电子版会议文件。针对学校各种宣传活动的传单、海报、喷绘、横幅重复浪费的现象，数学系和化学系的同学还建议建立“传单用后集中回收制”，方便回收和再利用；他们还建议增加校园电子屏的数量，取代纸板传单、海报，减少浪费。还有同学提议建立校园新生和毕业生的“自行车漂流”活动，将毕业生的自行车转让给新生，减少自行车浪费。类似的还有新老学生教材循环使用，建立寝室水循环系统，食堂“光盘行动”，教学楼图书馆节约用电，节约教学用品，等等。

在2011年公用建筑的节能审计中，综合楼成为全校唯一被审计为3A的节能管理大楼，第三方审计报告依据《国家机关办公建筑和大型公共建筑能源审计导则》评价标准，认为综合楼“从所有权人、管理者直到普通用户都很重视建筑节能，有完整的建筑节能规章、采取一系列的节能措施”，符合A类等级标准。

同济大学的绿色校园建设，还加入了联合国环境计划署（UNEP）领导的气候平衡网络，并出现在2009年9月《自然》（Nature）杂志“你的校园有多绿”专题报道中，并获得好评。2009年12月在丹麦首都哥本哈根《联合国气候变化框架公约》第15次缔约方会议上，同济大学在边会上介绍了绿色校园建设成果，得到各国专家的一致赞赏。

第三章

能源低碳转型：可再生能源的异军突起

全球气候变化是世界面临的最大生态环境挑战。2015年12月，近200个国家的代表在巴黎达成了合作应对气候变化的新行动纲领《巴黎协定》，该协定明确了全球应对气候变化的远期目标，即把全球平均气温比工业化之前水平的升高幅度控制在2摄氏度之内，并力争在1.5摄氏度以内。为了达到这个目标，全球的能源系统必须在21世纪的七八十年代实现零碳排放。届时要停止使用所有的化石能源，即现在占全球能源总量近90%，大约相当于130亿石油当量的煤炭、石油、天然气，都要停止使用；如果还要用，就必须采取所谓碳捕捉和封存（CCS）措施，把使用化石燃料产生的二氧化碳等温室气体全部收集和长期储存起来。虽然人们已经开发了一些碳捕捉和封存技术，而且进行了工程示范，但成本很高，目前达到的储存量也极其有限。碳捕捉和封存技术大规模使用的前景还很不明确。因此，要在短短的几十年时间里使全球的能源系统实现低碳化，必须寻找可以大量替代化石燃料的其他能源。

水电是技术最成熟也是目前能源贡献数量最大的非化石能源，我们需要进一步发展水电。但是全球的水力资源数量有限，按现在的技术经济条件估计，全球的水电开发总量大约为8万亿千瓦时，远远不够用。核电也有巨大的潜力，现有的核电技术有可能提供比水电多得多的低碳能源。但由于对核电安全性的担忧，一些国家要实现核电大规模发展并不是一件容易的事。

全世界的风力资源和太阳能资源极其丰富，如果有效利用起来，完全可以提供充足的能源，使全球能源实现低碳化。除了风能、太阳能，许多生物质能源、地热能、潮汐能、波浪能等等也有一定潜力。但数量或成本都难以和风能、太阳能的利用相比拟，因此世界上风能和太阳能的利用，特别是发电已经成为现代可再生能源发展的主要方向。从20世纪90年代开始，各种其他的可再生能源，特别是风力发电、太阳能发电越来越受到重视，开始加快发展起来。

人类利用风力有十分久远的历史，很久以前就有了风力发电，但只是少数特殊地点的小型风电，作为有限的补充电源，用于对传统电力系统难以提供有效供应的情形。半导体太阳能电池也早就用于航天等特殊用途，不过价格昂贵，几十年前根本没有人想到能够用太阳能电池充当普通发电来源。1992 年联合国气候变化框架公约签署以后，发展低碳能源开始成为应对气候变化的重要措施，这有力地促进了风电和太阳能发电技术的发展。一些发达国家开始制定鼓励可再生能源发展的政策，同时加大对风电和光伏发电的投入，风电和光伏发电开始向补充和替代常规电源的方向发展。不过全世界大规模发展风电和光伏等现代可再生能源，仍然是 21 世纪才开始的。特别是近十年来，风电单机容量已经大幅提高，单机几兆瓦以上的风电设备大规模进入市场，海上风电技术也得到大规模应用。光伏发电单位造价迅速下降，全球光伏发电组件的制造能力大幅提升。世界每年风电和太阳能装机新增容量已经可以和其他传统发电新增容量比肩，而且在不少国家已经成为增量最大的发电容量。

中国的可再生能源发展，也赶上了这个世界低碳能源发展的潮流，而且后来居上，现在中国已经成为世界上多种可再生能源发展总量最大、增量最大的领头国家，也成为世界最大的可再生能源装备制造业基地。

第一节　中国可再生能源的发展现状

一、中国成为世界最大的可再生能源发展基地

2016 年，中国风电发电量达到 2410 亿千瓦时，占世界当年风电发电总量的 25.1%，超过美国成为世界最大的风电发电国。中国风电发电量是欧洲风电发电量最多的德国的 3 倍以上。2016 年底，世界风力发电机装机总量为 48700 万千瓦，中国风力发电装机 16900 万千瓦，是美国装机的两倍多，德国装机的三倍多。

2016 年，中国太阳能光伏发电 662 亿千瓦时，占当年世界太阳能发电总量的 19.9%，为世界第一太阳能发电国，比欧洲太阳能发电最多的德国多出 73%。2016 年底全球太阳能光伏发电装机总量 30300 万千瓦，中国装机 7700 万千瓦（图 3.1），比排在后面的美国和德国都多出 80% 以上。2016 年全球太阳能光伏发电新增装机共 7500 万千瓦，其中中国增加了 3454 万千瓦，占世界当年增量的 46%。（图 3.2）

2016 年，世界各种可再生能源（包括水电）的发电总装机容量为大约 201700 万千瓦，其中中国可再生能源发电总装机 56400 万千瓦，世界排名第二的美国为 22500 万千瓦。中国除了水电、风电、太阳能发电装机和发电量都排世界第一之外，还是世界上使用太阳能集热器、利用地热供热最大的国家。中国早就是世界上最大的太阳能集热器生产国和使用国。世界太阳能集热器总可收集热能的设施能力一共为 471 热吉瓦，中国一国就安装了 337 热吉瓦，此外，中国还发展了生物质发电，总装机为 1200 万千瓦，为世界第二大利用生物质发电的国家。

近几年来中国成为世界上在可再生能源发展领域投资最多的国家，在风电，太阳能发电，太阳能热利用，水电等方面，中国的每年投资

和累计投资都是世界最多的。

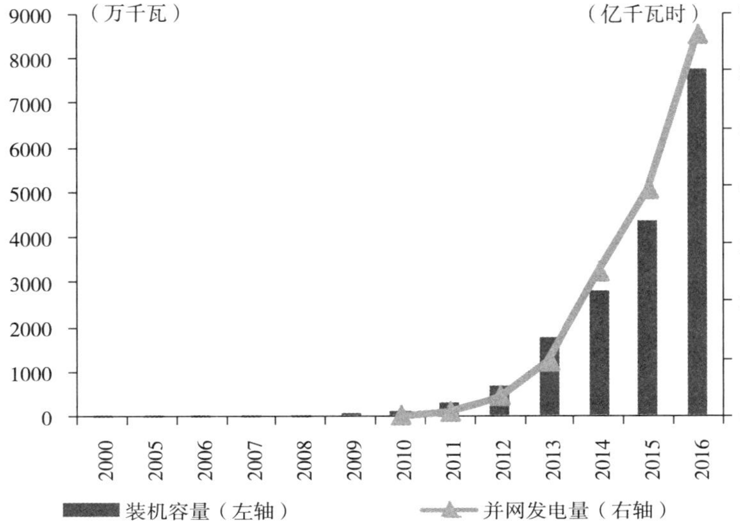

图 3.1　中国光伏发电装机发电量历史数据

资料来源：国家能源局（2012 年以后数据）及中国循环经济协会可再生能源专业委员会（2013 年以前数据）

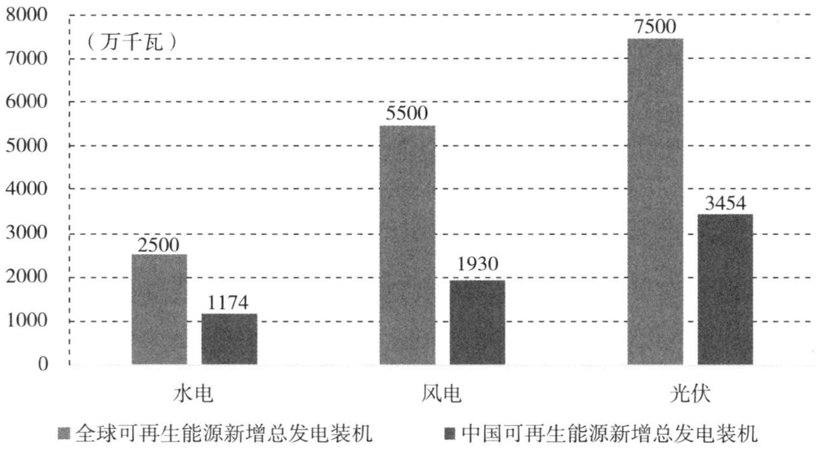

图 3.2　2016 年全球及中国可再生能源新增发电装机容量对比

资料来源：REN21，www.ren21.net；中国数据来自中国电力统计快报。

在过去不到 10 年的时间内，中国不但后来居上，成为世界可再生能源发展的第一大国，而且还保持着继续快速增长的势头。在 2017 年的前8个月里，中国又新建成投产了水电782万千瓦，风电859万千瓦，太阳能发电3828万千瓦，另外还有核电109万千瓦。中国的非化石能源发电装机增长量已经占全部电力装机增长量的近70%。这种低碳能源的建设速度和规模，已经开始远远拉开了和其他国家的距离。

中国的可再生能源是近10年才大规模发展起来的。在2010年，中国的风电装机只有2958万千瓦，太阳能只有26万千瓦。再往前看，2005年中国风电总装机只有126万千瓦，仅仅是2016年时风电总装机的1/134。而当时的太阳能发电装机极少，只有一两万千瓦，基本可以忽略。后来在短短的10余年里，中国的现代风电太阳能发电的发展可以说是爆发式的。达到这样的增长速度和发展规模，除了中国可再生能源技术的大发展、可再生能源装备制造业的大发展、电力市场的大发展等技术经济条件之外，中国制定和实施鼓励可再生能源发展的系列政策，积极应对气候变化，推动低碳能源发展的决心和政策方向，是中国可再生能源发展的关键外部条件。中国可再生能源政策的制定发展过程值得我们很好地回顾。

二、中国可再生能源的早期发展

如前所述，中国优先发展水电已经有较长的历史，但对风电、太阳能发电等现代可再生能源的大规模应用，只是21世纪才逐渐重视起来。在20世纪90年代以前，中国由于能源供应能力差，工业化的能源供应体系主要集中在城市地区，而且重点放在工业用户，因此农村地区的能源供应能力就更薄弱了。当时的农村虽然逐渐有了一些电力设施，许多农户有了电灯，农业生产的灌溉也普遍开始采用电力排灌设备。但农民的炊事和采暖用能还主要依靠薪柴秸秆。为了解决农民的生活用能需求，中国曾经努力发展一些初级的可再生能源新技术，包括小微型水电、户用小型沼气、简易的太阳能反射型炉灶、太阳能热水器等等。对地处边远牧区的农牧民，也推进了小型风力发电机和蓄电池的应用。当时普遍的风力发电机功率只有几十瓦，可以供边远地区的农牧民使用一盏电灯、一台电视。牧民只要树起一根三五米长的木杆，就可以很容易地把风翼直径只有一米多的风力发电机安装起来，并和一个一般汽车用的蓄电池连接起来，成为可以随时使用的电源。为了解决薪柴秸秆不够烧的问题，除了发展户用沼气以外，政府还推广了许多省柴灶。这些初级的可再生能源应用技术被统称为农村能源技术。当时全国能源都处于供不应求的状态，如何解决农村能源的供应，曾经是农村发展的一个难题。发展农村能源只是传统化石能源供应能力不足情况下，不得不因地制宜利用其他可再生能源资源的一种过渡性权宜措施。负责主管农业发展，也兼顾管理农村经济发展的农业部，曾专门成立了农村能源和环境保护司，农村能源处主管农村能源的发展问题，负责农村能源技术的开发和推广应用。在 20 世纪八九十年代，农业部在推动农村能源发展方面做了大量工作，是中国初期可再生能源发展的主要组织者和推动者。

那个时期中国农村能源发展中投入最大，也曾经起过不小作用的是农村的户用沼气技术。中国长期大力推广农村的户用沼气技术，前前后后投入的资金数以百亿元计。但是早期的农村户用沼气技术并不完善，设施也不是工业化制造产品，使用起来不怎么方便，寿命也短。最多时发展了千万户以上，而能够连续坚持使用下去的还不到一半。但是中国政府长期坚持对农村能源建设的投入，一直把发展农村沼气作为重要方向，户用沼气的技术也逐渐得到发展和改进，现在农村沼气得到了长足的发展，2010 年用户达到近 4000 万户。

在中国得到大规模发展的太阳能热水器，一开始也是以农村能源技术的名义发展起来的。因为农村传统生物质能源不够用，为了解决农村生活用热水的困难，太阳能热水器应运而生。农村地区是太阳能热水器的最初市场，后来扩展到城市地区。太阳能热水器的技术和质量水平也不断提高，现在已经成为一个重要的可再生能源利用技术，拥有广大城乡市场。

1992 年《联合国气候变化框架公约》签订以后，可再生能源作为应对气候变化的一个重要手段，开始正式进入能源发展的主流领域。1990 年联合国全球环境基金（GEF）正式成立，在 1994 年从由世界银行代管改为独立运行。应对气候变化成为全球环境基金的一个重要援助领域，全球环境基金支持在发展中国家开展推动可再生能源的发展活动。世界银行、联合国开发署（UNDP）等作为全球环境基金的援助项目执行机构，也开始在中国利用全球环境基金，开展了大量的项目开发准备工作。荷兰、丹麦、德国等欧洲国家对在中国推动可再生能源的发展也很积极。从 90 年代中期开始，各种国际机构和一些国家的驻华国际合作或技术援助机构，以及欧美等国家的非政府组织，都把节能和发展可再生能源作为在中国推动温室气体减排的重点。开始与中国政府以及中国的政策研究机构、高等院校开展了这方面的合作和交流。其中世界银行是最早开始和中国开展在农村能源、后来在可再生能源方面合作的。

中国把风电、太阳能发电、生物质等能源利用从原来的农村能源概念，正式转变成为可以作为未来主流能源的可再生能源概念，就是在这个阶段。中国的科研机构、大专院校、政策研究单位也开始重视可再生能源技术和相关的政策研究。在早期的国家科委组织的重点科研项目里，新型太阳能光伏材料等可再生能源技术也成为重要的攻关项目。

20 世纪末，中国还没有系统的可再生能源支持政策。对可再生能源的支持主要是开展各种可再生能源资源的系统调查，支持可再生能源新技术的开发和应用，包括引进国外的先进风电技术，推动一些可再生能源的示范项目。

例如1996年，当时的国家计委提出并制订了“光明工程”计划。该计划提出的目标是：到2010年，利用太阳能光伏发电和风力发电系统为3000万无电人口解决生活用电问题，使其达到人均拥有发电容量100瓦的水平，届时相当于全国人均拥有发电容量的1/3。应该说当时“光明工程”计划制订时，对后来中国出现的能源产业大发展，特别是电力装机出现每年增加达到1亿千瓦的高速发展期始料未及。“光明工程”的服务对象是分散在我国近一半国土上的3000多万无电农牧民，有相当一部分属于贫困户。因此“光明工程”项目兼有扶贫性质，投入较高。当时估算，项目设备和服务的总投资约100亿元。对西部地区特别是新疆、内蒙古、甘肃、青海、西藏给予特殊支持。当时光伏发电单位装机成本很高，每千瓦光伏发电能力的系统造价要十几万元，比现在的装机单位造价要高近20倍，而在边远地区的实际造价就更高一些。西部这些边远地区缺乏相应的技术力量，在西部边远地区开展的“光明工程”，基本上要依靠内地少数掌握光伏发电配套工程建设能力的公司去设计施工建设。例如当时西藏阿里地区没有电网，当地县城只能依靠柴油机发电提供很有限的电力供应。为当地安装光伏电站，可以说一颗螺丝钉都要从外地运输过去，施工条件很艰苦，建设成本也远高于其他地方，后期维护也需要从外地派人去做。但光伏电站的效用对当地的居民更为必要。

“光明工程”持续了好几年的时间，成为中国第一批光伏电站发展的主要用户。“光明工程”得到了国际社会的关注，荷兰政府在新疆维吾尔自治区援助实施了丝绸之路“光明工程”，德国政府也在云南、青海、内蒙古等地对“光明工程”项目给予了技术和资金支持。

到了2002年以后，为了解决西部边远无电地区乡镇公用事业单位和居民的用电问题，国家还实施了“送电到乡”工程，其中包括采用太阳能光伏电站的乡 688 个，光伏总装机容量 2 万千瓦。还有更多的小水电建设项目，主要分布在西部内蒙古、青海、甘肃、新疆、四川、西藏和陕西等省（区）。为此，国家前后投入了近百亿元。

这些示范工程虽然总量不大，但也为太阳能发电产业的发展提供了启动的国内市场，使中国的光伏制造产业从无到有，2002—2005 年，中国光伏发电电池的生产能力和产量增长了 10 倍。到 2005 年国内光伏装机累计已经有 4 万多千瓦。

为推动大型风力发电机组的国产化，尽快实现中国风电场建设的规模化发展，中国政府 1996 年开始实施"乘风计划"，主要内容一是以合资合作方式引进先进风电技术；二是国家组织大型机组的技术攻关；三是国家对国产化风机示范场建设及质量检测体系建设给予专项补贴。使中国开始发展单机几百千瓦大型风电发动机的制造产业。

21 世纪初，中国为了规模化发展风力发电，国家开始实施 10 万千瓦以上大型风电场特许权招标制度，对特许权风电场给予发电全部上网和优惠电价的鼓励政策。当时风电设备价格很高，因此风力发电成本远远高于煤电，没有包括特许权这样的特殊价格和上网安排，大型风电当时是完全没有上网市场竞争力的。风电特许权招标完全是国家的优惠政策，是一种政策特定市场。而当时国产的风机无论从单机容量还是运行参数和质量保障方面，还不能和国际知名品牌竞争。因此，在招标过程中，国家决定以发电设备本地化比率为重要招标条件，目的是推动国内风电制造能力的发展。同时也鼓励当时风电技术领先的国际风电制造商和中国的制造商进行合资，使风电设备的制造国产化，这样就可以符合招标的条件。国家前后一共推行了四轮特许权招标，共建设了 235 万千瓦的大型风电场。这些风电场的建设和采取的招标方法，吸引了国内和国际的风电制造和开发商的积极参与，成为中国大型风电产业和制造业规模发展的起始动力。

这些示范性支持政策在启动可再生能源大规模发展、培养可再生能源制造和开发产业方面都起到重要作用。但是由于当时风电和光伏的设备成本高，发电成本也远远高于煤电等常规发电，可再生能源的发展还没有形成市场动力。可再生能源的市场成为国家工程项目单方面拉动的特定市场，难以真正发展起来。进入 21 世纪后，中国开始系统参考外国推动可再生能源的政策体系，制定中国的可再生能源发展目标和综合政策。

国家发展改革委能源研究所是唯一的中国政府所属的专职能源政策研究所。能源研究所原来有一个农村能源和新能源研究室，重点研究农村能源政策相关问题。1996 年，随着可再生能源作为未来替代化石能源的主流能源，逐渐跳出原来仅仅为农村提供临时和过渡性能源供应的属性，重要性日渐提高，国家开始认真考虑可再生能源发展的相关政策问题。能源所顺应需要，撤销了原来的农村能源研究室，新组建了可再生能源研究中心，成为国家发展改革委在研究制定可再生能源政策的主要技术支持单位，也是中国政府和国际组织开展促进中国可再生能源发展的国家级合作项目的主要运作单位。能源所可再生能源研究中心也成为最早全面接触从事可再生能源发展的各国政府、国际机构、非政府机构，以及可再生能源制造大企业，系统了解国际可再生能源发展动态，调研学习各国可再生能源政策的政府智库。

三、系统学习借鉴外国可再生能源发展政策经验

在中国发展可再生能源鼓励政策的过程中，国际机构通过合作项目起到了重要作用。在可再生能源领域的国际合作项目，一方面引进了可观的援助资金，推动了可再生能源发展的技术示范和技术引进；另一方面也帮助中国加强了政策制定的相关能力和拓宽了信息来源，

使中国有更多的机会学习借鉴国际可再生能源的发展经验。

在诸多的可再生能源政策和示范工程的国际合作项目中，世界银行和联合国开发署利用全球环境基金与中国政府开展的促进可再生能源发展项目，以及德国和丹麦等国与中国政府的合作项目对推动可再生能源发展、制定可再生能源发展政策都有很大的帮助。

由全球环境基金通过世界银行和中国政府合作开展的中国可再生能源发展项目（China Renewable Energy Development Project），共得到全球环境基金赠款2700万美元，中国国内为这个项目配套资金1亿美元，用于帮助中国建立可持续的风电和太阳能发电市场。在太阳能光伏发电方面，对中国西部9个省（区、市）的光伏户用小型发电工程按发电容量给予补贴，每千瓦补贴1500到2000美元。这种补贴支持了30多个小型光伏户用发电的开发公司，为这9个省（区、市）的边远地区用户安装了大约40万套户用光伏发电设备，平均每户不到300瓦，解决了约160万“无电人”的一般照明和电视用电，该项目基本负担了这些光伏电池的主要成本。

这个项目还支持国家太阳能光伏产品检验认证中心的能力建设，建立太阳能光伏部件和系统的国家标准，提高光伏系统质量；对中国的一些光伏设备制造商提供资金，支持他们进行技术改造，以提高产品质量和性能，降低生产成本。项目对受到赞助的企业给予技术改造成本一半的资金资助，也支持这些企业管理能力和经营能力的建设。这个项目原计划从2001年12月进行到2006年12月，后来延期到2008年6月。通过这个合作项目，中国建立了以市场机制为主导的户用光伏发电系统销售服务体系，解决了几十万户无电地区农牧民的基本用电问题，培养了34家以西部无电地区为其主要服务区域的光伏发电销售服务公司。在中国后来进一步开展的“光明工程”“送电到乡”工程中，这些公司都成为主要的光伏建设企业，占后来中国“送电到乡”的光伏工程中标企业的三分之二。

项目支持下国家制定的户用光伏发电系统的标准、检测和质量认证体系，成为中国市场户用光伏发电系统项目实施机构所采用的最主要的质量控制方法，提高了中国市场上户用光伏发电系统，包括太阳电池组件和配套产品的质量。通过鼓励市场竞争和推动技术进步，有效地降低了中国市场上光伏发电系统销售价格。这个合作项目的成功，推动了中国政府后来进一步实施了西部“光明工程”“送电到乡”工程，从而扩大了中国光伏发电系统的市场规模。使中国光伏组件市场年销售水平从 1997 年的 2 兆瓦 ～3 兆瓦增长到 2005 年的 10 兆瓦以上，增长了 4 倍多。中国光伏发电组件产业也迅速发展，从 1997 年全国只有 7 家光伏发电生产厂家、光伏发电组件的产量只有 2 兆瓦 ～3 兆瓦，发展到 2005 年生产厂家已有数百家；太阳能电池片的年产量已达到 150 兆瓦，光伏组件年产量已近 300 兆瓦；并且建立了成熟的市场营销网络，使得光伏发电系统的销售从西部地区走向全国、走向世界。

项目因户用光伏系统的成功推广和解决无电地区用电问题的切实贡献，于 2008 年 6 月获得“阿什登可持续能源奖”海外项目一等奖。更重要的是，项目所营造的国内光伏发电市场以及对制造企业的支持和各项能力建设活动，为中国光伏发电产业发展的基础建设做出了重要贡献。

这个项目还支持了中国在上海地区建设 20 兆瓦的海上风电示范工程，成为首个中国大型海上风电工程。

全球环境基金另一个重要的运行机构是联合国开发计划署（UNDP），几乎在世界银行利用全球环境基金在中国推动可再生能源发展的同时，联合国开发计划署也与中国政府共同设计了另一个重要的可再生能源发展合作项目：加速中国可再生能源商业化能力建设项目。

这个合作项目从 1999 年 3 月开始，运行了 7 年时间。项目总预算为 2583 万美元。其中，中国政府配套 1150 万美元，国外赠款为 1433 万美元。在国外赠款中，全球环境基金出资 880 万美元，另外澳大利亚政府赠款 300 万美元，荷兰政府赠款 253 万美元。合作项目有两个具体目标：一是提高中国可再生能源商业化加速发展的整体能力，二是为四种可再生能源技术（风光互补系统、风电场、工业沼气工程、蔗渣热电联产）的技术进步、产业发展和市场应用清除障碍。

中国在大规模风电场发展的初期，许多风电场缺乏高质量的风力资源数据，一些建成的风电场达不到原来设计的风电效果。这个合作项目支持了各地 10 个场址的资源评估工作。通过引进国际上先进的风力资源评价实际经验，来提高国内风能资源数据采集和分析方面的能力。2005 年，这 10 个由项目评估的场址都被纳入了国家规划将要开发的前 30 个风电场潜力（100 兆瓦以上）选址范围。风电资源评估能力的加强，为中国加快发展大型风力发电场创造了条件，项目直接支持资源评估的风电场可装机容量达到 100 万千瓦。这个合作项目帮助中国建立了统一的风资源评估标准，包括标准的测试设备和数据采集。后来其他的风电场址的资源评估也采用了相应标准。

随着中国开始发展大型禽畜养殖场，这些养殖场包括禽畜粪便在内的有机废物需要有效处理，否则就会造成环境污染。用这些有机废物做原料进行工业化沼气生产是最能体现循环经济理念的处理方法。把这些集中的有机废物当作重要的生物质能源资源，发展规模化沼气生产，也是合作项目的内容之一。合作项目具体支持了三个沼气示范项目，集中演示了如何在畜禽养殖业和其他具有生物质废物资源的地方发展工业化的沼气能源。同时通过多次沼气开发的商业研讨和推介会，形成了 30 多个大中型工业化沼气工程项目，使一批沼气开发公司得到了更多的项目机会，提高了项目开发能力。有些企业后来还到国外开展了沼气工程项目的开发。这些示范项目也使银行等融资机构了解了大型工业化沼气项目的融资要求和经济性特点，方便了沼气项目的融资。

太阳能热水器是中国解决民用热水供应的一个重要技术手段。直到 21 世纪初，中国天然气发展的规模都很有限，许多地方居民得不到天然气供应。而随着居民居住条件的不断改善，家庭用热水特别是洗澡用热水的需求大幅提高。太阳能热水器和电热水器一样，成为许多地方解决家用热水的重要设备。一时间各地各种品牌的太阳能热水器纷纷进入市场。但产品良莠不齐，有些质量不能保证。当时十分需要建立太阳能热水器产品的质量标准，以及相应的产品测试、质量认证体系。合作项目帮助中国建立了太阳能热水器产品标准的框架和相关的 4 个产品标准，通过了国家标准太阳能热水器组件以及系统的测试。合作项目还支持了两个太阳能热水器产品检测中心的能力建设，使这两个检测中心通过了国家资格认证。标准的制定和检测中心的建设，使中国大规模发展太阳能热水器有了制度保障。

这个合作项目除了参与支持一些可再生能源技术应用的示范项目以外，还在制定可再生能源相关支持政策方面提供技术支持。

除了以上这些国际合作项目以外，21 世纪初期中国政府还与联合国基金会开展了支持中国进一步发展太阳能热水器产业和更广泛市场应用的合作项目。这些项目都在可再生能源的不同发展领域里，为中国学习了解国际经验、借鉴国外可再生能源政策法规的制定内容和过程提供了重要的帮助，也成为中国制定可再生能源法的重要基础，成为促成中国 2005 年通过《可再生能源法》的不可忽略的因素之一。

在中国通过《可再生能源法》以后，中外开展的政策支持性的国际合作项目一直延续。例如 2008 年中国和丹麦签署的综合战略伙伴关系协议中，可再生能源领域的合作就是重点。中丹的可再生能源发展项目（简称 RED 项目）经过充分准备，在 2010 年正式启动，丹麦政府提供了 1 亿丹麦克朗（约合 1. 3 亿元人民币）的赠款支持。项目的战略目标是提高可再生能源的开发利用，减少温室气体排放。具体目标是支持中国政府开展可再生能源的机构能力建设，推动技术创新研发合作，提升中国可再生能源的整体技术水平。中国和丹麦共同成立了项目指导委员会（PSC），负责监督、协调和指导项目的实施。建立了项目专家组（PTF）和项目管理办公室（PMO）。

RED 首先是支持建立国家可再生能源中心，帮助中国研究制定风能、生物质能和太阳能发展战略，并建立可再生能源信息和分析平台；其次是推动中丹两国企业和研究机构的合作，推动可再生能源技术的联合创新和技术进步；帮助开展中丹可再生能源技术合作潜在领域的市场分析，提供"研发创新资金"支持中丹两国企业和机构合作。RED 项目是中丹两国可再生能源领域规模最大的合作项目，在 5 年的合作时间内，建立了国家级的可再生能源决策支撑机构——国家可再生能源中心。该中心完成了《可再生能源发展"十二五"规划》编制、2050 中国可持续能源发展战略研究、可再生能源补贴及电价测算等多项战略、规划和政策研究任务，推动中国加入了国际可再生能源署（IRENA）。

RED 项目支持了中丹双方的企业、高校、科研机构开展了 12 个技术创新合作项目。例如由清华大学、远景能源、河北建投新能源公司联合丹麦技术大学共同承担的"满足工业电力系统中可再生能源高比例接入的智能微电网技术"示范项目，在河北保定市涞源县，由 19.5 兆瓦风电和 10 兆瓦光伏通过储能系统，平抑新能源的波动功率，提升了新能源的利用效率及其并网友好性，对 20 兆瓦的炼钢负荷进行有效供电。中丹双方联合开发了模块化的微电网管理技术，构建了各类可再生能源灵活接入的智能微电网管理系统（Micro-grid Management System MMS），包含成套的通讯、控制、运行与测试平台，并成功运行。这个项目是中国发展多种电源的分布式微电网的很好的示范项目。

丹麦政府十分重视和中国在可再生能源方面的合作，这与丹麦风电代表性企业在中国的成功发展和市场表现密切相关。丹麦的维斯塔斯公司（Vestas）是最早进入中国市场的外国风电公司。在中国大型风电开始规模发展的前期，中国的风电技术还远远落后，维斯塔斯公司不失时机地开发了中国的风电市场，成为第一家进入中国市场的风机供应商。早在1986年，维斯塔斯就在海南省和山东省安装了首批风机，1999年在北京成立了代表处，在快速发展的中国风能市场成为领军者。维斯塔斯的风机遍布中国多个省区市，从南方的广东到北方的黑龙江、辽宁和内蒙古，以及西部的新疆和东部的浙江、福建，由此初步形成了中国风电市场。维斯塔斯公司在天津建立了当时中国最大的风电制造厂，2005年维斯塔斯在上海开设了全球采购办事处，2009年底时维斯塔斯在中国经营了5个风机制造厂。截至2009年6月底，维斯塔斯已在中国安装了1728台风机，可提供1736兆瓦的发电量。2008年以前，维斯塔斯是当时中国最大的风机供应商。直到现在，丹麦的维斯塔斯公司仍然是中国风电市场最大的国外生产商和供应商，仍然是风机质量最好的公司之一。

和丹麦维斯塔斯公司类似的还有其他多个风电公司，都曾经在中国的风电市场开拓期有过不错的表现，曾经占领了主要的中国风电市场，例如美国GE所属的风电公司和欧洲其他一些国家的公司。在中国风电发展早些时候，当时最大的制造厂家中，国外公司和中外合资的公司几乎占据绝大多数。这也是不少国家包括通过国际机构以及非政府组织，积极推动和中国的可再生能源领域合作的重要原因。中国的巨大风电市场，为世界各国的风电制造企业提供了很大的商机。

四、中国推动可再生能源发展的基石——《可再生能源法》

1.《可再生能源法》的诞生始末

经过多年的实践，从事可再生能源政策管理和从事可再生能源产业的人们都越来越清楚地认识到一个基本事实，即可再生能源的规模发展在很长的一个时期内都不得不依靠国家政策的推动。除了水电本身多数具有经济竞争性以外，风电、光伏发电、生物质能等主要可再生能源，在成本上和常规化石能源竞争仍然为时过早。尽管可再生能源利用本身有很好的环境保护效果，但环境外部性在市场经济条件下如何体现在成本价格体系中，仍然是一个不容易解决的难题。一些具体的优惠政策，往往随着政治和社会经济条件的变化，难以长久持续。长期推动可再生能源发展，需要一个可以长期起作用的法律作为基础，以确认发展可再生能源的重要意义，并获得社会认可。对支持可再生能源规模发展的基本政策框架进行界定，使支持可再生能源发展的政策具有长期、稳定的法律保障。从21世纪初开始，中国政府就积极考虑制定相应的法律，即制定《可再生能源法》。

在制定《可再生能源法》的过程中，中国充分学习和借鉴了外国相关法律政策的内容。上面描述过的多个国际可再生能源合作项目，也使中国很多能源管理官员和政策研究人员，遍访了欧洲、北美等多个带头推动现代可再生能源发展的国家，了解了这些国家的相关法律和做法。其中德国、英国、美国等国的做法比较有代表性。

例如从1990年起，英国为了支持核电以及可再生能源发电，制定了《非化石燃料义务》(Non-fossil fuel obligation，简称NFFO)。要求电力供应商必须在其售电总量中包括一部分非化石能源发电量，并制定了一套发放非化石能源售电量证书，没有完成非化石能源售电比例必须向政府相应部门认购非化石能源发电当量，对非化石能源售电量进行价格补贴，价格补贴数量和认购非化石能源当量挂钩。政府根据非化石能源的发展需要，逐步调整非化石能源的售电份额。进入 21 世纪后，这种制度改为《可再生能源义务》(ROs)，核电不再得到补贴。

美国在 20 世纪 70 年代的石油危机后，制定了一系列能源相关法律，其中《公用事业管制政策法》(Public Utility Regulatory Policies ACT) 包括了鼓励可再生能源发展的条款，但具体执行留给了各州处理。对可再生能源的发展后来一直没有全国（联邦）范围内的具体法律法规。不过加利福尼亚州等地方政府制定了不少具体支持可再生能源发展的政策和相应法律。当时隶属于美国能源部的国家可再生能源实验室的相关人员，加州等地方政府的能源官员，以及许多非政府机构、院校专家到中国介绍了例如可再生能源最小市场份额（ MMS ），以及可再生能源组合标准（ Renewable Energy Portfolio Standard，RPS ）等政策、制度。这些政策、制度和英国的可再生能源义务制度相似，基本做法是给供电商规定一定比例的供电量必须是由可再生能源发电而来，也有相应的可再生能源发电证书，政府只规定可再生能源在电力生产供应中的份额，而不规定具体的各种可再生能源之间的比例。

德国采用的政策是用事先确定的优惠的上网电价（ Feed-in tariff, FIT)，鼓励可再生能源发电充分上网，使可再生能源发电有利可图，不规定可再生能源发电的比例或总量。而可再生能源上网的高价负担部分，由终端用户分摊。德国为了保护其制造业的市场竞争性，工业用户不负担差价，增长的购电成本基本上由居民用户和商业用户负担。这种做法相对比较简单，特别是对新增可再生能源发电能力的鼓励作用比较明显。1991 年，德国制定了《电力入网法》(StromESG)，强制要求公用电力公司购买可再生能源电力，奠定了全球可再生能源发展最为重要的强制入网原则，使德国开始进入可再生能源的规模化发展阶段。2000 年，德国正式颁布《可再生能源法》(EEG)，其核心是建立可再生能源发电的固定上网电价制度，对推动风电、太阳能光伏等可再生能源的发展发挥了决定性的作用。此外，德国的《可再生能源法》还建立了可再生能源发电的成本分摊制度，在全网范围内的电力用户共同分摊可再生能源发电的高成本。

中国经过比较分析，认为德国的这种对可再生能源发电给予优惠固定上网电价补贴的方法比较适用，可以推动更多的各方投资进入可再生能源电力发展领域，有利于新的可再生能源发电商进入发电市场。在21世纪初制定《可再生能源法》的时候，中国的电力工业也在进行体制改革，正在鼓励发电公司多元化，以在发电方引进充分竞争。但是，由原来全国统一的国家电力公司分解出来的几个大发电公司，发电设备中水电和火电比例差别很大，采用统一的可再生能源发电比例标准很难操作，而且当时可再生能源发电能力还很低，具体制定配额目标也有困难。

2004年，德国举办了“波恩国际可再生能源大会”（Bonn International Renewable Energy Conference），这是全球范围内第一个政府间的国际可再生能源会议，全球主要经济体都派代表参加了会议。中国当时正在制定《可再生能源法》过程之中，这次会议使德国在可再生能源发展的政策法律得到充分展示，可以说对中国决定采用类似的方法起到了重要的推动作用。

中国在随后的2005年初颁布了《可再生能源法》。2005年下半年，在德国政府的大力支持下，中国举办了“2005北京国际可再生能源大会”，会议详细讨论了全球支持可再生能源发展的政策措施，沟通了可再生能源利用技术的进展，为政府部门、投资部门、产业部门、研发部门提供了难得的沟通平台。联合国、世界银行、亚洲开发银行、欧盟委员会等国际组织和机构代表，非政府组织代表，国内外有关能源企业、金融机构负责人，部分专家学者等共1200多人出席了大会。

《可再生能源法》是中国能源领域自《电力法》《煤炭法》《节约能源法》之后的第四部法律。2003 年 6 月中国的立法机关——全国人民代表大会将该法制定纳入立法议程，2005 年 2 月由十届全国人大常委会十四次会议高票通过，用了不到两年时间就立法成功。可以说《可再生能源法》从无到有，是中国立法过程时间最短的法律之一。《可再生能源法》从 2006 年 1 月 1 日开始正式生效。2009 年 12 月，根据可再生能源发展形势，中国又对《可再生能源法》进行了修正，增加了“建立可再生能源发展基金”的内容，进一步落实支持可再生能源发展的资金机制。

《可再生能源法》成为正式法律用时短，立法过程顺利，各方面对支持发展可再生能源较快形成共识。现在回顾这种顺利的过程，可以说值得庆幸。当时的实际情况是，可再生能源还没有形成规模，风电总装机容量只有区区一两千万千瓦，光伏发电装机只有一百多万千瓦，而燃煤火电的装机正在以每年七八千万千瓦的速度发展。传统以化石燃料为基础的能源工业整体上并没有感受到可再生能源发展带来的任何市场竞争，也没有预料到会出现今天这样的发展速度和规模。当时电力平衡还有所偏紧，传统火电根本没有想象到如今非化石能源发电会和煤电争夺发电市场。由于当时的可再生能源发电量太小，人们对给予可再生能源上网电价优惠的数量也没有什么清晰的概念。传统能源工业对于这样一个新的“小兄弟”毫无戒备，没有感到任何竞争与威胁，因此十分宽容，放手让它们发展。这也是当时《可再生能源法》能够没有受到什么质疑，得以顺利通过的重要原因吧。

另一方面，尽管当时可再生能源产业还很弱小，但发展速度已经很快，国际上发展可再生能源的呼声很高。负责制定可再生能源发展政策的主要政府机构是当时国家发展和改革委员会里面一个处级单位（后来成立的国家能源局已经扩大为新能源司）。但这个只有几个工作人员的处室，干劲十足，发挥的能量很大，是当时很有工作效率、很有推动力的一支精干队伍。在短短几年的时间里做了充分的准备工作，提出了比较完整的《可再生能源法》案文，推动了整个立法过程。这也是可再生能源法高效通过的重要原因之一。

《可再生能源法》一共八章33条。这个专项法律确立了可再生能源在我国经济和社会可持续发展中的重要地位，明确了促进可再生能源发展的多方面意义：包括可以增加能源供应、改善能源结构、保障能源安全、保护环境、实现经济社会的可持续发展。该法还确定了国家将可再生能源的开发利用列为能源发展的优先领域，规定了通过制定可再生能源开发利用总量目标和采取相应措施，推动可再生能源市场的建立和发展。

《可再生能源法》确定了国家鼓励和支持可再生能源并网发电，并实行可再生能源发电全额保障性收购制度。也就是说，电网要创造条件全部收购要求上网的可再生能源发电。而且由国家按照有利于促进可再生能源开发利用和经济合理的原则，确定可再生能源发电项目的上网电价。在全国范围对销售电量征收可再生能源电价附加，对可再生能源上网电价的差价进行补偿。电网因为接受可再生能源产生的接网费和其他额外费用，也可以由此得到补偿。由此为可再生能源并网发电创造了经济条件和市场条件，成为后来中国可再生能源发展鼓励政策的核心内容。

《可再生能源法》还规定了可再生能源资源勘查、发展规划、技术研发、产业发展、投资等各个方面的鼓励政策。

2009年的修改中增加的“建立可再生能源发展基金”，包括国家财政公共预算安排的专项资金和依法向电力用户征收的可再生能源电价附加。其中，可再生能源发展专项资金主要用于支持以下可再生能源开发利用活动：

1. 可再生能源开发利用的科学技术研究、标准制定和示范工程；

2. 农村、牧区生活用能的可再生能源利用项目；

3. 偏远地区和海岛可再生能源独立电力系统建设；

4. 可再生能源的资源勘查、评价和相关信息系统建设；

5. 促进可再生能源开发利用设备的本地化生产。

可再生能源电价附加收入用于补助以下三类，一是可再生能源发电上网价格高于常规能源发电上网电价的部分，二是由国家投资或者补贴建设的公共可再生能源独立电力系统，三是电网企业为收购可再生能源电量而支付的额外合理接网费用。

《可再生能源法》为中国鼓励可再生能源规模化发展奠定了法律基础。推动了可再生能源的大规模发展。

2.《可再生能源法》的落实和政策的不断完善

自《可再生能源法》颁布以来，中国出台了很多支持可再生能源发展的政策措施，其中主要有：

（1）制定非水电可再生能源发电上网优惠价格

风电、太阳能发电、生物质发电等在发展初期一直到现在，其发电成本仍然高于传统燃煤发电。为了扶持可再生能源发展，为其制定优惠上网电价是关键。2005 年国家开展风电特许权招标，对指定的风电项目设定优惠上网电价，发展了第一批大型风电场。通过多次招标逐渐发现当时的生产者价格，同时逐步摸清了全国风电资源的潜力和布局。2009 年，国家改单个风电场分别招标确定电价的方式为根据风电资源条件差别，确定不同资源地区风电上网标杆电价。避免了风电开发商反复竞标，难以确定投资回报，影响长期发展的问题。使发展风电有了比较稳定的收益预期。标杆电价水平根据资源不同分为每千瓦时 0.51 元～0.61 元的四类，大约比各地煤电上网电价高出近 50%。自此中国风电发展开始从国家指定项目到开发商自行选择开发项目的

大规模发展阶段。（图 3.3）

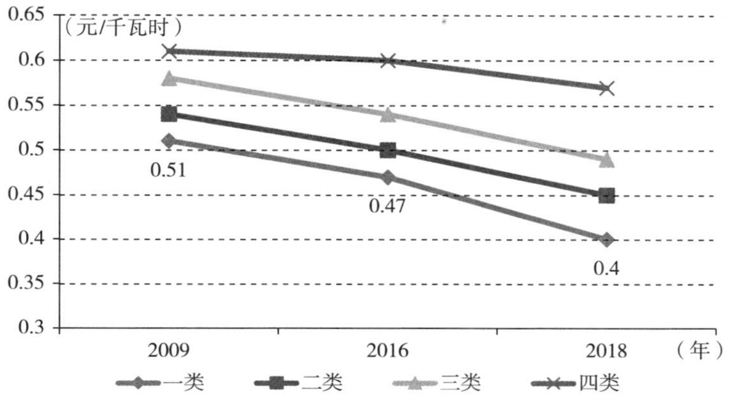

图 3.3　中国的风电固定上网电价水平

2010 年，国家开始了大规模的太阳能光伏项目特许权招标，对市场的资源开发成本和产业发展状况进行了培育和了解。在 2011 年第一次公布了非招标性光伏发电上网电价，2013 年又进一步细分为三个区域的标杆电价。一开始的光伏上网电价大约是煤电上网价格的 3 倍，对光伏发电有很大的拉动作用。

2010 年和 2012 年，国家还分别公布了农林生物质发电及垃圾焚烧发电价格政策，对农林生物质发电项目实行每千瓦时 0.75 元的标杆上网电价政策，统一垃圾焚烧发电标杆电价每千瓦时 0.65 元，分别是煤电上网价格的 2 倍左右和 1.75 倍左右，都是明显的价格优惠。

随着规模不断扩大，风电、光伏等发电成本不断下降，国家也在 2015 年底进一步下调了风电、光伏发电的区域固定电价价格水平，但仍然是优惠性价格。对分布式光伏发电，如果是屋顶光伏发电以及中东部乡村小型光伏发电，除了国家给予的优惠电价以外，许多地方还给予额外的价格补贴，极大地鼓励了小型分布式光伏发电装机的积极性。

此外，国家还在 2014 年出台了海上风电上网电价价格。因为海上风电装机成本较高，所以优惠价格也高。

（2）落实可再生能源发电补贴电价费用分摊机制

根据《可再生能源法》，中国确定了全民支持可再生能源发展的社会分摊机制。可再生能源发电高于各省（区、市）燃煤标杆电价之上的部分，通过向电力用户征收可再生能源电价附加来补足。2006 年，由于可再生能源发电量很小，最初公布为每千瓦时电价附加 0.1 分钱，只有用户电价的大约 0.1%～0.2%。随着可再生能源发电数量的不断上升，价格补贴数量也不断加大。2011 年和 2013 年，国家将可再生能源电价附加水平分别提高到每千瓦时 0.8 分钱和 1.5 分钱。2015 年底，又将可再生能源电价附加进一步提高到每千瓦时 1.9 分钱。（图 3.4）对非水电可再生能源发电的补贴总量已经达到每年 1000 亿元以上。可再生能源电价附加政策及后续的可再生能源基金的设立，为中国可再生能源的发展建立了稳定的支持资金来源，是保障可再生能源得以持续发展的重要政策措施。

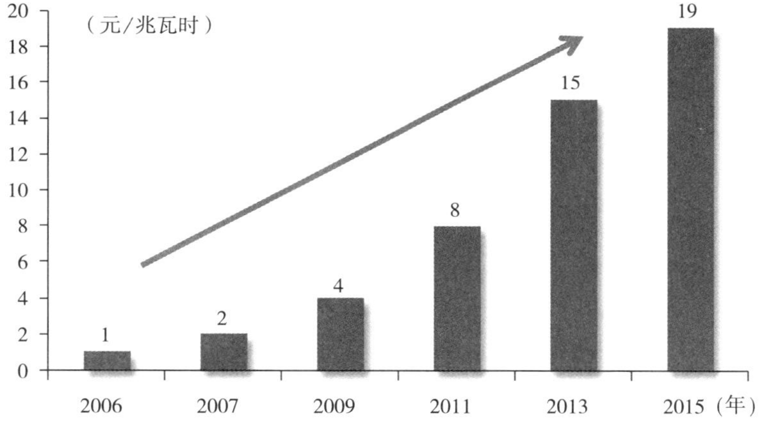

图 3.4　中国征收的可再生能源电价附加水平

资料来源：根据国家发展改革委价格司文件整理
注：1 兆瓦时（MWh）= 1000 千瓦时（kWh）

（3）综合优惠财税政策支持可再生能源发展

国家建立了可再生能源发展专项资金，通过中央财政预算安排，支持可再生能源和新能源的技术推广、产业化示范以及公共平台、能力建设等活动，特别是支持没有直接上网发电的其他可再生能源发展。2010年以前，中国就建立和使用了生物燃料乙醇、秸秆能源化利用、太阳能光电建筑应用和金太阳示范工程等多个专项资金。2011年，还由财政部、国家能源局、农业部印发了《绿色能源示范县建设补助资金管理暂行办法》。这些资金的出台，特别是“金太阳示范工程”等支持资金政策，不但显示了国家对这些特定的可再生能源领域的支持政策导向，也吸引了社会资金对这些领域的投入，支持了相关的可再生能源技术进步和产业化步伐。

除了直接的财政支持政策，国家还建立了明确的税收优惠政策。例如，国家将风电、光伏发电和生物质发电列入公共基础设施项目，企业可享受第一年至第三年免征企业所得税、第四年至第六年减半征收企业所得税的税收优惠政策。在施行的增值税政策中，一直将风电和生物质发电列入即征即退50%征收的范围。2013年，随着太阳能发电规模的不断扩大，国家也实行了太阳能发电增值税即征即退50%的政策，将国家的增值税优惠政策覆盖到了当前已产业化的所有可再生能源领域。

（4）利用示范项目引导可再生能源发展新的应用领域

任何新技术进入市场，并得到市场认可都是一个艰难的过程。《可再生能源法》要求对可再生能源发展的技术研发、应用示范和产业化发展要给予资金支持。国家在2010年、2012年分别启动了绿色能源示范县、新能源示范城市项目，制定了评价标准体系，促进新能源技术在县域及城市供电、供热、建筑节能和清洁能源交通中的推广和集成应用，从而促进建立新的能源生产和消费模式，提高新能源在城市和县域中能源消费的比重。2011年，在北部的吉林、内蒙古启动了清洁电力供暖示范项目，探讨在风电资源富余地区开展电力供暖示范工程。2013年，国家开展了分布式光伏发电规模化应用示范区建设，探索在用电价格较高的中东部地区，在各类建筑屋顶建设分布式光伏项目，从而探索分布式光伏的发展模式、投融资模式、电力交易模式和专业化服务模式等。这些示范项目的开展也有效促进了新技术应用，以及新商业发展模式的推广。

（5）制定可再生能源发展战略和规划

国家制定可再生能源发展战略，设定不同时期的可再生能源定量发展目标，是推动可再生能源大规模快速发展的重要手段。《可再生能源法》公布以后，国家发展改革委分别于2007年、2008年和2012年颁布了《可再生能源发展中长期发展规划》《可再生能源发展“十一五”规划》《可再生能源发展“十二五”规划》，并在2016年再次制定了《可再生能源发展“十三五”规划》。确定和不断更新了中国可再生能源发展的近、中、远期发展目标。（图3.5）

图3.5　中国各个阶段制定可再生能源发展规划

2009年，在联合国哥本哈根气候变化大会召开前夕，中国国家主席胡锦涛在联合国气候峰会上提出，到2020年中国非化石能源要在一次能源消费中达到15%的比重目标。由于核电发展周期很长，难以大幅扩大发展规模，非化石能源比例的目标为中国可再生能源提出了积极的中期发展目标。

2014年，中国又进一步提出到2030年中国非化石能源占能源消费比重达到20%的目标，并将这个目标作为应对气候变化国家自主行动承诺一揽子方案中的重要内容。（图3.6）这些确定的中长期目标，成为指导各个可再生能源“五年发展规划”的引导性指标。中国的《可再生能源发展“十二五”规划》和《可再生能源发展“十三五”规划》不但提出了可再生能源发展的具体总量目标，而且还分别落实到水电、风电、太阳能、生物质能、地热能等专项规划。为各类可再生能源都提出了定量发展目标，明确了实现这些目标的政策手段，成为引导中国各种可再生能源行业发展的重要政策基础。

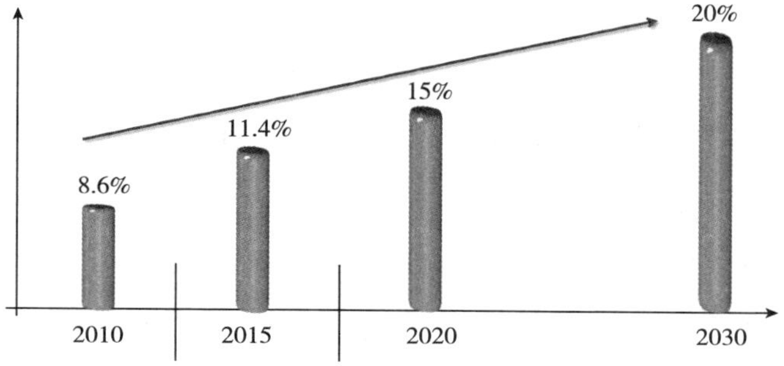

图 3.6　中国政府制定的各个阶段非化石能源发展目标

注：非化石能源包含核电和可再生能源两大类

第二节　方兴未艾的中国风力发电

一、中国风电发展的基本情况

到 2016 年底，中国的风电装机容量超过了 1.6 亿千瓦（160 吉瓦），超过 10 万台大型风电机组在中国的大地和沿海运行。有的位于西部茫茫戈壁，有的在东北森林边缘，有的安装在西南崇山峻岭之上，有的坐落在中部万里平原的逶迤丘陵，有的在东部潮涨潮落的海滨之中，全国 31 个省（区、市）都有风电机组发电。风电已成为中国除水电以外第二大可再生能源电源，发电数量超过核电。中国已经成为名副其实的风电利用大国。

早在 20 世纪 50 年代，中国就有了一些小型风力发电机，主要是为了解决海岛和边远牧区的用电问题，这些小风机的功率一般只有几十瓦，只能解决用户十分有限的照明用电。到 80 年代中期，中国只能批量生产 50 瓦 ~200 瓦微型风力发电机组。1 千瓦 ~20 千瓦小型风力发电机研制成功，但只有少量生产。

20 世纪 70 年代末，丹麦等国开发利用大型风电的进程加快，中国开始引进国外风电机组，示范并网发电的风电场。1986 年，中国第一座风电场，马兰风电场在山东荣成并网发电，安装了 3 台 20 世纪 80 年代技术最为成熟的丹麦维斯塔斯公司的 55 千瓦风电机组，装机总容量 165 千瓦，这是中国第一个大型风电示范项目。

中国逐步引进了多种类型的风电机组，在新疆、浙江、内蒙古等风力资源好的地区推动风电示范，为商业化发展做准备。1989 年，内蒙古朱日和风电场第一批风电机组投产，开始了商业化运行。这一时期主要的大型风机几乎都是进口的。（表 3.1）

表 3.1 新疆风电场初期引进国外风电设备情况

风电场	投产时间	制造厂	单机容量（千瓦）	数量（台）	总容量（千瓦）
达坂城风电一场	1986.10	丹麦 Mincon	100	1	100
	1989.10	丹麦 Bonus	150	13	1950
	1996.06	德国 Tacke	600	2	1200
	1996.12	德国 Jacobs	500	3	1500
	1998.12	XMEC-Jacobs	600	5	300
达坂城风电二场	1992.11	丹麦 Bonus	300	4	1200
	1992.12	丹麦 Nordtank	300	4	1200
	1993.12	丹麦 Bonus	500	4	2000
布尔津风电场	1996.07	德国 An Bonus	150	7	1050

资料来源：姜春梅，“新疆风电技术发展及展望”，《新疆农机化》，2002 年第 01 期，P51—52。

中国从一开始就很重视发展风电机组的国内制造能力，在不断引进国外大型风电机组进行示范的同时，国家开始设立风电机组的科技攻关项目。国产单机 55 千瓦风电机组在福建省平潭岛并网成功，成了当时国内自行设计制造并运行的最大风电机组。当时国产风机和国外先进技术的差距很大。

20 世纪 90 年代以后，中国为了加快国产大中型风电机组开发步伐，又先后安排了 120 千瓦、200 千瓦、300 千瓦 ~600 千瓦等大中型机组的研发课题，大大加强了大型风电机组系统设计、总体安装和叶片制造、系统自动控制等方面的研发力度。从一开始制造大型风机的次要零部件，到越来越多的生产风机的各种重要部件。到 90 年代后期，自主开发的 200 千瓦风电机组国产化率已达 90% 以上，并经受住了运行考验，达到能小批量生产的水平；300 千瓦风机的主要零部件国产化生产也已通过考核；风机电控系统开展国产化研发，开始国产部分电控装置。（表 3.2）

表 3.2　20 世纪 90 年代后期中国部分大型风电机组生产企业概况

企业名称	基本状况
丹麦 NEG MICON- 内蒙古风电公司	合资企业，1996 年成立。主要从事 600 千瓦机组的总装与塔架生产。
丹麦 MICON- 浙江发电设备总厂	1996 年成立，主要从事大型风电机组的总装，现已生产 17 台。
德国 NORDEX- 西安航空发电机总公司	合资企业，主要从事大型风电机组的总体设计与生产，1997 年成立，生产 600 千瓦和 250 千瓦风机，原计划生产规模为 140 台 / 年，但由于技术和市场原因并未按计划进行。
德国 HSM- 洛阳第一拖拉机公司	合资企业，主要从事大型风电机组的总体设计与生产，1994 年成立，生产 250 千瓦风机；1995 年生产了 10 台，完全采用德国技术。后因资金短缺，原计划生产 60 台的计划被迫中断。
西班牙吕德 - 洛阳第一拖拉机公司	合资企业，主要从事大型风电机组的总体设计与生产，1998 年成立，生产 600 千瓦风机股份为 50%：50%。计划 1999 年生产 2 台 600 千瓦风机，国产化比例为 70%。
北京万电有限公司	1996 年与奥地利 PEHR 合资，主要从事大型风电机组的总体设计与生产，并购买了 1 台 FLODA636 风机作为样机，1998 年研制出样机。该公司计划 1999 年生产 10 台，2000 年生产 30 台。
新疆风能公司	该公司所属风电场位于新疆达坂城。至 1998 年底，该风电场装机达到 40 兆瓦。经过 10 多年的运行实践，积累了较丰富的运行维护经验，和较强的技术实力。1997 年该公司购买了 Jacobs 600 千瓦风机的设计技术。目前国产的 Jacobs 风机正在达坂城正常运行。该风机的发电机、齿轮箱和偏航系统都是国内生产的。桨叶、高速刹车和液压系统以及安全系统仍依赖于进口零部件。

但在这个时期，国内大型风机生产企业的主流还是外资企业和以国外技术为主的合资企业，个别开始进入市场的国内企业也是通过引进技术形成自己的生产能力并提供研发能力的。

1995 年，国家科委、国家计委和国家经贸委联合制定了中国《1996—2010 年新能源和可再生能源发展纲要》，提出到 2010 年中国风力发电装机容量达到 1000 兆瓦。同时，当时的电力工业部制定了《风力发电场并网运行管理规定（试行）》，要求电网公司应允许风电场就近上网，全额收购风电场上网电量，对高于电网平均电价部分实行全网分摊的鼓励政策。使风电项目开始加速发展，1997 年当年增加了 106 兆瓦风电装机，是前面 10 年总装机量的 1.5 倍。

由于这些风力发电机组仍然主要依赖于进口，相应的运输和安装费用也高，所以风电的投资很高，经济性差。风电发展仍然依靠政策性优惠贷款，规模非常有限。到 2000 年，中国风电的发展目标是 400 兆瓦，但 2000 年底实际只达到 344 兆瓦，没有实现目标。1998 年前后中国开始实行电力体制改革，电力行业“政企分开”，撤销了电力工业部，成立了国家电力公司，逐步向市场化方向发展。因为政策不明朗，风电发展趋于缓慢。到 2002 年底，中国风电的装机只有 460 兆瓦，大大低于发展预期。

2003 年至 2007 年，中国开始用对指定风电场项目进行特许上网，并给予优惠上网电价的方式，发展大型风电场，先后进行了五期风电特许权项目招标，总容量超过 3000 兆瓦，以推动风电规模发展。由于招标中一般是最低价格报价中标，中标的上网电价往往远低于当时风电合理成本范围。结果一些资质优秀、比较实事求是的公司反而落标，中标的公司往往投资大幅超过预期。（图 3.7）

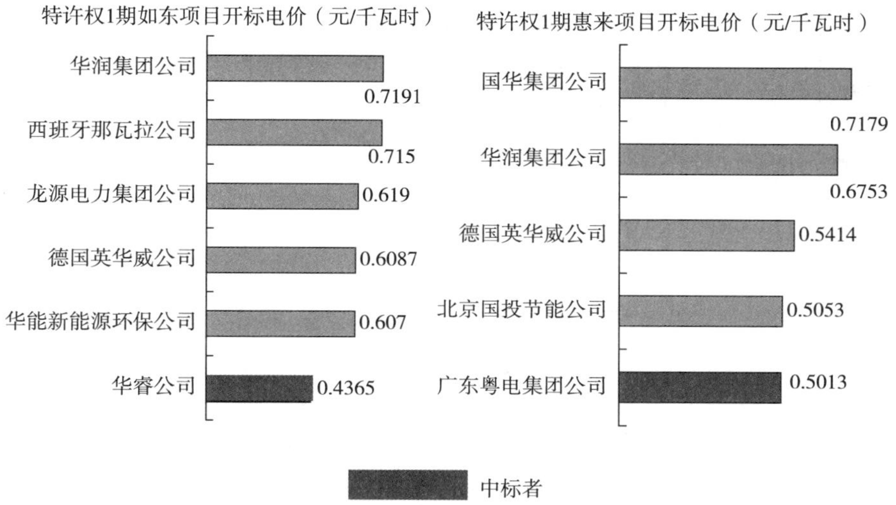

图 3.7　风电特许权一期招标情况

尽管特许权明确风电不参与电力市场竞争，政府承诺固定发电小时内（满负荷发电 30000 小时）的固定电价，电网公司全部收购风电可供电量，风电与常规电源上网电价的差价在各省（区、市）电网内分摊，风电场与附近电网之间的输电线路及配套设施由电网企业投资建设，进场道路及项目准备工作由当地政府部门组织协调。为确保上述区别于当时普通风电项目的条件能够得以落实，相关省（区、市）政府和电网公司要与中标的投资商分别签订特许权协议和购电合同等。这些政策有效推动了风电场的规模发展，也验证了这些政策的有效性。这些做法多被后来颁布的《可再生能源法》采纳，成为法律条文。

中国在 2005 年颁布了《可再生能源法》及其细则，2006 年正式施行，建立了强制上网、分类优惠电价、全国费用分摊制度，从而迅速提高了风电开发规模和本土设备制造能力。特许权招标也促进了一大批装备制造企业的崛起，除了早期的金风科技、浙江运达加大投入并迅速发展之外，包括上海电气、东方汽轮机等传统电力设备制造大公司也进入风电制造和开发行业。出现了像华锐风电这样的新

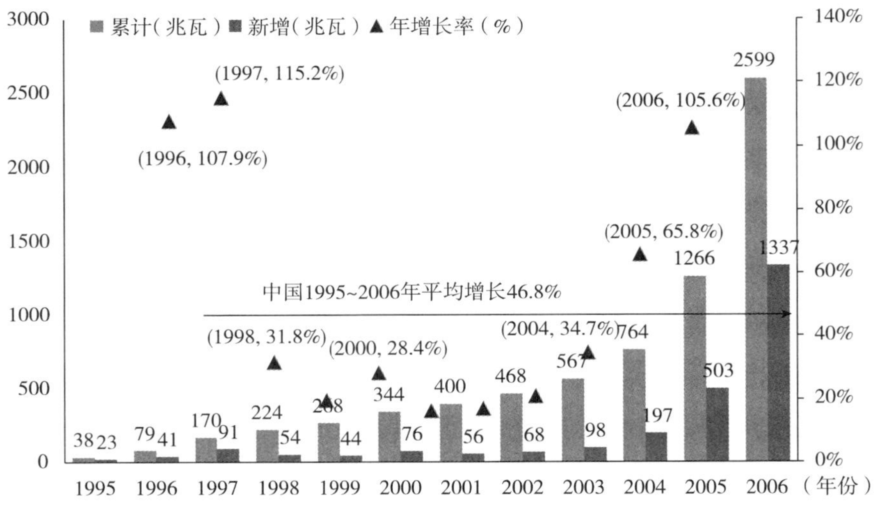

图 3.8　中国风电装机容量早期增长情况（单位：兆瓦）

的大型风电公司。通用电器公司（GE）、维斯塔斯（Vestas）、歌美飒（Gamesa）、苏司兰（Suzlon）等一批国内外大型制造业和投资商纷纷进入中国风电制造业市场。中国也出现了一批中小型风电设备制造企业，有的后来成为风电设备大型制造企业。到 2007 年底，中国本土化的制造能力已经突破了每年 3500 兆瓦的规模，基本上满足了当时国内风电市场的需要。中国风电正式进入了规模化的发展阶段。

2006—2010 年，中国风电装机容量连续五年翻番，创造了前所未有的发展成就。

这一阶段，中国进一步开展风能资源详查，为大规模发展风电创造了条件。2008 年，中国在出台的《可再生能源发展“十一五”规划》中，提出了要建设七个“千万千瓦（10 吉瓦）”级风电基地，要在西部的甘肃等风电资源丰富地区建设“风电三峡”，推动风电的大规模发展。

2009 年，中国发布了首个风电区域固定电价政策，将全国分成四个资源区，根据不同风力资源条件分别制定了上网价格，照顾到风力资源不同，需要的上网电价不同的经济可行需要，为风电发展确立了统一的电价制定标准，为投资者确定了明确的投资回报空间。当年，中国新安装的风电装机总容量达到 13300 兆瓦，超过欧美，成为世界上最大的新增风电市场。实际发展远远超出 1996 年中国曾经提出 2010 年达到 1000 兆瓦的发展目标。2011 年，中国又新增了 15000 兆瓦，风电累计装机容量也超越了美国。自 2011 年到 2016 年，在风电新增和累计装机容量上，中国已经连续保持了 6 年的世界第一。到 2016 年底，中国风电累计装机容量达到 160 吉瓦以上，超过全欧盟的 153 吉瓦。（图 3.9）

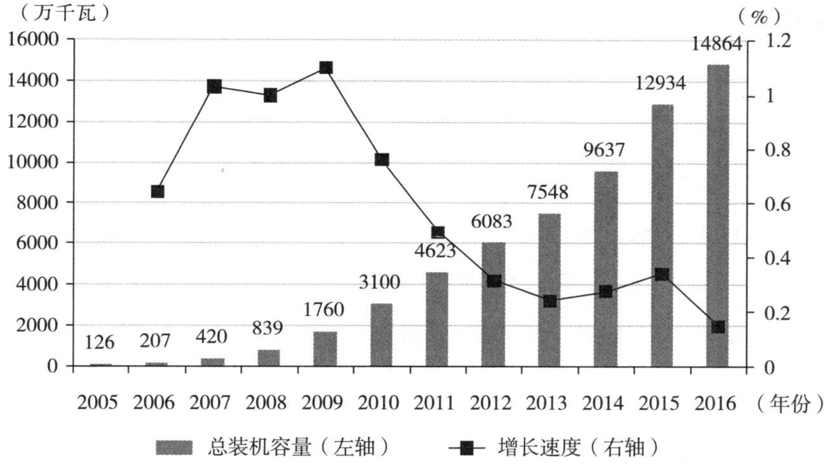

图 3.9　2005 年后中国风电装机情况及增长速度

资料来源：国家能源局
注：装机数据是当年正式并网容量，小于实际装机数量。

二、风电发展并非一帆风顺

中国的风电发展鼓励政策有利于大型风电场的建设。而且中国西北地区风力资源条件好，人口密度低，空置土地面积大，有不少地方建设大型风电场的成本远远低于东部人口密集地区。所以大量的风电场都集中在西北地区。同时这些地区也多是煤炭和其他化石能源资源相对丰富地区，因此中国的煤电基地建设也比较集中在这些地区。当地由于人口密度低，电力消费量不高，因此出现了区域性的电力过剩。尽管中国建设了一批特高压远距离输电线路，但是仍然难以把这些风电有效地传输到中东部负荷中心地区。另一方面，中国的经济发展持续了多年的高速产量增长阶段进入饱和期，能源消费包括电力消费的增速开始明显降低。而传统电力建设的惯性导致各地的火电新增能力严重过剩，对外地电力的输入需求下降，也对西部地区的外输电力形成压力。尽管中国的风电（以及光伏发电）在整个电力供应中的比例还不高，但也出现了越来越严重的电网消纳阻力。“弃风限电”成为西部大型风电场建设的制约。2011 年中国新增风电装机容量同比首次出现萎缩，2012 年中国弃风率创出历史最高的 17.12%，新增风电装机更是比 2011 年达到的 1652 万千瓦下降为 1482 万千瓦。由于风电弃风现象严重，产能过剩严重。2011 年上半年，国家能源局不得不再次收回风电项目的审批权，要求各省（区、市）核准风电项目前须先向国家能源局上报核准计划，通过限制项目审批限制弃风严重地区的风电建设速度和规模，以缓解风电产能过剩的风险。

但是由于电力行业整体的发电能力过剩没有得到有效的控制，新增火电发电容量在各种因素推动下继续增加，燃煤火电和可再生能源发电争夺市场越发激烈，而风电和太阳能发电由于自然风力的多变和间断性，太阳日照不可改变，而且上网电价又依靠政策补贴等等竞争劣势，在这种实际存在的电力市场竞争中往往处于被动地位。尽管有要求优先全额接受可再生能源发电的政策，但在实际运行中，总是有各种技术性理由和障碍使弃风弃光日趋严重。风电发展实际上遇到了市场消纳的阻力，不得不放缓了速度。风电行业在这样的形势下经历了大规模的整合，缺乏竞争力的企业遭到淘汰，企业更加关注自主研发以提升自身的竞争实力，风电制造业的能力也进一步集中。

2013 年以后，随着中国经济从过去的接近 10% 的年增长速度，转入 6%～7% 的中高速“新常态”，电力需求增速明显降低，发电弃风限电形势日益严峻。特别是 2015、2016 这两年，中国弃风总量分别达到 339 亿千瓦时（33.9 太瓦时）和 497 亿千瓦时（49.7 太瓦时）。（图 3.10）这些弃风主要集中在资源较好但用电负荷较低的西北、东北和华北北部地区，如西北的甘肃、新疆维吾尔自治区弃风率在 30% 以上，东北的吉林、黑龙江的弃风率也在 30%、20%，华北的内蒙古弃风率在 20% 左右。

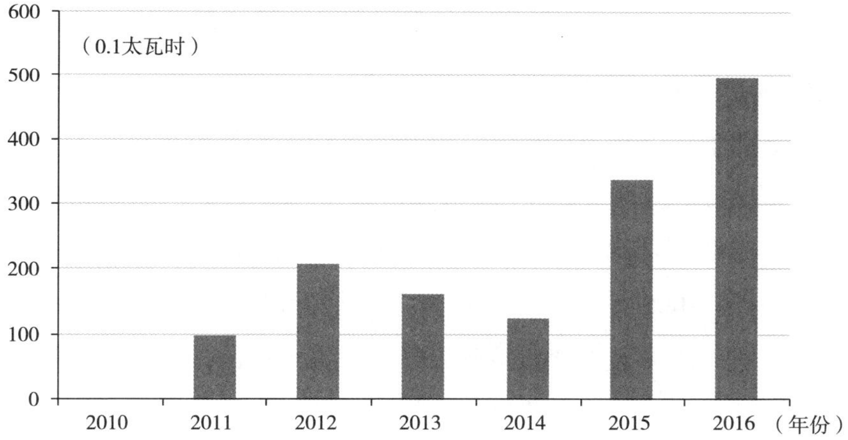

图 3.10　2011 年以来中国的弃风电量汇总（单位：太瓦时）

中国政府开始改变风力发电建设的布局，逐步将风电的建设重点从这些弃风严重的地区，逐步往资源相对较差但用电负荷较高的中东部和南方地区转移，同时注重低风速风电技术的发展。目前中国的低风速风电技术发展突飞猛进，可经济开发的风能资源已经从过去 6～7 米 / 秒的风能资源地区，扩大到 5 米 / 秒的广大地区，极大扩展了中国风电可开发资源区域。同时，还在加强建设输电线路，将资源丰富地区的风能、太阳能资源往中东部负荷中心输送。2014 年风电新增装机又出现反弹，从 2013 年的 1449 万千瓦大幅提高到 2016 万千瓦，而且在 2015 年创造了 3297 万千瓦新增装机的记录。但是由于部分地区的弃风严重，发电能力总体过剩，风电的高速增长势头再次受到抑制。2016 年，中国的风电新增装机数量又下降到 1930 万千瓦。这种大起大落对风电装备制造企业带来了巨大的冲击。

三、坚持国内制造为主，保障风电规模发展

中国发展风电从一开始就考虑到大规模发展必须主要依靠国内制造能力的原则。在批量引进国外产品，鼓励中外合资制造风电装备的基础上，国内的风电制造业也得到市场的有力拉动，逐步发展起来。20 世纪 90 年代中期以后，中国政府支持建立了首批 6 家风电整机企业进行风电技术引进和消化吸收，开始像跟随国际风电单机大型化的发展路径，掌握了 600 千瓦和 750 千瓦单机容量定桨距风电机组的总装技术和关键部件设计制造技术，实现了规模化生产，迈出了产业化发展的第一步。2005 年国家出台了《可再生能源法》和促进风电等可再生能源发展的相关法规和扶持政策以后，更多的国内外企业纷纷进入风电设备制造领域，风电整机制造厂商迅速增加，并开始研制兆瓦级以上风电机组产品。

2010 年前后，参与风电设备制造的国有或国有控股企业，包括原来电力设备、航空航天和重工机械设备制造的大企业，逐步成为中国风电设备制造的主力军。中国在传统发电设备生产方面具有雄厚实力的三大电力设备生产企业，四川东方电气集团、上海电气和哈尔滨电站设备集团都成为风电装备生产商。大连重工（华锐电气）、中国船舶（重庆海装）、中国航天（南通航天安迅能）、哈尔滨哈飞工业公司等也参与进来。这些大型企业利用自身技术优势和融资能力，通过联合设计或引入战略合作方，进入风电机组的整机设计和制造；一些从事风电零部件配套（主要是发电机）的国企，也从自己所从事的核心零部

件着手向下游延伸，发展整机的制造。比较有代表性的企业包括湖南湘电、兰州电机、南车株洲机车等。这些大型国有企业的进入，大幅加快了国内风电成套设备制造产业化进程。例如华锐和东汽的风电机组产品生产投运规模最早达到每年数百台的产量。其他多种经济所有制的企业也有不少进入风电制造业，包括金风这样在风电设备发展较早、市场份额领先的企业。一些拥有长期风电机组开发经验和成熟机型产品的国际著名风电整机制造企业，如丹麦维斯塔斯（Vestas）、西班牙歌美飒（Gamesa）、美国通用公司（GE）等也长期在中国的风电装备市场占有份额。

中国风电高速发展，单机容量从一开始的百千瓦级，很快跨越到兆千瓦级。年装机容量从一开始的万千瓦级，迅速迈入千万千瓦，甚至三千万千瓦的高峰。一年风电装备采购超过千亿元，给风电制造业带来了巨大的商机。

到 2009 年，中国风电机组整机制造企业已超过 80 家，全国风电装备产能超过 2000 万千瓦，已经明显超过当时的需求。而且后来风电每年装机数量出现高速增长和大幅回落交替，使风电行业的市场竞争十分剧烈。装机单机容量的大幅提升，也使不少风电制造厂商难以跟上市场需求的技术变化。质量、价格竞争使中国的各大风电制造企业的市场排位变化也很剧烈。一批质量、可靠性和服务跟不上变化和竞争要求的企业，失去了行业订单，另一些企业则获得了更大的市场份额。如华锐风电（Sinovel）曾经在 2008、2009 及 2010 年连续三年占据中国最大风电市场份额，而且借助三年骄人业绩在 2011 年顺利上市。但在市场重压之下出现了较大的经营压力，华锐在上市后利润不断下滑，市场份额排名也不断下降，到 2016 年底滑落到十名开外。即使中国新增风电装机容量数量整体进入了 20 吉瓦级别，在 2015 年甚至超过了 30 吉瓦，但一旦落后就难以再出现重返前列的奇迹。在 2009 年前的几个主要风电设备企业中，风光一时的东方汽轮机、华锐也逐步被后来居上的远景、明阳等企业所取代。

随着中国风电市场的大规模高速发展，中国风电设备出货量已经远远超过其他国家和地区的数量。2015 年金风科技出产的风电机组一年的安装量达到 700 万千瓦（7 吉瓦）以上，成为全球范围内唯一年销售风电达到 700 万千瓦的企业。远景、明阳和联合动力的产量都在 220 万 ~350 万千瓦之间，位列全球风电机组生产商的前十位。中国成为世界上风电整机生产能力最大的国家，技术上也进入国际先进行列。

中国新疆金风科技股份有限公司（简称“金风科技”），在众多风电制造厂商的激烈竞争中脱颖而出，经过 20 多年的发展，从一个名不见经传的无名小公司，发展为中国年销售风机容量和累计销售风机容量最大的公司。截至 2016 年底，金风科技公司出产的风机已经累计装机 3748 万千瓦，占中国当时累计风电装机的 22% 以上，超过风电装机总量排名全球第四的日本的全部装机数量。

金风科技正式成立于 1998 年，是中国最早从事风电机组研发和制造的企业之一，目前有近 7000 名员工和科研力量、全球装机总量逾 38 吉瓦，已发展成为中国第一、全球领先的风电机组制造商。

金风科技在 20 世纪 90 年代创业时，是从原来新疆水利行业改行创办的一家小公司。在中国早期进行风电示范时，就抓住了机遇。新疆的达坂城是中国风力资源最丰富的地方之一。全年大风不断，在刮狂风的时候，途经达坂城公路的汽车，有时甚至是火车，都不得不减速，甚至停驶。因此这个地方成为中国最早建设大型风电场的示范地，现在也是重要的风电场。以前，新疆的制造业水平落后，金风公司刚成立的时候，创业主力是一群 30 多岁的年轻人，他们成为最早投身风电事业的创业者。20 世纪末，刚成立不久的金风公司的工厂车间还是空荡荡的，一小队年轻人在试制的略显粗糙的风机性能测试台，让人不禁为他们能否成功制造出大型风电设备捏了一把汗。没想到经过 20 余年的发展，这些已步入中年的人竟然真的把中国最大的风电制造企业搞得这样成功。

当然风电在新疆的大发展也得到了国家对少数民族地区新型产业支持政策的优惠扶持。早期金风公司得到了自治区政府的大力支持，又较早地进行了股份制改革，使能够坚持艰苦创业、最早投入风电事业的一批骨干成为持股人。后来通过上市，改善和大幅增加了股份，现在中国最大的水电公司三峡集团公司是最大股东，新疆当地的国有企业新疆风能公司也是大股东，高管人员持股比例不超过 2%。这种混合持股、有实力的大国企控股的方式，既保证了金风资金实力的充足稳定，又激励了一批从开始就投身金风风电事业的企业家的经营积极性，成为金风长期从小到大不断发展的体制保障。

1998—2005 年，金风科技通过技术引进、系统集成与自主创新相结合的方式，成为当时中国唯一一家国产化率达到 90% 以上、能与跨国公司抗衡的本土风机制造企业，对中国风电产业的发展起到了一定的引领作用。金风公司承担国家科技部“九五”攻关项目，在国家的资金和技术支持下完成了 600 千瓦风机研制，并获得国家科技成果二等奖，中国首批 10 台国产 600 千瓦风电机组在达坂城风电场投入运行。并且通过技术引进与专业化合作相结合，突破风机 5 大部件（叶片、齿轮箱、发电机、偏航、电控）国产化瓶颈，成功地将科研成果实现了市场化与产业化。在国内率先开始直驱永磁新机型、新技术研发，确定了走直驱技术路线，通过与德国 Vensys AG 公司合作，开始引进并联合设计直驱永磁技术。

2006—2010 年，金风科技进入了高速发展的新阶段，完成了风电产品和技术的成功转型。2008 年，金风科技收购了德国 Vensys AG 公司 70% 的股份，实现德国技术与中国制造的结合，解决了公司产品知识产权的问题。金风在北京设立了全球总部基地，公司由单一业务及经营实体发展成为包括海外公司在内，拥有50多个分子公司的集团公司，业务上实现了投资发展、制造、服务三位一体的发展模式。5年时间内完成境内外资本市场的两次融资。2007年12月深交所A股上市，2010年10月香港H股上市，两次融资量达近百亿元人民币。

2011年以后，面对风电行业的激烈竞争，金风科技逐步通过技术创新和可靠服务逐步在市场上领跑，已连续多年成为中国最大、全球前三的风电设备供应商。

金风科技只是众多中国风电制造企业中的一个佼佼者，中国的风电持续发展为许多类似的企业提供了巨大的机会，催生了不止一批新兴的风电制造和发电企业。（表3.3）（表3.4）

表3.3　中国2016年风电整机制造企业

序号	制造商	装机容量（万千瓦）	装机容量占比（%）
1	金风科技	634.3	27.1
2	远景能源	200.3	8.6
3	明阳风电	195.9	8.4
4	联合动力	190.8	8.2
5	重庆海装	182.7	7.8
6	上海电气	172.7	7.4
7	湘电风能	123.6	5.3
8	东方电气	122.7	5.3
9	运达风电	72.4	3.1
10	华创风能	71.5	3.1
11	三一重能	55.9	2.4
12	Vestas	51.0	2.2
13	Gamesa	49.8	2.1
14	中车风电	46.4	2.0
15	京城新能源	30.7	1.3
16	久和能源	30.1	1.3

资料来源：中国可再生能源学会风能专业委员会，《2016年中国风电装机容量简报》。

表 3.4　中国风电制造企业累计装机容量

序号	制造商	装机容量（万千瓦）	装机容量占比（%）
1	金风科技	3748	22.2
2	华锐风电	1647	9.8
3	联合动力	1635	9.7
4	明阳风电	1207	7.2
5	东方电气	1189	7.0
6	上海电气	906	5.4
7	远景能源	890	5.3
8	湘电风能	827	4.9
9	重庆海装	712	4.2
10	Vestas	554	3.3
11	运达风电	488	2.9
12	Gamesa	453	2.7
13	华创风能	408	2.4
14	中车风电	362	2.1
15	三一重能	282	1.7
	其他	1565	9.3

资料来源：中国可再生能源学会风能专业委员会，《2016 年中国风电装机容量简报》。

第三节　爆发式增长中的中国光伏发电

中国的光伏发电的实际应用起始于国家对于边远地区的示范性电力供应项目。最早在 1990 年，在西藏自治区的阿里地区建设了 10 千峰瓦（10kWp）级的光伏电站，此后又陆续在西藏的其他地区建设了一些类似的光伏供电项目，最大的达到 80 千峰瓦（80kWp）。1996—2000 年，国家“光明工程”又在西藏、内蒙古、甘肃三个省区建设了一批光伏发电示范系统，解决部分边远地区居民的基本供电问题。2000 年，国家再次启动了“阿里地区光电计划”项目，建立 38 座乡级光伏电站、光伏水泵 30 座和地面卫星单收站 10 座，推广用户光伏电源 11

万套，解决了阿里地区 1 万多农牧民用电问题，同时也结束了阿里地区基层无电历史。以后又利用了全球环境基金赠款，结合国内配套资金，在西藏、新疆、甘肃、内蒙古、青海和四川等六省区，多为少数民族地区安装了三十几万套共计 10 兆峰瓦（10MWp）的太阳能光伏户用电源系统。中国光伏发电组件和逆变器等配套系统制造能力在这些项目的推动下也开始慢慢成长。（图 3.11）

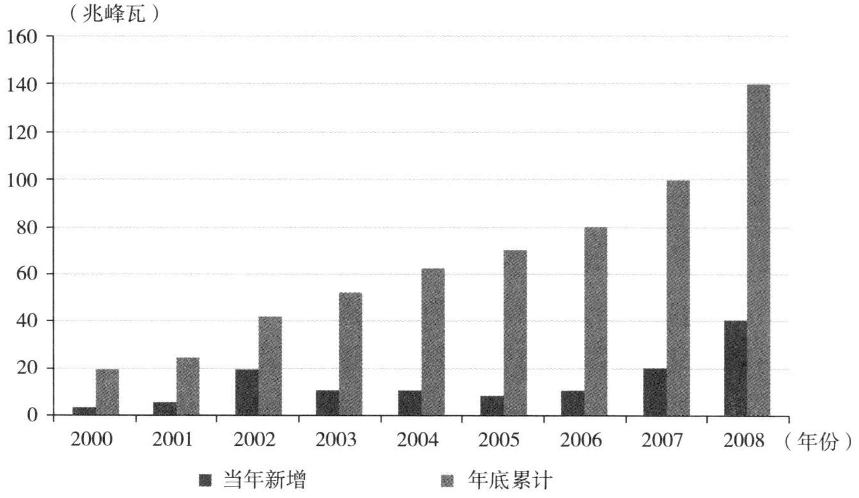

图 3.11　2008 年前的中国光伏发电安装量

2002 年底，中国还有 21560 个村、705.379 万户、约 3000 万人没有用上电，多数分布在西北的边远地区。那里地广人稀，人口密度低，当时也没有电网覆盖。国家于 2002 年启动的“送电到乡”工程，重点解决无电地区农村用电问题。在当时的 1065 个无电乡中，建设太阳能光伏电站的有 688 个，总装机容量 2 万千瓦，其余主要发展了小水电。在十几年前这是一个光伏发电发展的好机会。

“送电到乡”总投资 47 亿元，极大地推动了光伏产业发展。当时由于光伏发电仍然非常昂贵，一开始每千瓦光伏发电系统成本要十几万元，光伏组件直到 2008 年价格仍然高达每瓦 30 元。（图 3.12）光伏发电发展主要依靠国家示范项目，每年国内装机只有不到 10 兆瓦，还难以真正推广应用。

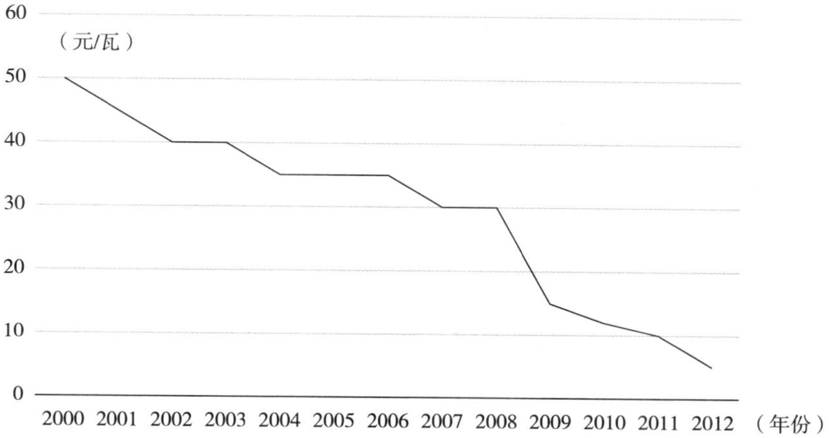

图 3.12　中国光伏组件平均销售价格

中国的光伏发电组件的制造业发展速度快于光伏在国内市场的发展速度。由于欧洲多国政府对光伏发电进行政策支持和装机补贴，光伏发电在欧洲的发展速度曾经领先于世界，形成了光伏发电组件不断扩大的市场。中国制造业看到了这个市场的机会，加快了光伏组件的产能发展。当时生产光伏组件的核心设备，包括先进的硅片切割机、光刻机等，主要是从国外进口。中国的廉价而高效的劳动力供给，以及其他原材料的强有力的配套条件，加上地方政府发展经济的优惠政策，使生产光伏发电组件的工厂在中国大批出现。生产的组件成本低，有很强的市场竞争力。中国的光伏组件生产能力很快达到了 3000 兆瓦以上，产品的 95% 都用于出口。

2008 年世界金融危机发生以后，欧洲经济发展受到很大影响，许多国家降低了光伏补贴的力度，以欧洲为代表的国际光伏应用市场需求大幅下降，使中国光伏产业面临国外市场萎缩的巨大困难。为了支持刚刚发展起来的光伏产业，中国政府加大了对国内光伏市场发展的支持力度。2009 年起开始进行大型光伏发电项目的特许权招标，在甘肃敦煌的第一个10兆瓦光伏发电项目，最后中标价格1.09元/千瓦时，是当地火电上网价格的3倍以上。同时中国开始金太阳示范工程，对光伏发电再次进行大规模补贴，对用户侧的光伏发电应用项目给予50%初投资的财政资金补贴，对边远地区的独立光伏系统给予70%的初投资补贴，每个项目规模不低于300千瓦，每个省（区、市）可以得到对20兆瓦光伏发电项目的中央财政补贴。

2009年“金太阳工程”补贴装机容量达到300兆瓦，财政补贴近50亿元，每瓦光伏发电的安装补贴达到14元，占到实际投资的一大半。随着光伏组件价格不断下降，单位光伏装机的补贴额度逐年下降，2011年定额补贴9元钱，后来又进一步调整为8元/瓦，2012年定额补贴7元/瓦，后降至5.5元/瓦。这种政策从投资到上网电机两方面拉动了光伏发电的应用。中国光伏发电装机出现井喷式发展，2009年新增装机160兆瓦，是之前几年总量的好几倍，2010年光伏发电新装机上升到500兆瓦，2011年又跃升到2700兆瓦，改变了中国光伏产业主要依靠国外市场的局面。

2011年，中国西部太阳能资源最好的青海省新增光伏发电装机超过了1吉瓦，中国政府确定了光伏发电优惠上网价格，达到每千瓦时1元。光伏组件的生产成本也大幅降低，这时候价格下降到每瓦10元，只有2008年价格的三分之一不到。从2012年起，光伏发电的优惠政策从直接补贴装机投资，改为用优惠电价鼓励发展。之后中国光伏装机进入了每年新增若干吉瓦的稳定发展阶段。

中国光伏组件产业发展初期，不但关键设备依靠进口，而且晶硅材料也95%依靠进口。2005年，中国多晶硅产量约80吨，仅占当年全球太阳能电池耗硅量2.87万吨的0.3%。在中国光伏发电组件生产能力大幅增加的时候，国际多晶硅价格也大幅上升。2007年国际多晶硅价格曾经飙升至每公斤500美元，使依靠进口多晶硅的光伏组件生产几乎难以生存。迫使中国企业不得不加快发展多晶硅生产能力。2015年，中国多晶硅产量已经达到16.5万吨，多晶硅自给率已超过50%。国内多晶硅生产能力的快速提高，极大地打压了国际多晶硅的冲高价格。市场竞争十分激烈，到2015年国际多晶硅价格下降到每公斤仅有20美元左右。不过多晶硅产能的激烈竞争和价格的过山车式的大起大落，也使许多看好多晶硅高价市场，大量投资于多晶硅生产能力的企业出现巨额投资亏损，包括中国曾经的光伏组件龙头企业尚德，以及曾经市场排名靠前的几个大企业，或陷入破产的惨境，或亏损严重，长时间经营困难。

激烈的竞争，使光伏组件生产加快规模化和集中化，2015年，中国的电池组件产量达到45.8吉瓦，占全球当年总产量60.2吉瓦的76.1%。至少有16家中国光伏组件企业产能超过500兆瓦、12家超过1吉瓦。光伏组件价格在2012年进一步下降至每瓦5元；2016年，价格已经降至每瓦3元之下。尽管随着光伏发电成本的下降，上网电价也做了相应下调，2017年上网电价比2011年下调了35%。（图3.13）但光伏发电的发展进一步增速。到2015年底，中国光伏累积装机43吉瓦，超过了德国。（图3.14）2016年新增光伏发电装机量超过3400万千瓦（34吉瓦），超

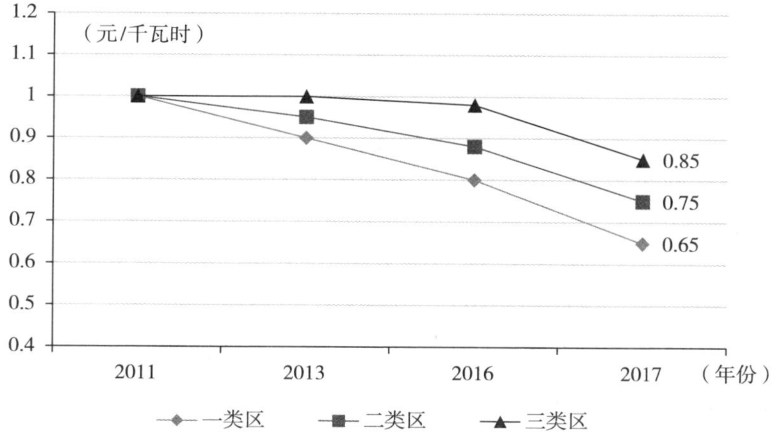

图3.13 2011年以来中国的光伏上网电价变化情况

过了当年欧洲和北美新增光伏装机量之和。中国成了名副其实的光伏制造产业和应用市场大国。

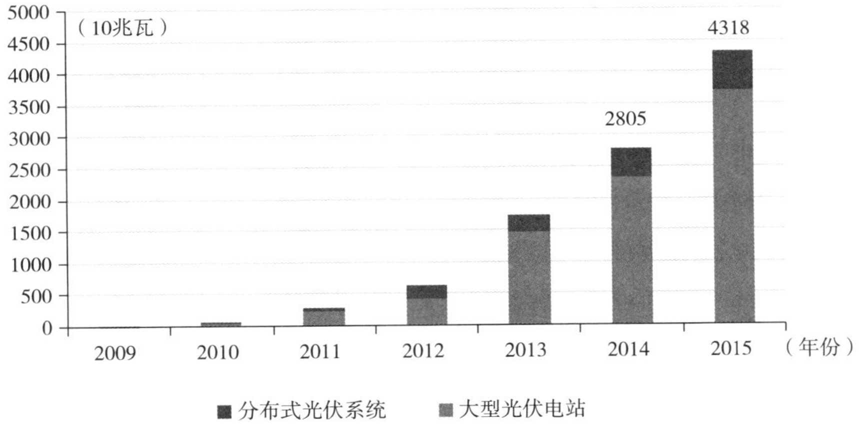

图 3.14　2009 年后中国的光伏发电安装量

第四节　中国对可再生能源持续大发展寄予厚望

世界工业化国家在 20 世纪 60 年代开始从以煤为主转为大量使用石油，后来又提高了天然气的比例，基本解决了化石能源的清洁化问题。现在正在向低碳能源转型，许多国家提出了雄心勃勃的可再生能源发展计划，一些国家提出要在 21 世纪中叶实现电力系统的非化石能源化。在一次能源的供应中也要大幅提高可再生能源的比例，并且在 21 世纪的后半叶，全面实现以可再生能源为主的能源低碳转型。联合国气候变化框架公约下的巴黎协定，确定了全球应对气候变化的总体目标，要把全球平均温升控制在 2 摄氏度以内。

中国经过几十年的艰苦努力，基本解决了能源供应保障问题。但过分依靠煤炭，造成环境污染严重，能源效率低下，碳排放强度高。中国已经没有时间和机会重复工业化国家已经走过的先油气能源再向低碳能源转型的两步走模式。中国必须考虑尽快解决能源清洁化问题，同时也解决能源低碳化问题，需要把绿色能源转型和低碳能源转型结合起来并行解决。在这个目标下，应该是尽可能地提高可再生能源发展速度，不但要使非化石能源满足一次能源需求的增量部分，而且还要尽快开始用可再生能源和核电替代煤炭。

但是，可再生能源本身的技术性缺陷和经济性还缺乏竞争性，当前仍然是可再生能源进一步加快发展的主要制约条件。

可再生能源中，水电经济性较好，所以长期以来实现了优先发展，而且现在仍然还有不小的发展空间。然而，水电资源有比较明确的上限，随着水电开发程度的不断提高，开发成本也越来越高，新的水电站都分布在崇山峻岭、人迹罕至的边远山区，建设条件越来越差，输电成本也越来越高。一些新的水电站预计的成本和火电相比可能已经没有什么竞争力了。风电和太阳能发电前途光明，但现在发电成本仍然较高。风电的固定上网电价现在是 0.47 元 ~0.60 元 / 千瓦时，光伏发电上网电价虽然从最初的 1.15 元 / 千瓦时，降低至 0.80 元 ~0.98 元 / 千瓦时，农林生物质发电执行 0.75 元 / 千瓦时，这都要远比各省（区、市）的 0.25 元 ~0.45 元 / 千瓦时的燃煤脱硫标杆电价要高出很多，风电、生物质发电、光伏发电上网价格分别是煤电平均上网价格的 1.5 倍、2 倍和 2.5 倍左右。（图 3.15）所以风电和太阳能发电，现在仍然依靠政策支持而发展，还不能和煤电进行直接的市场竞争。随着风电和太阳能发电量的快速增长，对它们的上网价格补贴数量也大幅提高，用户电价中的可再生能源补贴也要不断上调。而中国政府对上调电力价格，特别是民用价格，一直是小心谨慎。所以发电补贴往往大大滞后，对可再生能源发电也成为实际的负面影响。

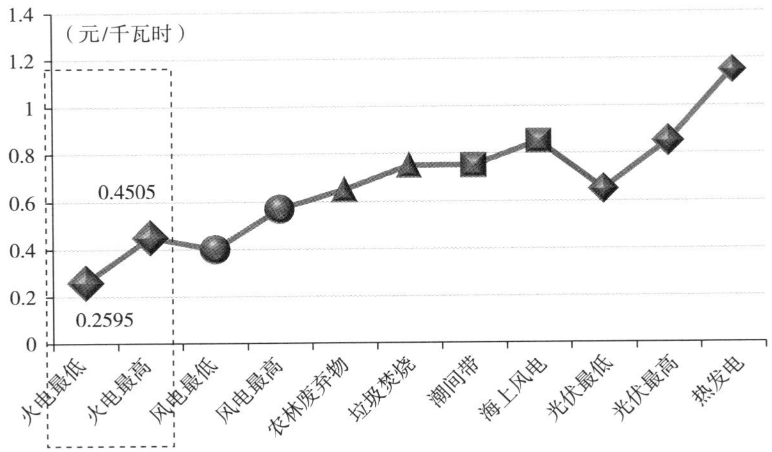

图 3.15　截至 2015 年中国可再生能源发电上网电价与火电上网电价对比

此外，风电和太阳能发电取决于自然条件，无法人工有效控制，波动性强，易中断。电网要为用户提供稳定安全可靠的电力供应，如果大量依靠这些波动性大、又难以人工调控的发电来源，就需要增加大量的备用和应急支撑设备，系统供电成本也要明显提高。因此电网并不欢迎风电和太阳能这样的电源，往往有许多理由不能完全消纳这些可再生能源发的电。

可再生能源在中国得到较快规模发展的同时，火电的发展也保持了高速度。在风电和光伏发电总量很小的时候，没有产生和常规火电争夺上网电量的问题。但是随着中国发电能力的不断发展，电力供需平衡逐渐从供不应求转变为供大于求，火电平均设备负荷率不断降低，已经严重影响到火电厂的经济效益。与此同时，可再生能源发电能力不断扩大，特别是风电在“三北”地区快速发展，许多地方开始产生可再生能源和火电争夺发电负荷的问题。自 2011 年开始出现较为明显的风电并网消纳困难，在电力低峰负荷的时候，特别是后半夜，正好是许多地方风力大的时候，这时会出现常规火电和风电激烈竞争上网权的问题。尽管政策上明确提出可再生能源优先上网，但实际操作过程中，火电往往有许多原因和理由不能退出。例如热电联供机组需要维持供热，电网稳定需要火电保持必要较大比例，线路限制不能满足长距离输运远处风电等等，都造成了大量风电包括光伏发电甚至水电等都不能充分发挥能力，白白地浪费了风力和太阳能资源，形成所谓弃风、弃光、弃水的现象。2011 年全年弃风电量 100 亿千瓦时；2012 年弃风问题达到顶峰，全年弃风电量 208 亿千瓦时，弃风率达到了 17%。这种现象引起政府和社会各界对这个问题的关注，也采取了相应的技术措施，但弃风、弃光、弃水问题一直没有得到根本性的解决。特别是一些风电和光伏发电比例相对高一些的地方，风电和光伏发电的浪费现象更为严重。如 2015 年甘肃、新疆等地弃风、弃光率超过了 30%，部分月份甚至超过了一半以上。（图 3.16）2016 年总的弃风率比 2015 年上升了 2 个百分点。（图 3.17）

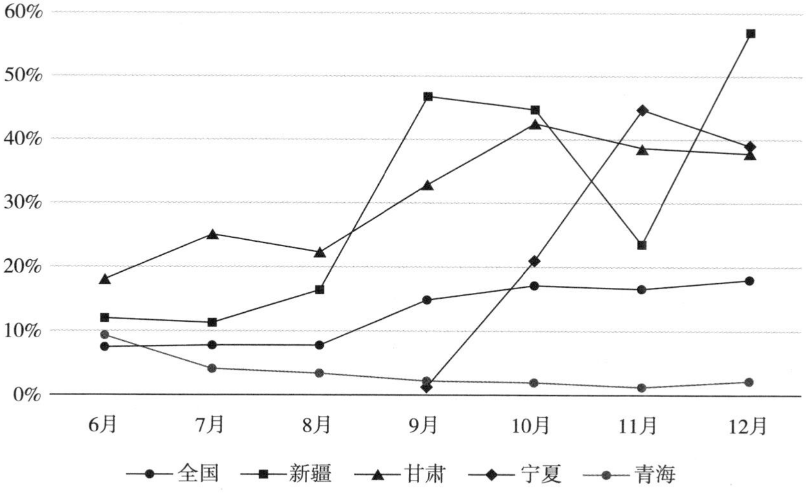

图 3.16　2015 年主要省区的弃光情况

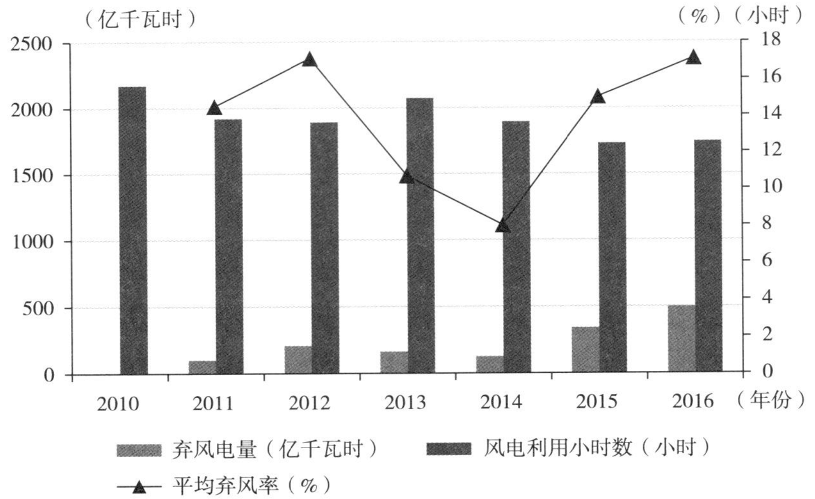

图 3.17 “十二五”以来中国的弃风情况

可再生能源发电不能充分上网的问题已经引起各方面的重视，开始从各个方面采取措施，解决弃风、弃光、弃水问题。包括改善输电条件，压缩火电的建设规模和速度，限制火电的装机总规模，停建、缓解和撤销了一大批火电建设项目。受到直接影响的火电有 150 吉瓦之多。同时加快建设从西部地区向东部输送电力的能力。另一方面，调整过去主要强调西部地区风力和太阳能资源条件好，在西部大规模发展风电场、光伏电场的做法，加大了在东部电力负荷中心地带发展分布式的光伏、风电场，就地利用，减少输电负担。还减少了部分发电能力明显超出需求之地的电力建设项目（包括风电和光伏发电）。这些做法减小了可再生能源发电不能全额上网的困难。

中国现在正在进行电力市场的改革，鼓励发电企业和大用户直接见面进行竞价上网。在发电方竞价上网的时候，鼓励风电公司和光伏发电公司通过价格竞争，得到更多的上网份额。风电和光伏往往可以压低这一部分竞争上网电力的价格，得到上网机会。这也进一步缓解了可再生能源发电上网不足的压力。

中国地域广阔，各种可再生能源资源都很丰富。水能资源蕴藏量世界第一。2003 年全国水力资源复查结果认为，中国水能资源理论蕴藏年电量 6.08 万亿千瓦时，平均功率 6.94 亿千瓦；技术可开发年发电量 2.47 万亿千瓦时，可装机容量 5.42 亿千瓦；现在已经开发的水电 3.2 亿千瓦，还有 1 亿多千瓦的水电有待开发。

中国也有丰富的风力资源。而且随着风电资源调查的不断深入，可开发的风电资源总量也大幅提高。20 世纪 80 年代后期，国家气象局根据全国 900 多个气象台站实测资料（1980 年以前的观测资料）进行的风能资源普查，认为中国陆地上离地面 10 米高度处风能资源理论储量为 32.26 亿千瓦，技术可开发量为 2.53 亿，（当时“技术可开发区域”的定义为 10 米高度风能功率密度超过 150 瓦／米^2 以上的风能资源区域）。2005 年根据风电发展的实际经验核定后，国家气象局进行第三次全国风能资源普查，利用全国 2400 多个气象台站近 30 年的观测资料，对原来的计算结果进行修正和重新计算，结论是中国陆地上离地面 10 米高度处风能资源理论储量为 43.5 亿千瓦，技术可开发量为 2.97 亿千瓦。

2007 年，中国又启动了再一次的资源评价。全面建成了 400 座 70～120 米高度的测风塔，遍布全国 31 个省（区、市），主要覆盖西北、华北、东北以及东、南部沿海风能资源丰富区，基本形成了包括专业观测、数据共享、数值模拟和综合评价等内容的国家风能资源评价体系，首次获得了 50 米高度上，全国 5 公里 ×5 公里、重点地区 1 公里 ×1 公里分辨率的风能资源详查阶段性重要成果。其结论是：（1）中国陆上（不包括青藏高原）离地面 50 米高度达到 3 级以上风能资源的潜在开发量约 23.8 亿千瓦；（2）内蒙古自治区（包括内蒙古东和内蒙古西两个千万千瓦级基地）、新疆哈密、甘肃酒泉、河北坝上、吉林西部和江苏近海等千万千瓦级风电基地风能资源丰富，陆上 50 米高度 3 级以上风能资源的潜在开发量约 18.5 亿千瓦；（3）初步估计，中国

5～25 米水深线以内近海区域、海平面以上 50 米高度可装机容量约 2 亿千瓦。

此后，随着风机开发高度不断提升，中国又陆续进行了几次资源评价，70 米高度陆上风能资源技术可开发量达到 26 亿千瓦。（表 3.5）

表 3.5 中国陆上 50、70、100 米高度风能资源储量

高度（米）	潜在可开发量（亿千瓦）	技术可开发量（亿千瓦）	技术可开发面积（万平方千米）
50	25.6	20.5	56.6
70	30.6	25.7	70.5
100	39.2	33.7	94.8

资料来源：中国气象局

太阳能资源极其丰富，中国全部地区都属于太阳能资源可利用区，如果按屋顶面积的 30%，戈壁和荒漠地区面积的 2% 用于太阳能发电，就有 2.2 万平方千米的面积。安装近 25 亿千瓦的光伏发电设备。

中国可作为能源利用的各种生物质资源总量每年约 4.6 亿吨标准煤。（表 3.6）

表 3.6 中国生物质能源利用潜力

资源种类	实物量（万吨）	折合标煤量（万吨）
农作物秸秆	34000	17000
农产品加工剩余物	6000	3000
林业木质剩余物	35000	20000
畜禽粪便	84000	2800
城市生活垃圾	7500	1200
有机废水	435000	1600
有机废渣	95000	400
合计		46000

可再生能源的资源条件可以支持中国大规模发展可再生能源。

2005 年中国颁布《可再生能源法》后，开始在五年一度的国家经

济社会发展规划中设定可再生能源发展目标。当时预定2010年水电、风电目标分别是190吉瓦、10吉瓦，实际在2010年时分别达到了216吉瓦和31吉瓦，超过了原定目标。后来设定2015年的风电目标是100吉瓦、光伏目标是21吉瓦，2015年又分别达到了129吉瓦、43吉瓦，也明显超过目标。（图3.18）

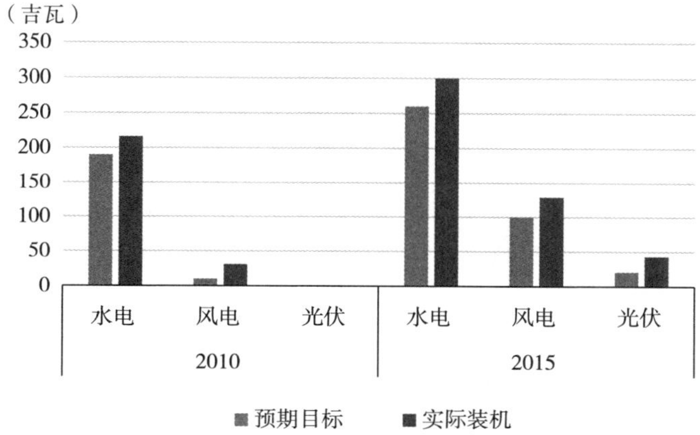

图3.18　中国过去十年的可再生能源规划目标与实际发展规模对比

中国在应对气候变化国家行动计划中正式承诺，到2020年非化石能源在一次能源消费中的比重达到15%，主要依靠可再生能源比例的提高。经过努力，在2016年这一比重达到了13.3%，已经非常接近预期指标。（图3.19）

中国也提出了2020年水电装机340吉瓦、风电装机210吉瓦、光伏发电110吉瓦、生物质发电15吉瓦、太阳能热发电5吉瓦、全部可再生能源发电装机容量680吉瓦的发展目标。（图3.20）在几年前这个目标被认为还是一个积极的，需要经过很大努力才能实现的目标。但是各地建设可再生能源发电的积极性很高，到2017年底，风电装机将明显超过170吉瓦，光伏发电装机将超过130吉瓦，水电建设也进展顺利。现在就可以预计2020年可再生能源装机的总体目标将大幅超额完成。

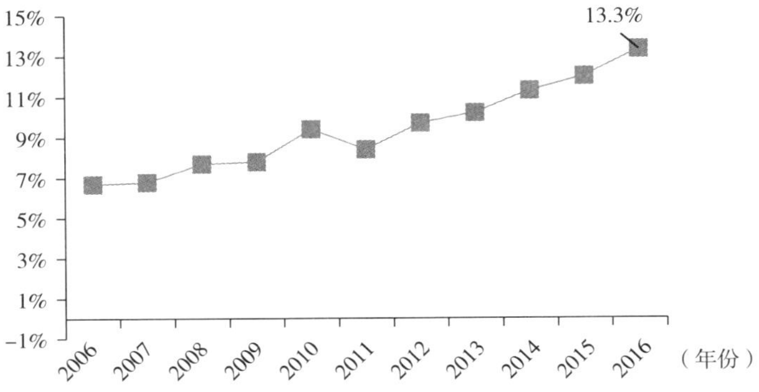

图 3.19　中国历年来的非化石能源消费比重

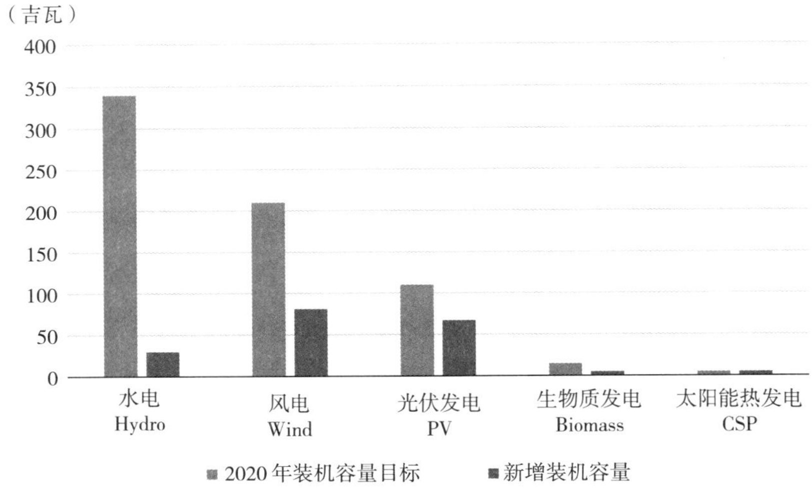

图 3.20　中国 2020 年主要可再生能源发展目标

特别是中国在 2020 年要确保完成实现所有人口脱贫目标的背景下，可再生能源特别是光伏发电成为不少地方对农村贫困人口进行脱贫帮扶的措施。在农民的住房和一些农田、养鱼池等地方，可以安装光伏发电设施，这样通过这些分散的小型光伏发电站发电上网，就可以得到优惠电价的收入，成为农民每年的固定收入来源。使这些贫穷农民有一份固定收入，成为脱离贫困的重要措施。各地还发明了不少创新做法，例如水面浮动式光伏电站、农田光伏发电和种植作物公用阳光和空间的光伏发电设施，等等。因此在许多地方分散的光伏发电得到更快更多的发展，加上其他的光伏发电场的建设，2017年一年就将达到大约54吉瓦的新装机容量，使光伏成为第一个提前超额达成目标的可再生能源。

事实说明，可再生能源发展的速度和规模都可能超出人们原有的预计。而且资源条件、相关的技术进步和制造能力的大幅增加，装机成本的持续下降，都可以支持可再生能源在中国更多、更快地发展。

许多国家都有积极的可再生能源发展目标，如丹麦2010年发布的《能源战略2050》，提出“2050年完全摆脱化石能源消耗”，基本上要依靠可再生能源；德国2011年公布《能源转型战略》，提出到2050年，可再生能源利用量在终端能源消费比重达到60%、可再生能源电力占总电力消费比重达到80%的目标；欧盟能源委员会2012年发布《能源发展路线图2050》，提出可再生能源在能源消费中的比重最低达到55%，最高可达到75%，其中可再生能源发电在电力消费中比重最高达97%；美国能源部2012年开展“未来能源电力研究”，结论是到2050年可再生能源可满足美国80%的电力需求。

中国国家发展和改革委员会能源研究所的《中国2050高比例可再生能源发展情景暨途径研究》提出，到2050年，可再生能源可以满足中国一次能源需求的60%以及电力需求的85%以上。高比例发展可再生能源，可以使中国有望在2025年前实现化石能源消费总量和碳排放的双重峰值。2050年非化石能源发电量占到全国总发电量91%，煤电发电量占比从目前的75%左右下降到7%以下。届时，中国的水电装机5.5亿千瓦，风电24亿千瓦，太阳能发电27亿千瓦，生物质能发电2.1亿千瓦，电力储能容量达到4亿千瓦。

继续快速发展可再生能源已经成为重要的能源战略选择，中国已经确定了绿色低碳的发展方向，核电和可再生能源必然成为实现绿色低碳发展的能源选择。可再生能源在中国的发展才刚刚开始，特别是风电和太阳能发电，尽管现在装机总量已经是世界各国的首位，但和未来中国需要发展的目标比较起来，则仅仅是重要的起步。中国长期的发展目标是要在现有的装机数量上至少增加10倍。整个电力系统，包括终端用电系统都需要围绕未来核电和可再生能源发电为主的构架，进行技术和管理的转型。方向已经明确，目标的实现还需要不断克服困难，坚持几十年持续努力。

第四章

中国的煤炭工业：世界最大的化石能源产业

目前世界石油、煤炭、天然气等化石能源仍然占能源供需近90%，其中石油和天然气占60%以上，煤炭大约在28%左右，其余的是核电和可再生能源。中国化石能源也占一次能源消费的87%以上，与世界能源品种平均占比的重大差别是中国还处于以煤为主的状态，煤炭现在还占一次能源的62%左右。从能源品种构成看，中国还停留在工业化国家20世纪60年代以前的阶段。20世纪60年代以后，世界就从以煤为主改变为以石油为主了，一些工业化国家转变的时间还要早些。

中国现在已经进入工业化的后期阶段，很快就将进入高收入国家行列，工业化进程也将进入后工业化发展阶段。但能源仍然以煤为主，而且煤炭占的比例很高。这有多种原因，其中最重要的原因在于中国人口众多，幅员辽阔，一旦进入工业化过程，能源消费量就十分巨大。即使在20世纪60年代中国工业化刚刚取得初步进展的时候，中国就已经成为世界上能源消费大国之一。特别是近三四十年的快速工业化，能源消费总量增长很快，数量特别巨大。现在中国的能源消费量占世界消费总量的近23%，煤炭消费量曾经高达40亿吨以上，而中国自己的油气资源相对比较少，现在已经需要大量进口。如果中国和世界上其他工业化国家一样，主要依靠油气，则中国需要额外增加进口大约15亿吨石油。对于世界石油市场而言，现在还想不出来从什么地方可以增加这么多石油供应。如果中国过去一直是以大量进口石油来完成已经取得的工业化进程，世界石油价格可能早就冲上几百美元一桶的水平了。

从中国的国情出发，主要依靠国内资源实现能源供应能力的有效增长，一直不得不成为能源战略和政策的基本出发点之一。所幸的是中国的煤炭资源比较丰富。因此，主要依靠煤炭产量的增加来满足工业化过程中迅速增长的能源消费需求，是过去几十年里很自然的选择。以煤为主，曾经是长期以来中国能源发展中一个值得骄傲的历史过程。

迄今为止，“中国富煤缺油少气”仍然是许多人谈到能源结构现状和未来时经常提及的重要基本出发点。中国在向绿色低碳可持续发展转型过程中，如何改变以煤为主的能源消费结构，将是今后长时间内的艰巨任务。

第一节　中国煤炭工业的发展

一、中国煤炭资源基本情况

1. 中国的煤炭资源比较丰富

按国际一些知名能源机构的估计，中国的煤炭资源总量在世界各国中排位第三，仅次于俄罗斯和美国。而中国自己最新的资源评估资料认为，中国在埋藏深度小于2000米的煤炭总资源量达5.7万亿吨。而且中国煤炭已探明储量逐年上升，2015年达到1.57万亿吨。探明的煤炭储量远远高于国际一些机构采用的数量。其中炼焦煤已探明的储量为2800亿吨，占世界炼焦煤查明资源量的13%。不过世界各国煤炭资源勘探程度相差很大。在煤炭资源大国中，由于已探明的资源量远远高于目前生产所需的资源储备数量，所以对煤炭资源勘探投入较少。而中国这些年来，煤炭产量的不断增加，占用的探明资源数量也远远高于其他国家，对煤炭资源的勘探投入一直保持较高水平。探明资源数量大，是中国长期以来能源生产以煤为主的客观条件。

中国煤炭资源分布不均衡，西北和华北地区的煤炭探明保有储量占全国总量的近80%，主要分布在山西、内蒙古、陕西、新疆、宁夏和贵州等6省区，东南沿海地区煤炭资源相对较少。但是中国煤炭资源分布很广，除上海市、海南省外，其他省区市均有煤炭资源分布，所以许多地方都有煤炭生产。

中国煤炭资源中由于煤层以薄和中厚煤层为主，厚煤层和巨厚煤层较少，适宜露天开采的储量甚少，而且多数煤田地质条件比较复杂。开采条件比较好、适合大规模现代化矿井生产的煤炭资源集中在少数中西部省区市。但因为绝大部分的省区市都有些煤炭资源，许多地方可以发展一些中小型煤矿，也成为煤炭开采曾经几乎处处都有的原因。

2. 中国是世界上开发利用煤炭最早的国家

中国先秦古籍《山海经》中称煤为“石涅”，并记载了几处“石涅”产地，经考证都还是现今中国煤炭产地。在汉代近千年以前的一些史料中，有河南省登封、洛阳等地采煤的记载。古代煤炭不仅用于取暖、炊事，而且也是煮盐、炼铁的燃料。汉朝以后，中国人称煤为“石墨”或“石炭”，煤炭开发利用慢慢扩大。但这些都是原始的非常小规模的手工开发利用，没有形成工业化生产。近代的煤炭生产要回溯到19世纪后期，河北省唐山市的开滦煤矿创建于1878年，至今已有140年的历史。即使到了20世纪，煤炭生产技术仍然十分落后，基本上是靠最原始的手镐、竹筐、小车在恶劣的条件下生产煤炭。

在中华人民共和国成立的1949年，中国煤炭产量仅3000多万吨。当时生产量的80%以上，是由少数具有一定规模的近代煤矿生产的。这类煤矿数量不多，集中在华北和东北地区，如河北唐山开平、滦川煤矿，山西大同煤矿，辽宁阜新煤矿，山东矿务局贾汪煤矿（现属江苏徐州）等。生产条件也十分落后，基本上依靠人工采煤。其他为数众多的小煤窑，就更为落后。矿工的劳动强度高，生产安全得不到保障，身体健康受到严重损害。

二、中国煤炭工业的发展情况

1. 煤炭工业的初期规模化发展

中华人民共和国成立后，中国政府把煤矿建设作为经济建设的基础，先后组建了煤田地质勘探、煤矿设计、建井施工等专业队伍，投入大量资金及人力，开展煤炭资源勘探与开发建设。1950—1953年共开工建设新井和露天矿 17 处，设计年生产能力 1251 万吨。中国“一五”计划（1953—1957 年）期间，共改扩建矿井 103 处，净增年生产能力 2356 万吨；新建矿井开工 187 处，设计年生产能力 7502 万吨。到了 1957 年，全国煤炭生产能力、长壁采煤比重以及煤矿采、装、运机械化程度快速提高。国营煤矿长壁式采煤方法产量比重达到了 95.3%，截煤机、风镐、放炮落煤比重提高到 96.3%；井下平巷采用机械运输比重提高到 85.16%，地面机械装运提高到 90.78%，煤炭产量年均增长率达到了 13.6%，全国煤炭产量快速提高到 1.31 亿吨。

1958 年全国大炼钢铁，到处都是土高炉、冲天炉，浪费了大量的焦炭和煤炭，煤炭需求迅速上升，不按煤矿建设标准的乱采乱掘盛行，全国小煤矿数量快速增加到 10 万多个，1960 年煤炭产量冲高到 3.97 亿吨，但是造成许多煤矿采煤数量和保持产能的掘进进度严重失调，大量设备没有按时检修，难以维持产量。1961 年全国煤炭产量一下子掉下到 2.77 亿吨。

在以后的十几年里，为了解决当时存在的铁路运力严重不足的问题，中国政府加强“江南 9 省”煤矿建设，在中南部地区新建了 720 处煤矿。1976 年，全国煤炭产量达到了 4.84 亿吨。经济建设重新回到正常轨道后，煤炭工业也恢复使用了煤矿建设和运行的规章制度，建立正常生产秩序，进一步发展采掘机械化，原煤产量在 1977 年快速增长到 5.5 亿吨。（图 4.1）

随着煤炭产量的不断增加，大型煤矿开始进入加快机械化的进程。1970 年综合机械化采煤装备首先在大同矿务局的煤峪口煤矿开始工业性试验。当时的煤炭工业部成立了专门的机构，负责引进国外的综合机械化采煤成套设备（简称综采设备），改变了过去主要依靠打眼放炮，人工或部分机械化装卸运输的传统采煤方式。利用了可移动的液压支柱，形成安全的长壁工作区，并利用大型全自动机械化割煤机和输运系统，进行全机械化采煤。这种技术的引进，极大地降低了工人的劳动强度，大大提高了矿工的生产安全系数，成百倍地提高了矿工的劳动生产率。1973 年国家引进了 43 套成套综采设备，分别在 14 个矿务局使用。这是煤炭系统第一次有机会大量接触西方各种先进的回采设备，是中国煤矿向国际现代化煤矿生产水平迈进的起点。1975 年年综合机械化采煤占总产量的比重仅为 3.2%。1977 年，中国再次引进 100 套大型综采机械化装备，加快了中国煤炭产业现代化进程。

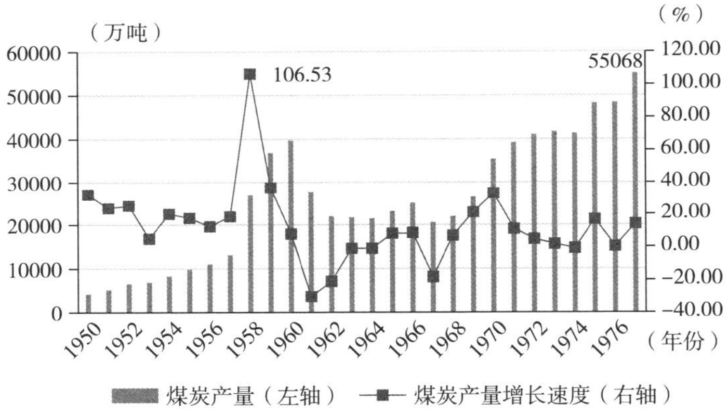

图 4.1　1950—1977 年中国历年煤炭产量及增长速度

2. 煤炭工业的第一个快速发展期

1978 年，中国实行改革开放，经济进入快速发展阶段。随着能源需求量猛增，煤炭供应日趋紧张。而在计划经济体制下，由原煤炭部主管全国煤矿建设和运行，无论从投资和建设速度，都适应不了煤炭市场需求的高速膨胀。按照当时的矿井建设速度，一个年产 100 万吨煤炭的煤矿，从设计到建成需要六七年的时间，按常规迅速扩大生产量是没有办法解决的。当时主持国家经济工作的领导人，为了解决煤炭短缺的问题，提出了“有水快流”的主张，在加快发展国有重点煤矿的同时，鼓励发展乡镇小煤矿，提出要“积极发展地方国营煤矿和小煤矿”“国家、集体、个人一齐上，大中小煤矿一起搞”的政策。在一些煤炭资源条件好的地方，大批小煤矿迅速发展起来。由煤矿资源所在地的农村，就地开发煤矿。从年产万吨逐渐发展到年产十几万吨到几十万吨，全国小煤矿数量又重新上升到 10 万以上，所谓的乡镇煤矿几乎占了煤炭生产的半壁江山，快速增加了煤炭产量。

乡镇煤矿的迅速崛起，从很大程度上缓解了煤炭供应的紧张程度。不过也产生了许多问题。许多小矿为了快得利、多得利，不能按照安全生产标准进行煤矿的建设和运行，对煤矿资源也做不到充分优化利用，有不少小矿的资源利用率只有 10% 左右，浪费严重，更谈不上环境保护要求。安全生产也得不到保障，安全事故不断，矿工死亡人数不断上升。小煤矿之间、小煤矿和正规大型煤矿之间的煤田资源界限争议不断，跨界采煤、破坏原有大矿通风系统等造成的安全隐患和安全事故连续不断，致使当时国营大矿和地方小矿矛盾重重，利益冲突不断。

煤矿不断增多，从业人员增加，煤矿职工最多时据称有 600 万人。但劳动生产率一直不高，机械化程度落后。当时单位职工的工作日平均产煤数量比国际上比较先进的水平相差几十倍，而百万吨煤炭产量的职工事故死亡率居高不下。

中国的煤炭产量快速增长，到 1996 年时产量接近 14 亿吨，已经超过美国，成为世界最大的煤炭生产国。（图 4.2）煤炭发展的第一个阶段持续了将近 20 年，到 20 世纪末期，中国经济开始了第一次结构性调整，能源增速快速下降。1997 年出现的亚洲金融危机又直接影响了国内外市场增长，中国煤炭市场出现了第一次严重供大于求，煤炭价格大幅下降，全行业陷入不景气和亏损，国家不得不对煤炭工业进行调整。为了解决煤炭产能过剩，国营大煤矿和地方所属煤矿争夺市场和煤矿资源纠纷不断的问题，国家在 1998 年把原来归属国家煤矿部的中央直接管理的国有重点煤矿下放到省级政府，由省级政府统一管理。避免了在同一地区不同归属之间难以优化结构的矛盾，开始对地方偏向扶持的生产技术落后、不具备基本安全生产条件的小煤矿予以关闭。

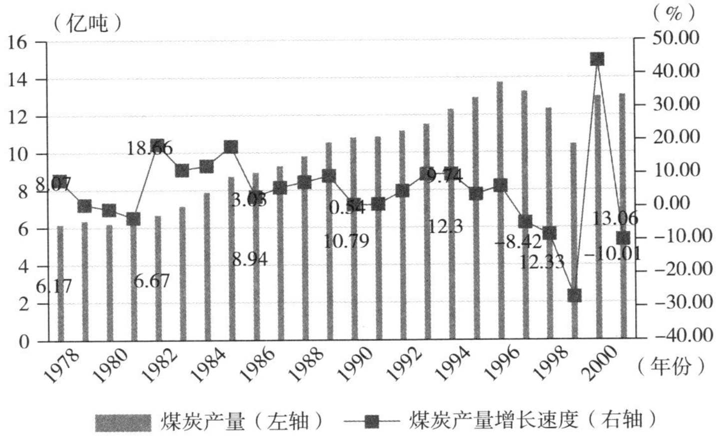

图 4.2　1978—2001 年中国煤炭产量及增速

2001 年全国累计关闭小煤矿数量占总数的 73%，煤矿数量减少到约 2.2 万个左右，提高了产业集中度，在一定程度上缓解了当时煤炭供大于求的矛盾。

随着煤炭生产的大规模开展，煤矿开采带来的环境和生态负面影响开始显现。特别是在煤炭集中产区，这种负面影响日渐突出。例如，当时产量几乎占全国近一半的山西省，煤炭产量已经达到近 7 亿吨，煤矿带来的水资源破坏、土地塌陷、矿井排水污染已经很严重，大量煤矿矸石堆积、自燃。低水平加工煤炭、土法炼焦、落后的煤化工产业在矿区扩张发展，带来进一步的大气、水、土地污染。山西许多地方空气污染严重，人民生活受到直接影响。山西的科技界首先开展了煤炭可持续发展问题的认真研究，认为生产煤炭带来的水资源损失，对整体缺水的山西是巨大的生态环境危害。研究认为，山西不能继续扩大煤炭产量，必须重视生态环境影响，对已经破坏的生态环境采取修复补偿措施。除了山西以外，一些老煤矿地区也开始面临资源枯竭，常年煤矿开采带来的问题日益显现，特别是土地下陷造成一些矿区城市房屋破损、管道断裂等问题。煤炭生产的可持续发展问题开始引起多方的关注。

3. 中国煤炭的最后一个“黄金十年”

（1）煤炭“黄金十年”的到来

20 世纪末中国经济结构经历了一次重大调整。能源消费和生产能力的扩大，也经历了一个回落阶段。进入 21 世纪以后，出口导向作用的不断加强，使国内制造业产能又进入了一个新的增长期，工业行业再次全面大发展，交通运输等基础设施建设水平也不断提高，高速公路建设在全国范围内全面普及发展。城市化加快了进程，住房商品化改革后房地产业迎来了房价和建筑规模的双高涨。各种原材料工业随之高速发展，能源需求重新回到高速上升阶段。从 2002 年到 2012 年，中国一次能源的消费以平均年增长近 8% 的速度跃升。能源供应主要依靠煤炭工业的高速发展得以维持，并加快进口石油。到 2013 年时，中国的煤炭消费量从 2000 年的 13 亿吨左右跃升到 40 亿吨以上，煤炭价格也成倍提高。2002 年到 2012 年被称为煤炭的“黄金十年”。与 20 世纪八九十年代的第一个煤炭快速增长期相比，这次煤炭生产规模要大得多。20 世纪煤炭工业用了 20 多年时间从不到 6 亿吨产量增加到 14 亿吨左右，净增了 8 亿吨产量。而这次用了 10 年时间从 14 亿吨增加到 40 亿吨，增量达到 26 亿吨。另一方面 20 世纪 90 年代以前，煤炭价格受到计划经济价格管理，虽然价格改革一直不断推进，但煤炭价格总体水平不高。而 21 世纪的煤炭“黄金十年”期间，煤炭价格已经完全实现了市场化。在需求高速增长的同时，价格也不断创出新高。动力煤在南方的价格普遍达到每吨 800 元以上，优质的炼焦煤价格曾经超过每吨 2000 元。这时开煤矿几乎成为“发财”的同义词，大量私人投资进入煤炭开采业。

在这样的市场力量推动下，一批煤炭资源条件好的省（区、市）纷纷把煤炭及下游的煤电、煤化工作为发展经济的主要领域，大力开发煤矿。内蒙古自治区地域广阔，煤炭资源丰富，煤炭产量从21世纪开始时的一两亿吨，迅速增长到10亿吨以上。鄂尔多斯市原本是一个人口稀少、以农牧业为主的地方。因为具有良好的煤炭资源条件，鄂尔多斯市在这次煤炭“黄金十年”中成为煤矿快速发展的中心地区，迅速扩大城市建设规模，高楼大厦平地起，房价飞涨。

原来因为煤炭生产数量过多，提出要限制煤炭产量，开始重视生态环境影响的山西省，也再次扩大煤矿投入，把产量从6亿多吨加大到近10亿吨。西部的宁夏，甚至遥远的新疆，都把煤炭作为经济增长的重点。这些地方因为远离中东部消费中心，本地煤炭消费数量有限，所以虽然煤炭资源很多，但生产量并不大。在这一波发展高潮中，这些省区也想争当中国的煤炭生产基地，都做出大规模发展煤炭工业的设想乃至规划，通过极其优惠的资源占用条件，大批招揽外地企业投资，一时间众多煤炭和煤电、煤化工基地纷纷上马。

这种高速发展带来了许多问题。首先其冲的就是煤矿的安全生产标准难以得到保障，矿难事故频发。为此，国家把煤矿的安全生产管理作为治理焦点，加强各级政府安全生产问责。安全监管部门为了加强煤矿的安全管理，制定了越来越严格的安全生产标准，包括越来越高的安全技术保障措施。对因管理不善或未按安全标准要求配备安全技术保障设施而造成矿难事故的，严格追究当事人的刑事责任。有关地方监管部门如果监管不力，也要追究渎职罪。煤矿资产所有人不能只管挣钱，更要管好安全生产条件，一旦出现人身安全事故，煤矿的法人必须负责。一些出了严重矿难事故的矿长、煤矿资产所有人都要被依法拘留，有的还被追究刑事责任。地方党政领导也要承担领导责任，由于地方领导要对煤矿安全管理负责，一旦出现矿难事故，主管官员会被问责，甚至要接受降级处分或被撤职。这些安全生产政策和问责制度的建立，加上越来越严格的实施，使煤矿安全问题逐渐得到控制。

中国工程院在2006年启动研究中国能源战略问题时，就对当时的煤矿安全和技术状况进行了深入的分析，认为中国虽然煤矿多产量大，但是大量煤矿生产技术和管理水平落后，只有不到三分之一符合现代先进煤矿开采的要求。整顿和改造提高煤矿的技术和管理水平迫在眉睫。

煤炭工业的整合调整实际上早就在酝酿，安全问题的凸显推动了煤矿安全标准的提高和监管的不断加强，一些完全达不到安全生产条件的小矿被淘汰。但在煤炭市场如此红火的情况下，煤炭行业还是在两条路上并行发展，一方面一批技术先进的大型现代化煤矿不断涌现，另一方面仍然有相当多的非正规煤矿在高利润的刺激下仍然难以退出市场，而且得到基层地方政府的保护。

2007年开始的国际金融危机使中国高速发展的经济增速放缓。国际贸易急剧萎缩，制造业市场条件变得十分严峻。中国政府采取了大幅增加国内投资，加大各种基础设施建设规模的应对政策，国内投资拉动的各种高能耗原材料生产规模继续扩大，使煤炭的黄金时期延续了五年。

（2）由盛转衰后的积极治理

然而，这种发展终不可长期持续。2013年后，煤炭的萧条期终于又出现了。由于需求大幅下降，煤炭价格下降了60%，甚至更多。煤炭多年在高利润的刺激下不断增加煤矿产能投资和产能过剩的问题也一下子凸显出来，煤炭工业的结构性改革和调整终于具备了各方面的条件。

一些煤炭生产大省提前对煤炭产业进行整顿，清理不符合安全条件的煤矿，加强对煤炭资源依法管理，防止乱采乱挖。一方面鼓励大型煤矿兼并分散的小煤矿，提高煤炭生产的集中度；另一方面加大对煤矿安全设施的投入，提升煤矿的技术水平。

全国的煤炭行业都加强了煤炭资源管理，一方面加快建设资源条件比较好，可以发展大型煤矿的煤炭基地；另一方面强化煤炭安全标准的落实，淘汰不符合安全生产条件、地质条件复杂、事故风险大的煤矿，促进煤炭安全生产形势好转。

经过调整，全国煤矿数量减少，大型煤矿比重增加。2015 年底，全国煤矿数量 1.08 万处。其中，年产 120 万吨以上的大型煤矿 1050 处，产量比重提高到 68%。年产 30 万吨以下的小型煤矿 7000 多处，产量比重下降到 10% 左右。大型现代化煤矿比重不断提高，全国煤炭供应保障能力显著增强。大基地建设稳步推进，14 个大型基地产量占全国总产量的 92.3% 左右，产量超过亿吨的煤炭省区 8 个，产量占比达 84.1%。

产业集中度也得到提高。前 4 家煤炭企业产量 8.68 亿吨，占全国的 23.6%。前 8 家企业产量 13.1 亿吨，占全国 35.5%。神华、同煤等 9 家企业产量超亿吨，合计产量 14.1 亿吨，占全国的 38.2%。

在煤炭产量提高的过程中，依托国营大型煤炭企业，中国建立了煤炭科技研发体系。全行业建成国家重点实验室 18 个，国家工程实验室 7 个，国家工程研究中心 8 个，国家工程技术研究中心 4 个等一大批煤炭相关技术研发、科技创新机构。在高效采煤综合机械化自动化技术和装备制造、煤矿重大灾害防治、现代煤化工、生态脆弱区煤炭开采地下水和地表生态保护关键技术等方面都有长足发展。一批达到世界先进水平的大型煤矿先后建成，千万吨级高产高效自动化矿井、智能矿山、绿色生态矿山等示范项目逐渐成为煤炭工业的发展主流。中国在 20 世纪引进外国综采设备时，曾经为外国一个综采工作面年产

100 万吨煤的高效感到惊讶不已，现在采用中国综采设备的先进采煤队不断创造新的高产世界纪录，远远超过了几百万吨的水平。过去那种周围黑成一片，到处是煤尘的煤矿形象早已不见，取而代之的是地面见不到一点儿煤炭，所有煤炭提升和输运都实现机械化自动化、表面全覆盖的新型矿山。

煤炭开采的生态环境破坏防治技术也在不断发展，保水开采、充填开采等绿色开采技术得到推广。矿井抽采瓦斯利用率达到 46.4%，大幅减少了温室气体甲烷的直接排放。过去作为煤矿标志物的矸石山，基本都被作为资源综合利用处理了。一些煤矿还发展了煤矿循环经济，建成一大批循环经济园区。矿山对生态环境的影响明显减小。

经过不断努力，中国煤炭安全水平得到大幅提升。煤炭生产百万吨事故死亡率不断下降，已经达到世界平均水平。中国产量最大的煤炭企业神华集团，年销售煤炭达到 4 亿吨以上，安全生产水平自 2005 年以来保持世界领先，其百万吨死亡人数比煤炭安全生产水平很高的美国还要低，仅是美国的七分之一。

第二节　中国煤炭生产基地（山西）的经济转型发展

山西省是中国最大的产煤省之一，煤炭资源丰富，全省 39% 的面积地下有煤层分布，现有煤炭资源总量 6400 亿吨。自北向南分布有 6 个大煤田，其他还有不少规模可观的产煤地区。在全省 119 个县级行政区划中，94 个县分布有煤炭资源，占 79%。山西属黄土高原地区，多山和丘陵，有不少地方有煤层露出地面，所以采煤有很悠久的历史。曾经是中国最大的煤炭供应地，现在也是中国煤炭产量最大的两个省份之一。

1949—2014年，山西省累计生产煤炭超过150亿吨，占全国累计总产量的1/4，净调出省的煤炭超过100亿吨，占全国调出省总量的3/4，焦炭产量和外调量分别占全国的40%和60%。

但长时间、高强度、大规模、粗放式的开采，也造成了巨大的生态环境损害。在以前的调查报告中，有五个方面的影响尤为严重：

1. 煤炭开采造成了严重的水质污染。矿井废水及煤矸石经雨淋后的废液渗入地下水系，造成地下水资源的污染。以大同市为例，原本水质良好的地下水受长期煤炭开采的影响，地下水矿化度、总硬度及硫酸盐大幅超标。

2. 煤矸石自燃、煤炭开采和炼焦等产生的废气、粉尘造成了严重的大气污染。矸石山自燃、煤尘、煤炭初级加工形成了煤矿区以二氧化硫和烟尘为主要危害的煤烟型大气污染。

3. 煤炭开采造成了严重的水资源破坏。水资源的破坏，加剧了水资源短缺问题。这对山西这个人均水资源量仅占全国平均水平不到1/5的地区来说，是个非常严重的问题。

4. 煤炭开采引起地表沉陷造成了严重的土地资源破坏。多年来大规模开采煤炭，造成矿区土地塌陷、崩塌、泥石流等严重的地质灾害频繁发生。目前，全省矿区土地破坏已遍及大同、朔州、晋中、晋城、长治、临汾、阳泉、吕梁、太原等多个地市。

5. 煤炭开采导致了植被破坏、水土流失加剧、生物多样性锐减等一系列生态退化问题。大同煤田、霍西煤田地面植被的破坏和退化就是由于长期采煤所造成的。山西省水土流失原本十分严重，而煤炭开采对土地资源、地表植被和水系的破坏进一步加剧了水土流失。

当时的研究报告测算，山西煤炭开采历年的环境欠账达4000亿元。为了促进中国煤炭工业可持续发展，2005年，国务院同意在山西省开展煤炭工业可持续发展政策措施试点。2010 年 12 月，批准设立山西省国家资源型经济转型综合配套改革试验区。2012 年 8 月，批准山西综改区改革试验总体方案，山西省煤炭发展转型也大规模开启。几年来，山西省煤炭行业进行了大规模的资源整合、产能控制、煤炭转化、产业转型。

通过鼓励横向整合、企业兼并重组、淘汰落后及“上大压小”等措施，山西省煤矿矿井数量由 20 世纪 80 年代的上万座，降至 2008 年之前的 2600 座，2016 年底进一步减少到 1000 座以内，30 万吨以下矿井全部淘汰。2015 年决定全省产量不再增长，并进一步压缩过剩产能。2016 年，全省关闭 25 座煤矿，减少产能 2325 万吨；严格落实国家煤炭减量生产政策，全年煤炭产量 8.32 亿吨，比上年下降 15% 左右。

山西省曾经是一个经济结构比较平衡的省份，轻工、纺织、电子工业以及各种机械加工都曾经比较均衡发展。但从 20 世纪 80 年代以后，随着煤炭工业的两次大发展，煤炭产业和以煤炭为基础的电力、焦炭、煤化工、矿山机械、各种高能耗原材料等等占了山西经济的近 60%，形成高度依赖煤炭的资源依赖型经济，发展难以持续。改变高度依靠煤炭的经济结构，向更全面协调发展转型，一直是山西省不得不考虑的重大问题。

随着中国经济从高速发展转向中高速“新常态”，能源消费增速大幅降低，煤炭消费总量从 2013 年开始进入下降通道。建设生态文明是关系人民福祉、关系民族未来的长远大计，各地都在针对治理环境污染，特别是大气污染提出了十分具体的治理目标。加快能源结构调整，减少煤炭消费总量已经成为不可逆转的长期趋势。

现在山西省上上下下都在考虑如何推动经济结构的调整，提出了“山西省要争当中国能源革命的排头兵”的响亮口号。而中国能源革命的目标之一就是要改变以煤为主的能源结构，实现能源的绿色低碳发展。山西势必要告别煤炭依赖型经济增长，把经济发展的重点放到非煤领域中去。

地处山西北部的“煤都”大同，现在也在尽可能转变经济结构。过去大同优质动力煤成了中国动力煤质量标志产品，但经过近百年的不断开采，煤炭资源日渐枯竭。大同人充分利用当地丰富的光照资源以及采煤沉陷区的大量闲置土地，开创新的“阳光”能源途径。大同人规划，从2015年到2017年，用3年时间在大同市南郊区、新荣区和左云县的13个乡镇、总面积1687.8平方千米采煤沉陷区范围内，建设300万千瓦的光伏发电项目。又如在山西省太原市西山地区，在原采煤沉陷区内，建设集旅游、娱乐、休闲为一体的颇具地方文化特色的场所。再如作为中国最大煤层气开发利用基地的晋煤集团，将产业延伸到了煤层气产业链上游的装备制造业，通过自主研发和与国内外知名公司、高等院校合作等方式，已初步发展形成4大类、20余种产品的煤层气装备及配套材料，研制生产的水平定向千米钻机达到全球最先进水平。还如民营企业朔州润臻新技术开发有限公司，利用粉煤灰制造一种全球最先进的绿色循环建筑材料——碳金板材，让毫不起眼的粉煤灰就这样身价百倍地由每吨20元升值到了上千元。目前，这家民营企业每年可消化粉煤灰150万吨，以拥有核心技术知识产权的碳金板材生产的家居产品已达到四大系列、数十个品种，并远销加拿大、丹麦、俄罗斯等国。

山西的经济转型正在起步阶段，这个转变是一个长期的艰巨的过程。期待在中国发展绿色低碳能源的进程中，山西这样的煤炭生产基地能够更快地适应市场需求不断下降的局面，成功实现经济结构的调整，有一个更加协调、更加可持续的发展未来。

第三节　神华集团——中国煤炭企业的标杆

中国神华集团有限责任公司（简称神华集团公司）成立于 1995 年 10 月。当时中国的煤炭工业完全是单纯的煤炭生产企业，而煤炭生产、煤炭运输、煤炭加工转换（包括发电，煤化工）分别属于不同的生产部门主管，没有一个企业同时涉及这些上、下游生产环节。在中国向市场经济体制转变过程中，创建可以包括多个生产环节的现代能源企业，是当时成立神华公司的目的。因此，神华公司成立一开始就打破了煤炭、运输、电力和煤化工的行业界限，向以煤为基础，集电力、铁路、港口、航运、煤制油与煤化工为一体，产运销一条龙经营的综合能源企业方向发展。经过 20 多年的发展，神华公司成为目前中国规模最大、现代化程度最高的煤炭企业，既是世界上最大的煤炭供应商，也是中国大型发电企业、中国最大的煤化工企业，同时也是煤炭和综合运输企业。

神华以“建设世界一流煤矿”为目标，加强技术创新和管理创新，大力推进神华数字矿山建设，实现安全、高效、绿色、智能开采，成为中国煤炭行业的领军企业。2015 年，神华集团完成自产商品煤量 4.01 亿吨，煤炭销量 4.85 亿吨。

电力产业是神华“一体化”模式的重要组成部分。神华在煤矿坑口、港口、路口、电网输送要道、经济负荷中心和沿海经济强省区域，建设了一批高效率、高参数、大容量的火力发电项目。同时大力发展新能源产业，在河北、山东、江苏、内蒙古及东北等风资源丰富地区，形成了“五大区域、八大基地”的风电开发建设格局，成了规模适度、资产优良、竞争力强的跨地区、跨电网的全国性综合能源企业。到 2015 年，神华集团投运电厂总装机容量 7851 万千瓦，发电量 3171 亿千瓦时。

煤炭先进清洁转化技术一直是神华公司的技术研发重点。神华集团建成并运行了4个大型煤制油、煤化工示范工程：鄂尔多斯煤直接液化百万吨级示范工程、年产18万吨煤间接液化示范工程、年产聚乙烯/聚丙烯各30万吨的神华包头煤制烯烃示范工程和年产聚丙烯50万吨的神宁煤业集团煤基烯烃示范工程。目前，神华拥有具有自主知识产权的煤直接液化、间接液化、煤制烯烃等世界领先的核心技术和规模最大的工业化示范装置。2015年，生产各类油品化工品1047万吨。

20世纪七八十年代，中国就开始学习和研究先进的煤炭气化技术，也曾经引进过当时世界上各种先进的气化技术，包括德国、美国、南非等国的技术，付出了很多学费。但在使用中国的不同煤种进行大规模实际运行时，这些国外技术都碰到了很多困难。中国不得不重新开发自己的技术，包括现代煤炭液化技术。神华公司的煤直接液化示范工程经过多年的研发调试，终于实现了稳定高效运行，使中国成为世界上唯一掌握百万吨级煤直接液化核心技术的国家。神华鄂尔多斯煤直接液化能源利用率可达60%以上，是以煤生产液体产品中效率最高的一种。这种煤直接液化的方法不仅获得中国第十四届专利金奖，还获得包括美国、日本在内8个国家的专利授权。煤液化生产的高品质柴油、煤油，不但可以完全替代石油产品，而且由于其更纯净的结构和高稳定性，还可以适应许多需要特种高品质燃料的特殊用途。

在神华达到世界先进技术和生产效率水平的神东大柳塔煤矿，采煤一线都实现了机械化和信息化，创造了不少井工煤矿开采的世界纪录，包括井下最长的工作面、最高的采高、最大的采煤机、最大的运输机等等。年生产能力达到3000多万吨，每天可以生产10万吨。一个综合采煤机械化机组年采煤1000万吨以上。实现全员工效最高达到124吨/工以上，是其他国家井工采煤最高效率的2~3倍，资源回采率提高到85%以上。无止境的安全追求让神东煤矿多次达到生产亿吨煤炭零死亡事故，公司百万吨死亡率控制在 0.02 人以下，已达到世界井工采煤的最好水平。

神东煤矿创新绿色开采技术，实现了井下矸石不升井、污水不外排，同时开发了煤炭外运车厢封尘剂和洗选装车全封闭技术，共计封闭皮带栈桥 20000 多米，全面实现“产煤不见煤”的清洁生产。神东煤矿还创造了井下水库建设技术，利用采空区建设地下水库，大柳塔煤矿的地下水库储水量达到 700 多万立方米，解决了煤矿疏水污染和地下水浪费问题。神华在神东地区推广地下储水处理技术，总贮水量达到 3000 万立方米，满足了矿区生产和生活用水，还可以用来进行矿区绿化，改善植被条件。

神东煤田是毛乌素沙地和黄土高原交界处，也是黄河上中游沙化和水土流失最为严重的地区，过去十分荒凉。神东矿区开发面积 140 平方千米，生态治理面积达到了 210 平方千米。经过地下煤田大规模高强度的开采之后，神东矿区植被覆盖率不降反升，覆盖率由开发之初的不到 6%提高到现在 65%以上。

除了神东煤田的生态修复示范以外，神华集团其他企业也在环保和生态建设上进行了大量投资。例如神华包神铁路集团公司在 2000 多公里的规划及在建铁路里程中，在征地范围内进行大规模绿化，防风治沙。沿途站点均采用地源热泵系统采暖和制冷，员工较集中的地方修建污水处理厂和垃圾处理设施，让能源通道变成绿色走廊，每一条铁路都力争建成“生态铁路”。

神华重视节能环保和可持续发展，努力探索“高碳能源、低碳发展”的综合性解决方案，近 10 年来神华集团在环境治理工程的投入达到 140 亿元人民币。

神华是中国能源公司的一个成功发展的实例，其他的煤炭企业也在不断探索更好的煤炭开采技术和可持续发展方式。

第四节　井下煤炭无人开采，让梦想变为现实

2014 年 5 月，陕西煤业化工集团黄陵矿业有限公司一号煤矿 1001 工作面成功通过顺槽控制中心远程干预的方式，首次实现了无人化开采，创造了连续 3 个工作循环采场无人的纪录，使中国煤炭人长期的梦想——井下煤炭无人开采终于实现了。

煤矿的井下工作条件总体上比较艰苦。即使是机械化程度很高的矿井，穿上那一套井下安全生产服装和戴上必要的照明和安全防护装备，就已经行动不便了，何况井下的任何装备和工具，由于是和岩石和煤炭打交道，每一件都够分量。许多矿井下面巷道很长，下井后到达工作面有时要走几公里路，一般人到达工作面就已经一身汗了。在下面工作终日不见阳光，岩石压力产生的煤层和岩层的破裂声，会使人感到恐惧。就算防护条件再好，井下工作一天，工人们都会被煤尘染黑面孔和衣服。煤矿工人升井后工作服、靴子、脸和手都布满煤黑，只有洁白的牙齿格外醒目。何况还有难以绝对避免的地下瓦斯或水突出的突发事故威胁生命安全。人不下井就可以高效采煤是煤矿工人的梦想。

全自动无人采煤将这种梦想变为现实。只需要两名遥控系统的操作人员，通过地面指挥控制中心的控制系统操控按钮，启动井下综采工作面各个生产设备，就可以实现远程控制煤机采煤和综采支架的推架移溜作业，实现整个工作面的启、停控制和自动化割煤。工作面的胶带输送机、乳化泵、采煤机内外清水泵、破碎机、转载机、刮板运输机、采煤机及其自动记忆截割程序、液压支架自动跟机程序先后启动。随着采煤机前后滚筒旋转，大块的原煤从煤壁垮落，并随着螺旋叶片旋转，通过刮板运输机及其他运输设备源源不断地运往地面。随着采煤机的前进，在红外线监测指导下，液压支架自主完成降架、移

架、升架、推溜等动作。

黄陵矿业一号煤矿在水、火、瓦斯、煤尘、顶板“五害俱全”的情况下，实现综采工作面无人化开采，是一次采煤技术的历史性跨越，成为全国煤炭行业实施无人化开采技术的先行者。目前，中国已有神华、中煤、同煤、阳煤、淮南等10家煤炭企业部分综采工作面实现了对综采工作面的自动化控制和远程干预，采煤机工作面中部记忆割煤，支架工作面中部跟机拉架推溜，工作面视频监控。

第五节　为大地疗伤——推进采煤塌陷地综合治理

江苏省的徐州，因煤而兴，也因煤而“伤”。自20世纪50年代以来，徐州为华东沿海省市提供了数亿吨计的煤炭资源。然而长期的开采，也造成了徐州32万亩的塌陷地，给生态环境和人民生产生活造成极大的损害。面对“伤痕累累”的土地，近年来，徐州市大力推进采煤塌陷地复垦治理和生态修复工作，让曾经的煤矿“疮疤”变为有用之地。

由于矿区塌陷地的地面和地下情况不同，徐州人采取塌陷地治理与生态修复相结合，“宜农则农、宜林则林、宜水则水、宜建则建”，进行分类治理和土地改造，建立塌陷地生态修复示范区、高效农业集聚区，将过去不得不废弃的塌陷地转化为可利用的土地资源。近3年来，共实施完成复垦治理总面积4万亩，新增耕地2.5万亩，实施采煤塌陷地环境修复规模近5万亩，增加了当地农民的收入，使生态环境治理和发展经济得到双赢。

徐州市利用塌陷地建设起九里湖生态湿地公园，现在公园里面有开阔的水域，野鸭游弋，亭台廊榭依水为伴，五彩花木相映其间，景色美不胜收。几年前这里还是废弃的采煤塌陷地，大小水洼错落分布、高低不平，塌陷地治理让这片废弃地重新焕发了生机。

生态环境改善，老百姓是最大的受益者，也为徐州带来了新的投资机会。据不完全统计，仅九里湖所在的泉山经济开发区，目前已入驻企业 93 家，实现业务总收入 10 亿多元。

徐州的柳新镇是铜山区采煤塌陷地复垦重点乡镇之一，镇内有 5 座国家大型煤矿，共有采煤塌陷地面积近 3 万亩。2009—2011 年，铜山充分利用振兴徐州老工业基地政策，在柳新镇实施 4 期塌陷地复垦项目，复垦总面积达到 7245 亩，新增耕地 4430 亩，使原来的废弃地变成了可以长期利用的高产农田。塌陷地的治理，也大大改善了矿区群众的生活条件。在柳新镇卯庄村，上百栋新颖别致的庭院式别墅在阳光下整齐排列，宽阔平坦的水泥路直通家家户户，农民的生活质量大大提升。

第五章

中国的石油和天然气

石油天然气迄今为止仍然是世界上最重要的能源，占全球能源消费总量的近 60%。石油和天然气也是世界上最主要的能源贸易商品，目前原油和油品的年贸易量超过 30 亿吨，天然气的年贸易量达到 10000 亿立方米以上。中国现在是世界第二大石油消费国，而且已经成为最大的石油净进口国，也是世界上第三大天然气消费国和净进口国。但是和大多数发达国家比较起来，中国的石油和天然气消费在一次能源消费中的比例仍然很低。

如何解决中国的石油和天然气的有效供给，一直是中国能源发展中的难题之一。优先开发本国油气资源，力争国内产量占有重要比例，是中国油气发展的重要方针。中华人民共和国成立以来的近 70 年间，石油天然气产业也经历了从产量极低，到目前成为世界主要油气生产国之一的发展过程。中国的石油天然气企业在全球范围内开展油气勘探开发业务，也成为世界最大的油气公司之一。

第一节　自力更生发展起来的中国石油天然气工业

一、中国石油工业的发展

1. 中国的油田开发

中国是世界上最早发现和利用石油、天然气的国家之一。早在两千多年以前的汉代，就发现了石油，并将其记载于军事和医药的文献中。“石油”得名是在1000多年前的北宋时期，北宋著名的科学家、政治家沈括，在他的作品《梦溪笔谈》中记述了他在中国西北发现了一种可燃烧的黏稠液体，并命名为“石油”，称“此物后必大行于世”。

中国近代石油工业萌芽于19世纪中叶以后，1878年中国台湾组建了中国近代石油史上第一个钻井队，在苗栗钻了第一口油井，深约120米，日产油约750公斤。1907年中国大陆第一口油井诞生在陕北延长，“延一井”开启了中国陆上石油生产的历史。1939年3月，在甘肃玉门老君庙开始了石油的工业化生产，也开启了中国现代炼油工业的发展之路。

中国石油工业的初期发展极其缓慢。到1949年，仅发现4个小油田和7个小气田，累计探明石油地质储量不到0.3亿吨，探明天然气地质储量不到4亿立方米，年石油产量仅仅12万吨。在1904—1948年的45年中，中国的累计生产原油278.5万吨，而同期进口“洋油”2800万吨。当时的油气勘探主要依靠外国公司和外国技术人员。而在中国做了一些勘探努力的外国公司，包括美孚石油公司，都认为中国海相地层不发育，油气资源潜力小，当时估计全国石油资源量仅为2亿吨，中国是一个“贫油国”。当时中国石油工业十分弱小，技术人员极其稀少，1949 年中华人民共和国成立时，全国石油地质工作者仅有 20 多人，钻井工程师 10 余人。

一穷二白也要艰苦创业。中华人民共和国成立后，国家大力支持石油工业发展，首先恢复重建玉门油矿。到 1952 年底，玉门油田原油产量达 14.26 万吨，成为中国最大的油田，全国原油产量也从 1949 年的 12 万吨增加到 43.5 万吨。1953 年，玉门油矿被列入国家“一五”计划。此后，大批的技术专家、工人、学生从四面八方向玉门汇集。1957 年，玉门油田的原油年产量达 75.54 万吨，占全国石油总产量的 87.8%。当年 12 月，中国第一个石油工业基地在玉门建成。到 1959 年，玉门油矿已建成一个包括地质、钻井、开发、炼油、机械、科研、教育等在内的初具规模的石油天然气工业基地。当年生产原油 140.5 万吨，占全国原油产量的 50.9%。玉门油田在开发建设中取得的丰富经验，为当时和以后全国石油工业的发展，提供了重要经验。玉门油矿立足发展自己，放眼全国，哪里有石油就到哪里去战斗，形成了著名的“玉门风格”，为发展中国石油工业立下了不可磨灭的功绩。有诗盛赞：“苏联有巴库，中国有玉门。凡有石油处，就有玉门人。”

在中国 1953 年开始的“一五”计划期间，中国在苏联的帮助下，着重在西北地区展开石油资源的普查与勘探。1955 年在新疆准噶尔盆地发现了储量上亿吨的克拉玛依油田，是中国石油资源勘探的重大突破。1958 年，在青海、四川等地也找到了石油和天然气产区。1953—1959 年共发现 31 个油田、12 个气田，初步形成玉门、新疆、青海、四川 4 个石油天然气主要生产地。1959 年，全国原油产量达到 373.3 万吨。四川天然气产量也达到了 2.5 亿立方米。但当时帮助中国开展油气勘探和开发的苏联专家，也认为中国地质条件复杂，传统海相沉积成油的主流理论认为中国没有更多的石油地质资源，中国贫油几乎成为当时国际石油界的统一看法。

以前中国的石油产品几乎完全依靠进口。20世纪50年代，中国的炼油工业也开始发展起来，先后扩建、新建了8个年加工能力为10万吨～100万吨的炼油厂。1959年生产汽、煤、柴、润四大类油品234.9万吨，使石油产品自给率达到40%。但是进口石油仍然占主要地位，而且在当时的国际环境下，中国石油也只能主要依靠从苏联进口。

20世纪60年代初，苏联全面停止对中国的各种援助，也包括对中国停止供应石油产品。一时间中国出现了严重的油品短缺。包括北京在内的许多城市，连公共汽车用的汽、柴油都不能得到供应。北京的许多公共汽车都只好改用煤制气，在车顶上加上一个巨大的煤气袋。为解决中国的石油短缺，急需加快国内油气勘探和开发。

中国地质和石油工作者一直不接受“中国贫油”的结论，不断探索新的成油条件理论。特别是针对中国大陆以陆相沉积地质结构为主的情况，以李四光为代表的中国地质科学家和石油勘探技术人员，提出了陆相沉积的成油理论，大胆应用到石油勘探工作中去。1959年9月，在中国东北松嫩平原大同镇附近，在称为“松基三井”的勘探井发现了高压油流，并进一步确认了这个地区是一个极有开发潜力的大油田。当时这个中国最大的油田还是一片没什么人烟的荒凉地，冬天冰雪覆盖，气温可以降到零下30多摄氏度，夏天到处是水泡子、沼泽地，蚊子、小咬叮得人浑身是包。没有道路，没有房屋，没有生活供应设施。但是中国人不怕条件艰苦，1960年初，数万石油大军从中国四面八方推进东北松嫩平原，开始建设后来被称为“大庆”的大油田。除了一批老专家外，也有更多的年轻技术人员和刚毕业的大学生一起进驻大庆。没有道路自己修，没有房子住，就先搭一个地窝棚或在临时帐篷里住。冬天到了，为了解决天寒地冻环境下的保暖问题，大庆人发明了干打垒的建房土方法，人工把黏土夯实做成厚厚的墙，建成半地下的干打垒房子，坚持工作。工作中，建造者们也克服了许多困难，在机械设备十分短缺的条件下，几乎完全依靠人拉肩扛的办法把油田的基础设施建设起来。钻井设备也很不够，但各个钻井队都充分发挥了人的主观能动性，尽可能高效利用设备，创造了中国石油勘探史上多个钻探进度速度新纪录。中国在技术条件十分有限、自然条件又十分艰苦的情况下，依靠国家集中力量办大事的制度优势，依靠广大技术人员和工人，仅用了3年多的时间，就建成了年产600万吨生产能力的大油田。这是当时中国最大的油田，一个就相当于原来所有油田总产量的两倍。1963年，全国原油产量达到648万吨。同年12月，周恩来总理在第二次全国人民代表大会第四次会议上庄严宣布："我们需要的石油，过去大部分依靠进口，现在基本可以自给了。"中国人民使用"洋油"的时代即将一去不复返了。

在大庆油田的建设过程中，涌现出了"铁人"王进喜等一批英雄人物和一批英雄的工人群体队伍。中国工人和技术人员在大庆创造的在经济建设中艰苦奋斗、不怕困难，同时讲求科学，严格管理等许多精神和事迹，形成了著名的"大庆精神"。后来毛泽东主席提出了"工业学大庆"的口号。"大庆精神"迄今仍然是中国工人阶级优秀品质的重要组成部分。

大庆著名的"三老四严"作风，是大庆工人在建设大庆油田中形成的工作作风。在会战中，大庆采油一厂中四队曾有一名学徒工由于操作失误，挤扁了刮蜡片而隐瞒不报。队长辛玉和知道了这件事后，组织全队在这口井前召开事故分析现场会，进行深入的讨论。总结提出：对待革命事业，要当老实人，说老实话，办老实事；对待工作，要有严格的要求，严密的组织，严肃的态度，严明的纪律。形成了"三老四严"的作风要求，并且在以后的工作中认真遵守这个作风要求。这其中涌现了很多虽然细小但十分感人的实例。例如1962年底，党支部发动全队职工对所管的油水井、站进行了详细认真的检查。

技术员傅孝余逐井逐站认真细致地检查验收。在除夕晚上，原本应该是中国人举家团聚的时候，他检查到最后一口油井时，发现套管法兰缺一个螺丝，这时已是晚上 9 点钟了，早就过了下班的时间。但为了补上这个螺丝，他从一个井排找到另一个井排，从材料库找到维修队，终于找到适用的螺丝，然后回到井上把它配好。

另一个例子是老工人李广志，在西七排 3 井检查闸门池的设备时，发现回压闸门下面有颗亮晶晶的油珠。他反复检查了各个闸门，并无渗漏，也不像是外面沾上的。晚上，他把情况向井长做了汇报。第二天，井长和他一道来到井场，顺着油痕的地方，一段一段挖出管线，接着又擦干净，逐段检查。经过 4 天紧张奋战，终于查出了油珠的来源，原来是干线穿孔渗漏出来的，一个重大的事故隐患及时得到排除。

有一次，队里工人小尹家来了客人，吃饭时喝了点酒。小尹去接班时，被另一个年轻的工人小李闻出了酒味。小李不准他接班，叫他在井场上铲草，等酒味没有了再来接班。小尹只好拿着锄头铲了两个小时的草，才进入工作。从小事出发严格要求，在全队逐渐形成了严细的作风。

大庆油田的原油石蜡含量高，生产井筒要经常清除管壁内凝结的石蜡，工人们对每盘长达 1500 米的清蜡钢丝都要一寸一寸地认真检查，确认合格后才准使用。在交接班时，发现刮蜡片直径差 0.2 毫米，生产报表涂改一个字，灭火器上有一点灰尘，开关闸门差半圈或工具摆得稍微不整齐，都要交班人一一改正，才能接班。由于大家严格执行制度要求，坚持严细作风，扎扎实实地干工作，确保了油井的安全生产。这个队建队 3 年共录取 3 万多个数据，无一差错，在用设备台台完好，井井站站达到一类，连续多年被评为油田“标杆单位”。

1964 年 2 月共产党大庆工委作出了《关于开展向采油三矿四队学习的决定》。全油田迅速掀起了“学三矿四队、赶三矿四队、超三矿四队”

的活动。同年 5 月，石油部授予这个队为“高度觉悟，严细成风”的石油部标杆单位，石油部领导还为全队职工每人胸前戴上大红花。

大庆“铁人”王进喜是当时中国石油工人的一个英雄人物，成为体现大庆精神的工人代表人物。

王进喜 1923 年出生于甘肃省一个贫苦的农民家庭。1938 年王进喜进入旧玉门油矿做工，1950 年春通过考试成为中国第一代钻井工人，后来担任了钻井队长，曾创出了月进尺 5009.3 米的全国钻井最高纪录。大庆油田开发时，他从甘肃玉门带领 1205 钻井队来到大庆，发出了“宁肯少活 20 年，拼命也要拿下大油田”的豪迈誓言。成为大庆著名的高效钻井队。1960 年 4 月 29 日，由于地层压力增大，1205 钻井队钻井时发生了井喷，当时的控制井喷的措施就是用重晶石加大钻井泥浆的比重，以压制地下的压力。为了尽快把用于控制井喷的重晶石泥浆搅拌均匀，在当时没有合适工具的情况下，王进喜不顾自己当时腿上有伤，扔掉拐杖，冒着严冬，带头跳进泥浆池，用身体搅拌泥浆，最终控制了井喷。王进喜的“铁人”精神激励着一代又一代的中国人民，越是艰苦越要向前，建设自己的伟大祖国。

大庆油田在很长时间内都是中国最大的油田，在 1976 年石油年产量首次超过了 5000 万吨，而且一直到 2002 年保持了 27 年 5000 万吨以上的年产量。直到现在，大庆油田仍然保持了 3000 多万吨的年产量累计产出石油 20 亿吨。随着油田进入开采后期，可采储量下降，采油难度也不断上升，大庆人探索了许多新的采油技术，使大庆成为石油资源采出率最高的油田。也为中国培养和锻炼出来一支技术先进，作风过硬，可以攻关克难的石油技术和工程队伍。为后来中国石油在其他油田开发，甚至到世界各地发展打下了基础。

在大庆油田成功开发以后，中国在渤海湾盆地相继发现并开发了大港、胜利、辽河等油田。在1966—1978年的13年间，中国原油年产量以每年递增18.6%的速度增长，1978年产量突破1亿吨，跻身于世界产油大国行列。1973年，中国开始对日本等国出口原油，一直到1993年中国都是石油和油品的净出口国。

中国石油在2010年时产量超过了2亿吨，最多时接近年产2.15亿吨，现在仍然在2亿吨左右。

2. 中国石油天然气工业的体制改革

中国的石油天然气工业在改革开放过程中也经历了许多体制方面的改革。在20世纪80年代以前的计划经济时期，中国有石油工业部，直接管理所有的石油企业。经过几次重组改革，现在中国形成了三个国家级大石油天然气企业集团，即中国石油天然气集团有限公司、中国石油化工集团有限公司和中国海洋石油集团有限公司。

中国石油天然气集团有限公司，原来主营油气勘探开发生产，后来发展成上下游一体化，包括长途管输、炼化等综合业务的大公司。现在已经成为世界最大的石油公司之一，在全球最大的50家石油公司排名中，综合排名第三；在2016年度的《财富》杂志世界500强公司里，排名第四。公司2016年销售额为18719亿元人民币，公司原油总产量为16297万吨，其中在国外的权益油产量为5752万吨。天然气产量为1213亿立方米，其中国外权益天然气产量为232亿立方米。公司炼厂全年加工原油19166万吨，其中在国外所属企业加工达到4457万吨。

中国石油化工集团公司，原来只有下游炼化产业，在中国改革重组石油石化工业时，也划入了一部分油气田，成为上下游都有的综合石油天然气大公司，但炼油炼化仍然占主要比例。现在中石化是中国最大的成品油和石化产品供应商、第二大油气生产商，是世界第一大炼油公司、第二大化工公司，加油站总数位居世界第二，在2016年度的《财富》杂志世界500强企业中排名第3位。2016年当年销售收入达到19692亿元，国内石油产量3565万吨，天然气产量215亿立方米，国外权益油产量3448万吨，权益天然气产量103亿立方米。中石化全年加工原油达到23732万吨，成品油销售量达到1.95亿吨，化工产品产量近7000万吨。

中国海洋石油集团公司，是中国为了发展海上石油产业在1982年组建起来的。当时中国没有深海采油的技术和装备，主要采取邀请国际大石油公司到中国的海域进行合作。经过三十几年的发展，中海油也成为世界上大石油公司之一，具备了独立深海油气勘探和开发生产的先进能力。在液化天然气设施建设方面取得了长足的发展，现在也成为上下游都有业务的综合油气大企业。在2016年度的《财富》杂志世界500强中排名115位，在“世界最大50家石油公司”排名第30位。2016年，中海油营业额达到4377亿元，总资产达到11578亿元，生产原油7697万吨（其中国内4555万吨），天然气245亿立方米（其中国内129亿立方米），加工原油3231万吨，生产成品油738万吨，进口液化天然气（LNG）1652万吨，天然气发电215亿千瓦时。

除了这三家国有油气大企业以外，近些年依托中国新开发的陕北地区大型油气田成长起来的地方国营的陕西延长石油集团有限公司，也跻身于2016年度《财富》杂志世界500强的第326位，年产油气当量达到1127万吨，加工原油1331万吨，生产化工产品459万吨。2016年营业额达到328亿美元。

中国还涌现了许多大大小小的石油天然气进口、炼化企业。形成的石油加工能力已经占石油加工总能力的25%以上。

中国现在的原油炼制产能已经达到了8.5亿吨，覆盖了从各种成品油到各种石化产品，已经成为世界上炼油和石化能力最强的国家之一。

二、闻名世界的油气工程

在中国的石油天然气产业发展的进程中，创造了许多工程奇迹，在自然条件极其恶劣的戈壁滩建成大型油气生产基地，高速建成世界最长的油气长输管线，建造世界最大的深海油气勘探生产大型平台从而进入深海油气勘探开采的高端。一个个油气基地闪烁着中国石油企业的智慧和巨大的创新能力。

1.“死亡之海”变成“希望之海”——建设塔里木油田

新疆的塔克拉玛干沙漠，素有“死亡之海”之称。这里自然环境恶劣，被公认为是世界上油气勘探开发难度最大的地区之一。这里，夏季气温超过 40 摄氏度，地表温度超过 70 摄氏度；而冬季又寒冷难耐，一年中沙尘天气在 200 天左右。

如今，“死亡之海”已成为中国石油工业的“希望之海”。在塔里木，相继探明发现了中国第一个沙漠油田——塔中油田，最大的优质整装气田——克拉 2 气田，最大的凝析气田——迪那 2 气田，陆上最深的气田——克深气田。原油年产量突破 500 万吨，天然气年产量超过 200 亿立方米，预计到 2020 年前后，产量将达到 400 亿立方米。

“只有荒凉的沙漠，没有荒凉的人生”，成为这里石油人的人生写照。

开发沙漠油田，首先要解决矿区修路的难题。为开发塔克拉玛干沙漠腹地中的油田而兴建的塔克拉玛干沙漠公路成为世界上最长的贯穿流动沙漠的等级公路，公路全长 552 千米，其中沙漠段 446 千米。为了防止流沙吞没公路，中国科学家和石油建设人员创造了大规模利用新疆芦苇碾压做成草方格固沙的经济高效方法，有效防止了沙漠对公路的侵蚀。塔里木沙漠公路使“死亡之海”变通途，不但保证了油田建设和生产的运输，还带动了当地旅游业的发展。

塔里木油田也支持了南疆的天然气利民工程，使南疆五地州 400

万居民用上清洁的天然气。油田的开发带动了当地经济发展，南疆的铁路也开始建设，大规模建设生态防护林，开发新的水源，使这个原来边远落后的地区跟上了中国全面建设小康社会的步伐。

2. 建设先进的智慧油田

在华北油田宽敞明亮的中控室内，油田所有抽油机的运行状态都可以显示在控制屏幕上。油井的操作从过去人工风雨无阻的现场巡回，变成轻点鼠标的设备启停自如。油井的压力、电流、载荷、示功图等等各种数据自动传输到中控室。油田操作人员通过面前的多台电脑，就可以遥控数以千计的抽油机、注水泵、热水泵、加热炉。油田工人变成了数据的操控手，野外油井转移到了屏幕上，原来上百种手工操作变成了键盘和鼠标的轻点。这就是中国华北油田建设的“智慧油田”。

大数据分析预警和提供解决方案是智慧油田的“智慧”所在。华北油田多个作业区已实现生产参数实时录取，可以对油井生产动态进行趋势预判并采取措施。智慧油田是数字油田的高级阶段。信息化不仅是替代人工完成巡井、抄表等重复性工作，还要让数据说话，让数据指挥生产，深挖数据价值，推动企业实现质量效益发展。在华北油田数据中心，每天有 380 多万条数据汇集于此，形成一个庞大的数据库，也是华北油田的智慧“宝库”。为盘活这笔庞大的无形资产，深度挖掘大数据的潜在价值，华北油田在数字化油田建设基础上提出智慧油田理念，搭建了高速智能承载网、云计算中心、大数据资源、专业软件一体化平台，形成智慧地质、智慧工程、智慧管理、智慧矿区、智慧员工建设基本框架。

3. 向深海油气进军，开发“陵水 17-2 气田”

中国曾经有过开发海上油气的长期的努力。早在 1957 年，中国在南中国海的莺歌海用很原始的设备试验钻了两口 20 多米深的井，产出

150 公斤原油。1966 年中国利用简陋设备在渤海开钻“海一井”，打出了中国海上第一口工业油流井。但渤海水深最深的地方只有五六十米，算不上真正的海上油气开发。1978 年以后中国开始邀请国际石油大公司到中国的领海和专属经济区勘探油气。在多次国际合作项目中，中国海洋石油集团公司认真学习并逐步掌握了海上油气田勘探开发工程技术。1996 年中国海上原油产量突破 1000 万吨，崖 13–1 气田开始向香港供气；到 2010 年，中国海上油气当量已经突破了 5000 万吨，海上石油成为中国油气的重要产地。

在多年的海上油气勘探开发过程中，中国曾经苦于没有自己的深水作业设施。建造自己的先进的深水油气装备一直是中海油人的执着愿望。

海洋石油 981 深水半潜式钻井平台，简称“海洋石油 981”，于 2008 年 4 月开工建造，是中国首座自主设计、建造的第六代深水半潜式钻井平台，最大作业水深 3000 米、最大钻井深度 10000 米。该平台的建成，大大提升了中国深水油气资源开发能力和大型海洋装备建造水平，标志着中国在海洋工程装备领域已经具备了自主研发能力和国际竞争能力。使中国成为和美国、挪威一样的第三个具备超深水半潜式钻井平台设计、建造、调试、使用一体化综合能力的国家。

2012 年 5 月，“海洋石油 981”在南海海域正式开钻，是中国石油公司首次独立进行深水油气的勘探。2014 年 8 月 30 日，“海洋石油 981”在南海北部深水区陵水 17–2–1 井测试获得高产油气流，是中国海域自营深水勘探的第一个重大油气发现。

2015 年 2 月，中国首个深水自营气田——陵水 17–2 气田天然气探明储量超千亿立方米。陵水 17–2 气田平均作业水深 1500 米，为超深水气田，是中国海域自营深水勘探的第一个重大油气发现。它的发现开启中国海洋石油勘探开发的“超深水”时代。

中海油曾与多个国外的油气公司在南海深水区进行合作勘探，由外方担任作业者，但外方在多次钻井失利后退出，认为这里即使有油气资源，也是埋藏深、储层发育不好、又有高温高压等诸多不利条件。后来中海油继续自行进行勘探开发，终于取得了陵水 17–2 气田勘探开发的成功。

在建成“海洋石油 981”大型深海工作平台以后，中国又连续建造了一大批大型先进深海工作平台。成为世界上可以制造大型先进深水油气勘探生产平台的少数国家之一。2017 年建造的完全由中国制造企业自行设计自行制造的半潜式钻井平台“蓝鲸 1 号”，作业水深和钻井深度上都冲破了世界纪录，是目前全球最先进半潜式钻井平台。平台长 117 米，宽 92.7 米，高 118 米，最大作业水深 3658 米，最大钻井深度 15240 米，是目前全球作业水深、钻井深度最深的半潜式钻井平台，适用于全球深海作业。

与传统单钻塔平台相比，“蓝鲸 1 号”配置了高效的液压双钻塔和全球领先的西门子闭环动力系统，可提升 30% 作业效率，节省 10% 的燃料消耗。“蓝鲸 1 号”拥有 27354 台设备，40000 多根管路，50000 多个 MCC 报验点，电缆拉放长度 120 万米。

中国钻井平台建造技术在不到 10 年的时间里，从一无所有发展到世界领先。

4. 在复杂地质条件下攻克页岩气开发

全球页岩气资源丰富，是常规天然气资源量的数倍，已有 30 多个国家陆续开展了页岩气资源评价和勘探开发工作。但只有北美地区成功实现了大规模商业开发，被前美国总统奥巴马称之为“页岩气革命”。大多数国家仍处于资源前期评价和基础研究阶段。

中国自 2012 年开始进行页岩气勘探开发，成功研发了适应复杂地质和地表条件的海相页岩气勘探开发技术体系。中国南方海相页岩地层形成时代老、成熟度高、构造活动强烈，页岩储层普遍致密，储层物性非均质性强，地表条件极为复杂，比美国页岩气勘探开发难度大。北美应用成功的一些技术和分析方法无法原样应用于中国。中石化的技术人员和石油员工，重新构造了自己的地质分析模型和计算软件，也开发了一整套相关的技术装备，形成了具有自主知识产权的页岩气开发配套技术体系。

现在，中国建成了两个国家级页岩气示范区，年产能超过 100 亿立方米，已成为世界上第三个页岩气商业开发国家，正在加快规模发展。中国首个大型页岩气田——涪陵页岩气田 2017 年产量达到 60 亿立方米，正在向年产百万立方米前进。

塔里木油田、华北油田、陵水气田、涪陵页岩气田……这是中国油气勘探开发的一个个缩影。在中国石油人的艰辛努力下，中国油气产量持续增长，油气生产基本形成东部稳定、西部接替、海上发展格局。目前，中国已形成松辽、渤海湾两大石油生产区；鄂尔多斯、新疆两大油气生产区；四川和南海北部两大天然气生产区。包括长庆油田、新疆油田和塔里木油田在内的西部地区油气产量已经超过全国产量的 1/3。尤其是长庆油田的油气当量产量已经连续 4 年超过 5000 万吨，成为中国最大的油田。

中国原油产量现居世界第 5 位。随着西部四川、鄂尔多斯、塔里木等几大盆地天然气的大规模开发，中国天然气产量呈现快速上升的良好势头，由 2000 年 272 亿立方米快速增长到 2016 年 1368 亿立方米，成为世界第六大天然气生产国。

5. 西气东输——高速建成的天然气大通道

西气东输工程是中国天然气发展战略的重要组成部分，它以中国西北边陲新疆为起点，以位于中国以西的塔吉克斯坦等中亚国家的天然气为源头，连接中国西部的塔里木盆地、鄂尔多斯盆地等主气源，以长江三角洲地区和华南沿海地区为目标消费市场，形成横贯中国西东的天然气供气系统。西气东输工程最初特指2004年12月投产的西气东输一线工程，后期则指代包括一线、二线、三线等西气东输系列干线和支干线组成的管网，从西部边境到东南沿海距离有近7400公里。工程管线总长度超过2万千米，年输气能力770亿立方米，把西部的天然气输送到沿线13个省、自治区、直辖市甚至远到东南的广东省和香港特别行政区，为160多座城市的能源清洁化提供了天然气供应。

西气东输工程是中国管道建设史上距离最长、管径最大、管壁最厚、输送压力最高、技术最先进、施工条件最复杂的天然气管道工程，建设规模和技术指标世界罕见，地形地貌的复杂程度堪称世界之最，施工难点属于世界级难题。它也是世界上一次性建成的最长天然气管线工程。大型天然气管线多次穿越高山，穿越黄河、长江等大河，穿越其他大小河流700多次。中国依靠自己的力量，取得了天然气长输管道诸多关键设备的国产化，提高了天然气业务发展的技术自主能力。

西气东输天然气管线工程的建设速度是惊人的。第一期工程从新疆到上海全长4000公里，仅用了一年半不到就开始输气，全部工程竣工仅用了不到25个月。随着天然气输送量的增加，后来建设的二线工程长4600多公里，三线工程长7300多公里，都分别只用了两年左右就全线建成顺利通气。

管线经过13个不同的省区市，数以千计的城镇村庄，沿途要动用大量的农田，不但施工要占用，而且以后也不能在管线上方修建其他建筑，农作物的土地利用也要有一定的限制。还要跨越许多公路铁路，牵涉到数千万人的财产权益问题。在西气东输一期工程启动时，参与的国外公司从他们在多数国家进行类似工程的经验出发，准备建立专门的公共关系机构，要沿途一个一个村庄去做利益相关方的协商工作，以取得当地人的同意。他们估计只是这一项工作就可能要用两三年的时间，而且觉得这是个棘手的问题。但是中国人有自己的工作方法和制度优势，西气东输工程是国家重大能源工程，从中央政府到地方政府都行动起来解决协调问题。在各级政府的帮助下，工程取得了沿线各方面的大力支持，负责工程建设的中国石油天然气股份有限公司派出了很多代表，一段管线有一个专职人员和沿途的各方面协商合理的补偿条件，随时处理建设中出现的问题，用了很短的时间就解决了沿途占地用地和相关影响如何处理的问题。整个工程的建设时间比国外公司设想的协商过路条件要用的时间还短。这就是中国举国体制和社会有效合作治理的制度优势。

西气东输工程是中国油气管道高速建设的代表性工程。其他方面的管线建设也加快了步伐。截至 2016 年底，全国已建成的陆上油气管道里程达 12.2 万公里，其中原油管道 2.9 万公里，成品油管道 2.5 万公里，天然气长输管道 6.8 万公里，已基本形成西油东送、北油南运、西气东输、北气南下、海上登陆、就近供应的油气管道供应格局，正步入油气管道网络化时代。尤其是天然气管网、LNG 接收站等基础设施建设快速推进，为中国天然气市场发展提供了基础。天然气骨干管网基本联通全国，干线管网总输气能力每年超过 2000 亿立方米。同时，在环渤海、长三角、珠三角和川渝地区等形成了较成熟地区环网。LNG 接收能力快速增长，目前全国投产 LNG 接收站 11 座，转运站 1 座，截至 2016 年底总接卸周转能力达到 4680 万吨。十几个 LNG 接收站在建。从分布来看，中国 LNG 接收站基本覆盖了沿海地区，为沿海地区经济可持续发展提供了更多的清洁能源资源保障。

第二节　从依靠技术引进到和世界先进技术比肩发展

20世纪六七十年代，中国的炼油和石化行业还远远落后于工业化国家，停留在很初级的阶段。几乎所有的先进炼油和石化装备、技术都需要从国外引进。经历了几十年的引进、消化、再创新的过程，中国的炼油和石化行业已经走上了规模和自有技术水平都可以和国际先进水平一较高下的台阶。依靠自主技术创新，中国已经形成世界先进的石油化工主体技术。中国拥有现代化炼油厂全流程技术，具备利用自主技术建设单系列千万吨级炼油厂的能力，能够依靠自有技术设计建设百万吨级乙烯工程，百万吨级芳烃成套技术达到世界领先水平。2016年3月，泰国第二套采用中国石化催化裂解（DCC）技术建设的装置顺利投产，中国的炼油技术已经走向国际市场，成为新的"国家名片"。

哈尔滨石化公司是一个坐落在城市中的炼厂。走进哈尔滨石化公司，这个城市炼厂的生机与活力迎面扑来，厂区内绿树成荫，塔罐鳞次栉比。在哈石化厂区上空，成群的白鸽飞翔，与哈石化的炼油塔、油罐，构成一幅美丽画卷。哈石化的炼油设备实现了高度的数字控制，在中央控制室的电子大屏幕上，整个厂区及主要装置的现场实景一览无余。在哈石化生产装置区内，每一个关键点都设有在线监测仪器。在线监测平台上，清晰地看到地图式的哈石化数据采集与传输系统，各种指标监测数据清晰呈现在眼前，工艺过程实现高度自动控制。

浙江宁波化学工业区拥有中国最大的炼油生产企业——镇海炼化，也有中国最大的液体化工码头——镇海液体化工码头。在56平方千米的土地上，井字型道路，整齐划一的河流，高高耸立的管架长廊，数个巨型"方阵"内厂房整齐有序，银色的塔、罐、釜矗立其中，彩色管线串联其间。在距离不远的大都市上海，上海化工园区中英国石油公司、巴斯夫、拜耳、亨斯迈、三井化学等大牌跨国公司和中国石化、上海石化、华谊集团等国内大型骨干企业紧密联通，构建了中外化工巨擘既互动竞争又携手合作的良性发展格局。

中国已形成了长江三角洲、珠江三角洲、环渤海地区三大石化集聚产业区，中国的炼油和乙烯生产能力分别超过 7.5 亿吨和 2300 万吨，已跃升为全球第二炼油大国和第一化工大国。2016 年原油加工量为 5.41 亿吨，成品油产量 3.45 亿吨；乙烯超过 1700 万吨，合成纤维超过 4500 万吨，合成树脂超过 7000 万吨，合成橡胶超过 300 万吨，均列世界前茅。中国正在加快油品质量升级，2016 年东部地区 11 省市已全面供应国Ⅴ标准车用汽、柴油，并进一步推广至全国。此外，国Ⅵ车用汽、柴油两项国家强制性标准已发布，相关指标达到或超过欧盟标准，油品质量得到快速提高。中国用了不到 10 年的时间里走过了欧美国家 20～30 年走过的油品质量升级道路。

第三节　中国石油企业走向世界

美国剑桥能源主席丹尼尔·耶金写道：“中国在全球石油及天然气工业领域扮演着日益重要的角色。这一新角色被称为‘走出去’战略。”

近 10 年来，中国石油企业海外油气业务不断加速发展，作业产量年均增长率超过 10%，远远超过同期国际大石油公司和同等规模石油公司 2% 和 5% 的增长水平。中国能源企业在世界各地开拓业务，一方面增加了全球能源供应，使中国这个油气进口大国为世界油气市场平衡做出了应有的贡献。另一方面也锻炼了中国的油气公司，使它们学会如何在不同的市场上发挥自己的长处，把中国企业的经营效率、技术优势、与世界各国一起合作共赢的理念带到其他国家。

中国的石油人特别能“战斗”，特别能克服困难。

在秘鲁，中国石油企业“妙手回春”，让100多岁的塔拉拉油田最高产量增长了10多倍，成为当时秘鲁国内最大的新闻。

在哈萨克斯坦，中国石油企业接手肯基亚克油田后，采用自主创新技术，3年即建成200多万吨的产能，让哈国石油界为之轰动：“中国人救活了我们的油田！”

在苏丹，中国石油企业仅用短短两年时间，就建成了具备年产量1000万吨的原油生产能力、1506公里的长输管道和年加工量250万吨的炼厂项目，让苏丹人民通过石油出口，获得巨额石油收益。使原来没有石油生产、因石油进口花掉大部分外汇的苏丹，成为石油输出国。在勘探和建设跨越苏丹的长输管线时，由于沿途的条件过于艰苦，许多地方荒无人烟，难以逾越，组成勘探和建设队伍的三家石油公司中，有两家先后退出了，后来连当地的员工也失去了信心。就是中国的石油员工，一直坚持下来，靠着GPS的指路，把管线的路线勘探完成，并且用了最快的速度建成。这就是中国石油天然气公司将“大庆”精神延续的最好例证。

在尼日尔，不到3年时间，中国石油企业投资的阿加德姆一体化项目建成投产，在撒哈拉沙漠腹地建成年产百万吨原油生产基地、数百公里的输油管线和一座现代化炼油厂，让尼日尔由石油进口国摇身变为出口国。

在中亚，中国石油企业与中亚国家企业合作共建的中亚天然气管道项目，不仅引进天然气促进中国能源结构转型，而且以管道为杠杆，撬动了中亚地区经济发展。

坚持互利共赢、成为东道国政府和企业可信赖的合作伙伴，是中国石油企业开展国际合作努力实现的目标。中国石油企业秉承“做全球优秀企业公民”的社会责任理念，支持当地社会公益事业，促进了社会发展、环境保护和社区和谐，提升企业的品牌形象和声誉；秉承“互利共赢、合作发展”的理念，服务资源国经济发展，协助建立当地石油工业体系的同时，着重培养当地员工，积极投身教育、医疗、基础设施建设等公益事业，造福当地民众。据统计，“走出去”20年，中国石油累计为资源国百姓创造了10万多个就业岗位，海外业务公益事业投入总额近3亿美元，200多万人直接受益。

土库曼斯坦列巴普州州府纳巴特市有一个巨大的足球训练场，这便是中国石油赞助的巴哥德雷足球俱乐部的训练场地。中国石油阿姆河天然气公司还为这个俱乐部赞助了训练器材和服装。主教练米哈伊洛维奇说：“非常感谢中国朋友，俱乐部命名为‘巴哥德雷’，不仅是因为你们的合同区叫这个名字，更因为巴哥德雷翻译成汉语是‘幸福之地’的意思。”中国石油哈萨克斯坦公司设立的克孜勒奥尔达州奖学金项目，每年选派10～15名应届高中毕业生到中国、哈萨克斯坦和其他国家的知名大学完成学业。此外，中国石油还投入培训力量，仅在土库曼斯坦，就为土方培训员工超过73000人次。

2009年6月，中国石油和BP公司联合中标伊拉克鲁迈拉油田项目，成为战后伊拉克首轮公开招标中唯一中标的项目，震动全球石油界；2010年1月，中国石油又联合法国道达尔公司、马来西亚石油公司联合中标伊拉克哈法亚油田项目；2013年12月，中国石油、中国海油与壳牌、道达尔、巴西石油公司联合中标巴西深海里贝拉油田项目……以中国石油为代表的国家石油公司加速国际化，走向国际市场，中国石油企业的海外投资和技术合作工程已经形成巨大的新增油气产能，其中按合同分配给中国投资回报的“份额油”就已经有接近2亿吨的年产量。由此建立起的中国石油公司与国际石油公司新型竞合关系，给世界石油供应能力带来了必要的新鲜血液，进一步保障了全球的油气供应，也使所有的石油进口国包括中国的能源安全水平得到提高，油气产出国得到了更多的收益。在世界油气领域的中国因素，是中国“构建人类命运共同体”理念的具体体现，也推动了全球能源治理机制的改革。

第六章

高速腾飞的中国电力

在世界工业化、现代化发展进程中，电力发展程度一直是能源发展水平的核心标志。特别是对于终端能源用途而言，电气化意味着高效、清洁、方便。工业动力驱动系统从早期的蒸汽机和机械驱动，早就过渡到了电力驱动。铁路机车从蒸汽机车发展到内燃机车，现在也在朝全面电气化过渡。电动汽车历史悠久，但汽车的电动化现在才真正进入实质性的发展阶段。现代自动化和信息化的全面发展，更是建立在各方面高度电气化的基础之上。一个国家的电力工业是否发达，电力基础设施是否先进和完善，人均电力消费量的大小和是否高效利用，是衡量国家发达水平的重要指标。现在，发达国家的人均年电力消费量都在 5000 千瓦时以上，个别高消费的国家有达到 15000 千瓦时的。而发展中国家普遍很低，多数发展中国家（包括印度）的人均电力消费量都不到 1000 千瓦时。

在全球应对气候变化挑战、发展低碳经济的进程中，电力发展已经开始从燃烧化石能源转换成电，向利用各种非化石能源直接发电转化。今后，电力将逐渐成为基础的一次能源，可再生能源电力和核电将逐渐取代化石能源发电。非化石能源，特别是可再生能源的发展正在加速。

电力技术的发展更是日新月异。化石能源发电技术不断进步，效率不断提高，污染排放愈加减少；核电技术进一步提高安全性；风力发电和太阳能发电技术也在不断提高发电效率，扩大风能和太阳能的利用范围。电力传输和配送技术也得到长足的发展，不但扩大了远距离输电的可行性和经济性，也不断提高了供电的安全和保障程度。

中国在实现全面小康的工业化过程中，在短短的几十年时间里，从一个电力工业十分薄弱，电力消费水平很低的国家，到 21 世纪实现了电力工业和基础设施的腾飞式发展，现在已经成为世界上电力装机最多、电力制造和建设能力最大、电力发展速度和增量最快、在多数发电和输配电技术上达到世界领先水平的国家。现在正在加快非化石能源发展的速度，向低碳能源过渡，成为世界低碳电力发展的引领者之一。

第一节　中国电力工业的发展历程

一、中国电力工业的早期发展

中国电力工业发展至今已有135年的历史，早在1882年7月26日，英国商人就把发电设备引入中国，在上海南京路建设了第一台12千瓦发电机组并开始发电，点亮15盏弧光灯。一些有志于学习西方国家发展工业的官吏和工商业人士，也开始引进发电机。1888年7月23日，清朝当时的封疆大吏两广总督张之洞从国外购入1台发电机和100盏电灯，专供其总督衙门照明。1890年起，上海一些官僚和富商开始使用白炽灯照明，这是中国电力发展的开端。1904年，中国台湾有了第一座水电站，装机容量600千瓦。1907年，第一台800千瓦汽轮发电机组竣工投运，该电站发电设备容量为4400千瓦。1912年，中国大陆第一座水电站——石龙坝水电站建成投产，安装两台240千瓦水轮发电机组。1913年，上海公共租界工部局兴建江边电厂（后称杨树浦电厂）落成发电，容量4000千瓦。该电厂1923年扩建后总容量达12.1万千瓦，成为当时远东第一大电厂。但是，当时的中国正处于国力衰弱、帝国主义入侵不断的时期。1912年初，清朝统治结束，但中国并没有摆脱封建主义和帝国主义的压迫，中国的民族工业受到进一步挤压，发展极其艰难。电力工业的引进具有明显的半殖民地产业特性，被外国资本或官僚买办资本直接控制，发展十分缓慢。直到1949年10月1日中华人民共和国成立，中国实现了新民主主义革命的胜利，取得了真正的民族独立。1949年，中国人口已经有5.4亿，而全国的发电装机数仅有184.86万千瓦，年总发电量只有43.10亿千瓦时，平均每人每年仅不到 8 千瓦时电量。实际上当时中国自己没有电力装备制造能力，所有的发电设备完全依靠进口，几乎所有的电厂都是依靠国外技术力量建造起来的。除了少数部分城市有十分有限的电力供应以外，许多中小城市基本没有电力供应，占人口 90% 以上的广大农村则完全没有电力供应。

1949 年中华人民共和国成立之后，百废待兴。中国在医治战争创伤、恢复经济的过程中，开始了第一轮工业化的艰苦努力。毛泽东主席将电力工业生动地形容为国民经济建设的“先行官”，中国把电力发展作为建立现代工业的基础条件，中国的电力工业开始有了持续和快速的发展。中国终于开始了全面推进本国的电力设备制造、电厂设计和工程建设的进程。

中国开始工业化的初期，各方面都受到西方国家的经济和技术封锁，困难很大。当时的社会主义国家苏联给中国的初期工业化提供了很大的帮助。1953 年，中国兴建的第一座高温高压热电厂——黑龙江富拉尔基热电厂破土动工；1955 年，中国建设的首台高温高压机组，苏制 2.5 万千瓦高温高压机组投运；1956 年，中国国产首台 6000 千瓦火电机组在淮南投产；1958 年，国产首台 1.2 万千瓦空气冷却发电机组、国产首台 1.2 万千瓦双水内冷发电机组、国产首台 2.5 万千瓦中压火电机组先后投产；1959 年，国产首台 2.5 万千瓦空冷高压火电机组、国产首台转子氢内冷 5 万千瓦高压凝汽式火电机组先后在哈尔滨和辽宁电厂投产发电。

中国有丰富的水力资源，1949 年以后，国家一直重视水电建设。1953 年，中国第一台 7.25 万千瓦水轮发电机组在吉林丰满电厂安装竣工，至 1959 年共安装 6 台，总容量达 55.375 万千瓦，成为当时中国最大的水电厂，为中国培养了大批水电建设人才。1955 年，中国自己设计、制造、施工的第一座水电站，也是华北第一座中型水电站——

官厅水电站首台机组竣工发电。1956年，中国最早实现河流梯级开发的福建古田溪古田水电站一期工程2台6000千瓦机组竣工发电。1957年，中国第一座自己设计、自制设备、自行施工建设的大型水力发电站浙江新安江电站开工建设；1959年9月水库大坝比计划时间提前15个月建成蓄水；1960年4月第一台发电机比计划时间提前20个月建成发电，整个水电站工程从准备工作开始到竣工只用了46个月。大坝高程105米，坝顶长465.4米，总库容达到220亿立方米。新安江水电站一共装机9台，总装机容量达到85.5万千瓦。新安江水电站的建设是中国水电建设的一个重要里程碑，为后来一系列大型水电工程打下了基础。

1949年中华人民共和国成立后，经过10年的艰苦努力，1959年底全国装机容量954万千瓦，10年发电装机容量扩大了5倍多，年均增速达到17.8%。1959年全国发电量403亿千瓦时，是1949年的9倍多，年均增长25%，为以后电力工业体系的规模奠定了基础。

在这之后的20年里，中国开始大规模建设水电站。1968年，湖北丹江口水利枢纽工程第一台机组投产；1970年，中国岩溶地区第一座大型水电站——贵州乌江渡水电站开始建设，同时中国最大河流长江主干流上第一座水电工程葛洲坝工程开工建设；1975年，东北电网主要调峰调频电源——吉林白山水电站主体工程以及中国南部红水河上第一座大型水电站——广西大化水电站一期工程开工。

中国的发电设备生产能力也在不断提高，火电机组开始向大型化发展。1969年，中国国产第一台12.5万千瓦双水内冷超高压中间再热凝汽式发电机组投产发电；1972年，国产第一台20千瓦中间再热高压火电机组并网发电；1974年，国产首台燃油30万千瓦高温高压发电机组在江苏望亭电厂投产；1975年，国产首台燃煤亚临界汽轮发电机组，在河南姚孟电厂投产。

1979 年全国电力装机达到了 6302 万千瓦，发电量 2820 亿千瓦时，分别是 1959 年的 6.6 倍和 7 倍。这 20 年的发电装机容量和发电量的年均增速也分别达到 9.9% 和 10.2%。这个时期中国处于计划经济时代，电力工业仍然实现了超前发展。

和当时中国接近 10 亿的巨大人口数量比较起来，中国这 20 年的电力发展实际上仍然是起步阶段。尽管发展速度很快，但总量还不大，人均电力消费才只有不到 290 千瓦时，和发达国家人均动辄几千千瓦时根本无法相比。而且在电力消费中生产用电占的比例很高，人民生活电力消费极其有限。一般人家除了几盏电灯以外几乎没有任何家用电器，只有少数家庭有电风扇和电视机。各种电力消费都受到计划数量的控制，全国的电力消费仍然处于很低的水平，电力供应的质量也不高，还有不少农村地区没有得到电力供应。

1978 年，中国开始了经济改革和对外开放的全面探索，也开始从僵化的计划经济向社会主义市场经济转变。中国首先改革了农业的管理体制，重新把土地经营权放归农民，极大地调动了农民的生产积极性，大幅提高了粮食和各种农产品的产量，困扰多年的食品充分供给问题在短短的几年内就基本解决了。城市地区的工业和多数农村地区的乡镇企业也迅速增加，工业生产也出现了高速增长，带来了电力需求的跳跃式增长。在 20 世纪后 20 年，电力供需基本上是供不应求，全国出现了普遍的电力短缺，拉动了电力建设的加快发展。

二、中国电力工业的改革

在改革开放初期，中国的电力工业仍然保持着计划经济管理体系，由电力工业部负责全国的电力建设和发电输配电运行。电力价格全国比较统一，完全不能反映电力市场的紧缺状态。电力设备制造业由当时的机械工业部统管。由于电价过低，电力部明显缺乏足够的资金大规模建设新的电厂，单靠中央政府无法进一步加快电力建设速度。因此不得不提出了鼓励多家办电，鼓励地方政府和各种用电大户集资投入电力建设，以获得更多的用电指标。后来又进一步发展到地方和大用户可以拥有自己的发电厂，成立地方能源和电力公司。这些措施大大地增加了电力投资数量和建设速度。1987 年，中国开始推动电力工业管理体制的改革，逐渐对电力企业推行了经济责任制，也开始调整电价。1997 年，中国对电力工业管理体制进行了第一次大改革，实行政企分开，成立国家电力公司，将长期由电力工业部直接所属和管理的国有电力企业划转国家电力公司管理，实行企业化经营，并且于 1998 年撤销了电力工业部。后来的政府能源主管部门，不再直接经营电力企业。这时的国家电力公司，不但拥有全国大多数发电企业，而且拥有全国基本所有的输电和配电系统，是上下游一体化的高度集中的电力公司。相对于其他拥有发电厂的国家级能源公司或地方发电公司，国家电力公司不但体量巨大，而且掌管输配电系统，又仍然承担了电网建设和电力系统优化布局的许多功能，因此也基本主导了发电厂接入电网和运行调度的管理权。在上网电价和售电电价方面，非国家电网的发电企业、各地的用户和国家电网之间明显存在着利益差别。因此，要求电力供应进一步改革的呼声仍然很高。

2002 年，中国进一步推进电力体制改革，提出要进一步适应市场经济的要求，电力行业要引入竞争机制，首先实施“厂网分开”，把发电和输变电分开，并设计进一步使输电和配电分开，在发电环节引进竞争，以后再在配电环节引进竞争。这些改革的设计思想主要借鉴了美国、英国等国在 20 世纪末提出的市场化改革做法。当时世界银行以及其他许多国际能源智库，包括美国能源部的官员和研究人员，在中国举办了多次研讨和头脑风暴会，宣传以上电力改革概念。中国政府也期望能够通过在发电端引入竞争来发现边际价格，从而推动电力价格的改革。中国还在继续深入探索更符合市场规律的电力工业管理体制，而20世纪末西方工业化国家开展的电力体制改革似乎提供了一种可行的模式。电力工业原来是自然垄断的行业，许多国家长期采用的是发电、输电、供电一体化集中管理体制。但垄断行业特性必然要求对电力价格实行严格的规制。在电力高速发展过程中，这种管理体制往往反应过慢，电力生产能力增长速度往往跟不上消费需求增长。当时中国已经经历了20多年的电力短缺，正好想要寻找体制创新来加速电力发展。另一方面规制管理的电价系统又往往成为电力工业发展的制约，因为僵化的电价对电力投资往往不能起到鼓励作用。特别是在多数发展中国家，包括中国，电力价格特别是民用电价有一定的补贴，而且每次调价都很不容易得到用户方面的拥护。而把发电环节和输电环节分开，似乎从理论上提供了在发电侧引进竞争，打破垄断的途径。而且当时英美等国的电力改革还在推行售电环节的市场化，提出进一步把配电环节从电网直接经营划分出去，成立多个配电公司，为用户提供更多的选择，促进售电价格直接面对市场需求变化。这种设计的理想状态是把必须保持自然垄断的输电环节缩减到尽可能小的范围，输电环节的价格可以由政府管理定价，而把发电和售电环节放开，尽可能地引进竞争。通过竞争提高效率，达到资源配置的优化，也可以由市场形成反映供需变化的价格。这种设计是设想了一种电力市场的理想状态，在中国学习探索如何建立电力市场经济体制机制的过程中有很大的影响力，也成为迄今为止中国电力体制改革的基本蓝图。

2002年开始的电力改革，把原来的国家电力公司进行了切割。首先把全国的电网部分和发电部分进行了分割，分别建立了电网公司和发电公司。在电网公司如何划分方面也曾经有不同设想，一种意见要将电网按不同地域和发供电条件，分为6个各自独立的区域电网。但也有不同意见认为应该坚持全国统一的电网管理机制。经过反复讨论，最后决定先试试电网部分切割，将全国电网分为两大电网，一个是以西南水电输出省区和广东为中心的东南电力消费地区，共5个省区构成南方电网。其他26个省区市保留为国家电网。这两个电网公司当时仍然拥有少量发电企业，作为电网运行安全保障的发电能力。但电网公司拥有的发电能力和其他发电公司存在某种利益冲突，因为电网公司仍然拥有调度权力，在运行调度上容易偏向自己直属的发电厂。后来这些发电厂被进一步从电网公司剥离，划归其他发电公司。原来国家电力公司所属的发电企业，被分为5个国有发电公司，这些公司不是按照地域分割，而是每个发电公司在全国各地都有一些下属发电企业，目的是鼓励这些发电公司有可能形成竞争。由于撤销了国家电力公司，成立了多个大型发电公司，鼓励发电行业竞争，实际上还有更多的由中央直接管理的发电公司发展起来，包括中国主要的水电公司三峡集团，以及不止一个核电集团，同时许多地方能源公司也成为具有相当规模的发电公司。一些原来主业为煤炭开采的公司也成为兼营发电的综合能源公司，其中中国最大的煤炭开采公司神华集团，后来拥有的发电容量达到8000多万千瓦，已经是巨大的发电公司了，更不说要后来不断涌现的一大批拥有几十万或几百万千瓦风电或太阳能发电容量的新能源公司了。

直到今天，中国电力改革仍然在继续探索前行。2015年，中国政府出台进一步深化电力体制改革的若干文件，在进一步完善政企分开、厂网分开、主辅分开的基础上，按照“管住中间、放开两头”的体制架构，有序放开输配以外的竞争性环节电价，有序向社会资本开放配售电业务，有序放开公益性和调节性以外的发用电计划，推进交易机构相对独立等。这一轮改革所处的电力供需情况与十几年前有很大的变化，改革遇到的问题也更复杂，本章后面还将继续讨论。

三、中国电力工业的发展特点

改革的目的就是进一步解放生产力，更好更快地推动电力发展。中国的电力发展也随着改革的不断深入，加快了发展步伐。

1. 中国电力工业发展增速史无前例

从 20 世纪 80 年代到现在，中国电力保持了高增长速度，形成了越来越大的发展规模，增长速度可以说是史无前例的。

中国发电装机容量从 1979 年时的 6302 万千瓦，到 1990 年增长到 13789 万千瓦，年均增速接近 7.4%。但由于基数小，这 11 年一共增加了 7487 万千瓦，已经接近当时欧洲一个工业大国的全部装机容量。2000 年中国的发电装机容量达到了 31932 万千瓦，这 10 年年均增速提高到了 8.75% 以上，增加的发电容量达到 18143 万千瓦，大约相当于当时两个欧洲工业大国的发电装机容量之和。

进入 21 世纪以后，中国发电装机保持了高速度增长，2016 年达到了惊人的 164575 万千瓦，15 年的年均增速高达 11.55%。由于基数不断加大，所以每年增加的装机数量也十分巨大。2006 年开始每年增加的发电装机数量都在 1 亿千瓦左右，特别是 2013 年以后每年新增的发电装机数量都明显超过 1 亿千瓦。2015 年当年发电装机容量净增了 14809 万千瓦，是单年增长的一个高峰。中国的发电装机容量在 2013 年开始超过美国，现在已经成为世界上最大的发电装机国，装机容量已经比美国多了近 5 亿千瓦；发电量达到 61424 亿千瓦时，也远远超过世界其他国家。

在 2010 年以前，中国的发电装机增长中主要依靠煤电。煤电大约占装机容量增量的 80%～90%，其次是水电，也有一些核电和除水电外的可再生能源。近几年来，煤电的增速明显放慢，风力发电和太阳能发电装机快速发展，已经成为电力装机增长的主力。

2. 中国是世界最大的发电设备制造国

（1）中国发电装备的制造能力世界领先

中国电力发展的另一个特点是发电设备的技术水平快速提高，发电装备的制造能力已经进入世界先进行列。

中国电力发展前期，电力装备制造技术水平和能力都比较落后，一开始只能依靠单机 20 万千瓦以下的发电设备，先进的发电装备和制造技术主要靠从国外引进。随着中国与越来越多的西方国家建立正式外交关系，中国开始从西方国家引进先进的大型发电技术。1978 年，从法国和瑞士引进的 30 万千瓦机组在内蒙古元宝山发电厂竣工。从法国和联邦德国引进的第一台 60 万千瓦机组于 1985 年 12 月发电，成为中国当时单机容量最大的火电机组。1987 年，中国引进美国技术制造的首台亚临界 30 万千瓦汽轮发电机组，在山东石横电厂投产。1988 年，中国引进美国技术制造的首台亚临界 60 万千瓦机组，在安徽平圩电厂投产。1990 年 5 月 4 日，中国引进美国西屋公司和燃烧工程公司的技术、自己制造的首台 60 万千瓦发电机组，在华东火电基地——淮南的平圩电厂正式投产（1989 年 11 月试运行）。成千上万名电力工业专家和建设者，花费了近 10 年的心血和汗水，为祖国电力工业树立了一个新的里程碑。1996 年，广东省沙角 C 电厂 3×66 万千瓦机组建成投产，它是当时是我国单机容量最大和总装机容量最大的燃煤发电厂，建设采用总承包交钥匙方式，全套设备从英、法、美三国引进。

在 20 世纪后期，国际发电技术已经发展到单机百万千瓦超超临界水平，中国也开始大规模引进这些最先进的发电技术。

从 2000 年起，中国开始引进百万千瓦级发电技术。在世界银行贷款支持下，上海首先引进了两台 90 万千瓦的发电机组，并于 2003 年 12 月和 2004 年 5 月并网发电，2004 年 4 月和 9 月投入商业运行。接着上海又引进了中国第一台百万千瓦超超临界机组，并于 2006 年 2 月正式投产，成为当时国内单机容量最大、技术水准最高、运行参数最优的火电机组，成为中国百万千瓦等级火电机组建设、运营的源头。

由于中国电力建设的规模巨大，单纯依靠进口难以满足要求，而且成本过高。中国从一开始就重视在引进消化的基础上形成自己的制造能力。在20世纪完成30万千瓦到60万千瓦机组的国产化以后，21世纪又紧随着百万千瓦发电机组的引进，迅速掌握了百万千瓦超超临界机组的制造技术，并且不断改进。在进口的百万千瓦机组投产仅仅不到10个月以后，2006年11月28日，中国第一座国产百万千瓦超超临界电站项目华能玉环电厂1号机组建成投产，正式投入商业运行，比计划工期提前6个月投产。开始了百万千瓦燃煤机组在中国的大批量发展进程。

2016年底，国内已投产的百万千万级超超临界机组达97台，已开工在建的百万千万等级超超临界机组达68台，无论投运还是在建数量均居世界首位，超过全球同类型机组保有量的总和。

（2）中国成为世界上最大的发电设备制造国

中国电力装备制造能力达到世界先进水平，已经成为世界上最大的发电设备制造国。中国形成了上海电气集团、中国东方电气集团、哈尔滨电气集团等三个大型电力装备设计制造综合体，可以大批量、高质量生产各种规格的火电、水电以及核电成套设备，包括60万、100万系列的超临界、超超临界大型火电锅炉、汽机和发电机装备。中国现在安装的火电机组最大的单机容量已经达到了110万千瓦。

在燃煤火电站的运行方面，中国也创造了不少世界第一的纪录。在燃煤电厂的效率方面，上海外高桥第三发电有限责任公司投产当年，就创出全世界最低的实际运行供电煤耗：287克／千瓦时，而且当时的负荷率还只有74%。以后该电厂在持续的技术创新和改造的推动下，每年都大幅刷新供电煤耗最低世界纪录。2013年，创造的供电煤耗纪录达到 276 克 / 千瓦时左右。比以前世界公认技术指标最好的丹麦 NORDJYLLAND 电厂 3 号机组创造的“原世界纪录”低了整整每千瓦时 10 克标准煤。丹麦该电厂由于实施了二次再热超超临界技术，并有超低温冷却海水的得天独厚的优势，其实际运行供电煤耗达到了 286.08 克 / 千瓦时的高水平。但对于大型先进燃煤机组而言，能耗差别 10 克 / 千瓦时通常代表了一代技术的差距。

2014 年 1 月建成投产的新疆农六师电厂 110 万千瓦 1 号机组，是目前中国最大单机容量的燃煤发电机组。现在该厂 2 号 110 万千瓦机组也已经投产正常运行。中国还有几台 110 万千瓦机组在建，包括世界首台 110 万千瓦间接空冷百万千瓦级燃煤电机组。

世界首座空冷百万机组也产生于中国。由于中国中西部许多地方水资源短缺，中国不得不开发大型空气冷却的发电机组。2011 年 4 月，华电灵武电厂首台 106 万千瓦空冷燃煤机组投入生产，该厂 60 万千瓦亚临界直接空冷机组采用国产空冷设备，也早在 2007 年 6 月就投入运行。现在，中国在中西部水资源比较短缺的地区普遍建设了空冷发电机组。

世界先进的超低排放的百万燃煤机组也在中国。中国提出来的超低排放燃煤电厂排放要求，在二氧化硫、氮氧化物等污染物方面要能与天然气火电排放相比较，有些指标甚至可以达到比一般天然气发电厂排放指标还低的水平，近年已经有一批超低排放新电厂建成。中国已经对所有现有电厂进行技术改造，大幅降低各种常规污染物的排放水平。在短短的几年内基本解决了电厂脱硫技术改造问题，而且即将完成对所有火电厂的脱硝改造，一大批电厂正在进行超低排放标准技术改造。当然燃煤火电还没有解决如何大幅降低碳排放的技术问题。

中国的电力装备制造集团还能够制造世界上最大的水电发电机组。中国的三峡水电站安装的几十台单机 70 万千瓦的水力发电机组，向家坝水电站安装的数台单机 80 万千瓦的水力发电机组，以及正在建设之中的白鹤滩水电站将要安装的 16 台单机容量达到 100 万千瓦的水力发电机组，都是中国自己研发设计制造的。除了发电设备以外，中国也掌握了各种送变电设备的制造技术，形成了巨大的送变电装备制造能力。在建设高峰期，中国一年新安装的变电设备容量高于 2.2 亿千伏安，并且连续多年在 1.5 亿 ~2 亿千伏安的巨大规模范围内。

3. 中国强有力的电网建设

中国电力发展还有一个特点就是强有力的电网建设，除了高压特高压网架结构、超长距离电力输运和调度能力以外，为全中国广大农村地区提供普遍服务也是突出的特性。

（1）中国电网建设发展历程

中华人民共和国成立时，全国 960 万平方千米的国土面积上，35 千伏及以上输电线路只有区区 6475 千米，220 千伏的输电线路只有一条、区区几百千米，全部变电容量只有 346 万千伏安。全国大多数地方，包括所有广大农村地区没有输变电设施。中国发展电力工业，把电网建设放到了重要的同步建设地位。由于中国地域广阔，一些重要的大型水电站的位置又远离电力负荷中心，因此远距离输电一直是电力发展的重要内容。另一方面中国有着高度集中的规划机制，全国的电力发展可以根据各地的能源、水资源、土地利用条件和消费需求，进行一个省（从几万平方千米到几十甚至百万平方千米的地域面积）、几个省，甚至远跨多省输电距离几千千米的电网布局规划和统一建设。中国历来有集中力量办大事的体制机制优势，在一些大型发电基地（包括大型水电站）的建设和相应输电线路的建设上，可以做到多个省区和城市之间统一协调，输电线路经过的地方政府大力支持，当地人民合理得到用地补贴等等，这些都大大加快了电网的建设速度，大幅降低了电网建设的管理成本。现在中国电网建设的规模、范围都超过多数发达国家的电网。

几十年来，中国的电网建设持续高速发展，截至2016年底，中国220千伏及以上的输电线路总长已经超过64万千米，高压输电线路总长超过125万千米。近年来，中国220千伏以上的电网新增数量每年都在30000千米以上，最多时一年新建长度达到40000千米左右。现在中国的各个省级电网基本实现了以500千伏交流的主干网架。

为了把中国中西部的发电基地，特别是西部水电发的强大电流输送到几千公里以外的东部负荷中心，中国主要依靠自己的研发、设计制造和工程技术努力，开发了当今世界上最先进的特高压输电技术和实用线路，中国已经在多条长距离输电线路上实现了750千伏和1000千伏的交流大容量输电，也建成了一批正负500千伏～800千伏的直流输电线路投入实际运行。截至2016年末，中国已经建成的750千伏特高压输电线路总长达到17478千米，1000千伏的特高压线路7366千米，正负500千伏的直流输电线路达到12977千米，正负600千伏的特高压直流输电线路1336千米，正负800千伏的直流特高压线路12300千米。这一批特高压线路的建成，不但有效地把大量中西部电能输运到东部，也为中国许多区域提高统一电网地域范围，实现更大地域面积的安全调度提供了条件。仅仅在2016年当年新建成的1000千伏交流特高压线路达到4252千米，新建正负800千伏的特高压直流输电线路达到1720千米，建设速度和规模都是十分惊人的。

（2）中国的西电东送工程和应运而生的特高压输电先进技术

中国幅员辽阔，煤炭资源主要分布在西部和北部地区，水能资源主要集中在西南地区，而经济和人口集中的地区又多处于中国的中东部，要大规模开发西部，特别是西南地区的水电资源，需要东部电力负荷需求的拉动。西北地区几个煤炭资源丰富的省份，也需要通过发展火力发电，向东部地区输出电力，以拉动本地经济的发展。西电东送工程成为中国高等级电网发展，特别是特高压技术发展的推动力。

早在20世纪60年代，就有人提出“西电东送”的设想，但当时中国缺乏超远距离输电的先进技术，这个设想无法实现。但相应的规划和技术准备没有停止。1992年4月，中国决定开始建设长江三峡水利枢纽工程，近2000万千瓦的电力难以由当地消纳，必须输送到东部几个省（区、市）的负荷中心，使西电东送的实施提到日程上来。1999年，为了使经济发展落后于东部沿海地区的中西部省（区、市）加快发展，实现全国范围内更协调的区域发展，中国政府做出了西部大开发的重大决策。西南水电加快开发，以及西北火电开发，进一步为“西电东送”的大规模实施提供了历史机遇。2000年，国务院批准加快西电东送工程建设，贵州、云南的第一批西电东送大型水电工程开工建设，西电东送工程全面启动。

“西电东送”将形成三大通道。其中南部通道将中国西南地区丰富的水电资源利用起来，大量水电向东输送，最远到达广东、福建沿海地区。也可以把贵州的部分火电输送出去。中部通道将长江中上游干流及干支流，包括金沙江干支流、长江三峡等大型水电站的电力送往华东地区，远达上海等沿海城市。北部通道将黄河上游水电和中西北部地区的煤电向中国华北以及长江中下游地区输送。

2005年，西电东送三大通道共形成3000万千瓦的输送能力，2010年西电东送三大通道共形成送电能力6630万千瓦。到2015年“西电东送”规模达1.4亿千瓦，十几条直流以及交流的特高压线路形成了强大的超远距离输电能力。

在中国，特高压是指 ±800千伏（kV）及以上的直流电和1000千伏及以上交流电的电压等级。特高压直流输电的主要特点是输送容量大、输电距离远、电压高，可用于电力系统非同步联网。特高压交流输电具有输电容量大、距离远、损耗低、占地少等突出优势。特高压是中国“西电东送”的主要途径，也是中国输电技术领先世界的重要领域。

中国已建成的特高压输电工程：

云南—广东 ±800kV 特高压直流输电示范工程：该工程是世界第一条高海拔、长距离、大容量的输电线路。线路西起云南楚雄州禄丰县，东至广东增城市，线路全长 1438 公里，额定输送容量 500 万千瓦，于 2006 年 12 月 19 日开工建设，2010 年 6 月 18 日双极投产。截至 2016 年 6 月 18 日，工程安全运行 6 周年，累计输送云南清洁水电达 1460 亿千瓦时，相当于减少广东燃煤 4700 万吨，减少排放二氧化碳 1.17 亿吨、二氧化硫 90 万吨。云南—广东 ±800kV 特高压直流输电示范工程的建设，是中国乃至世界电力工业史上的一个里程碑。中国南方电网拥有自主知识产权，自主化率超过 60%，这对推动中国民族装备工业的发展，具有重要的意义。同时，该工程预示着“西电东送”将更多地采用特高压技术的新篇章。

“两渡”直流工程：云南普洱至广东江门 ±800kV 直流输电工程（简称“糯扎渡直流工程”），溪洛渡右岸电站送电广东双回 ±500kV 直流输电工程（简称“溪洛渡直流工程”），两大工程统称“两渡”直流工程。糯扎渡直流工程起于云南普洱换流站，止于广东江门换流站，线路全长 1413 公里，额定输送容量 500 万千瓦，每年可为云南省送出清洁水电约 250 亿千瓦时，相当于节约标煤 800 万吨，减少二氧化碳排放 2000 万吨，减少二氧化硫排放 15.4 万吨，减少粉尘排放 400 万吨。溪洛渡直流工程起于云南昭通盐津牛寨换流站，途经贵州、广西，止于广东从化从西换流站，这条双回路直流线路全长 1251 公里，直流输电总容量 640 万千瓦，相当于半个广州市的用电负荷。该工程在世界上首次采用同塔架设双回直流输电线路，节约土地面积近 1300 公顷。

晋东南—南阳—荆门特高压交流工程：这是中国第一个 1000 千伏

特高压交流输电工程。起点是中国中部煤炭资源大省山西省长治市长子县石哲镇，终点湖北省荆门市沙洋县沈集镇。长度640公里，途经山西、河南、湖北三个省。自2009年1月6日正式投运以来，经受住了恶劣天气和各种操作和运行方式的考验，运行稳定。该特高压工程建成使湖北、河南省之间的电网联系更加紧密，华中电网安全可靠水平进一步提高，进一步发挥了大电网资源共享、事故支援的优势。该工程输电损耗低，大负荷运行状态下实测损耗仅1.7%，仅仅是500千伏交流输电线路损耗的1/3，相当于每年替代煤炭运输2400万吨。

向家坝—上海直流线路：起点是中国西南地区水力资源丰富的四川省宜宾市宜宾县复龙镇，终点是中国东部上海市奉贤区四团镇。长度达到1907公里，途经四川、重庆、湖北、安徽、江苏、浙江、上海8个省市，这是中国自主研发、自主设计和自主建设的，世界上电压等级最高、输送容量最大、送电距离最远、技术水平最先进的直流输电工程，是中国能源领域取得的世界级创新成果，代表了当今世界高压直流输电技术的最高水平。这个特高压直流输电示范工程率先实现了直流输电电压和电流的双提升、输电容量和送电距离的双突破，它的成功建设和投入运行，使中国的电网全面进入特高压交直流混合电网时代。

工程的成功建设系统验证了特高压直流输电的技术可行性、设备可靠性、系统安全性和环境友好性。该工程采用的是点对点直流单向输送，容量大，没有无功损耗，大幅提高了设备及线材的耐久性水平。中国成为继瑞典、德国之后第三个掌握特高压换流阀核心技术的国家，实现"中国制造到中国创造""直流大国到直流强国"的转变。在该工程投运后，使中国最大的城市上海市一半以上的用电量都来自清洁水电，成为世界上使用清洁能源最多的"绿电"城市。

锦屏—苏南特高压直流输电工程：这是中国第一条输电距离首次

突破2000公里的特高压工程。起点是四川省锦屏（裕隆）换流站，终点站是江苏省苏州同里换流站。线路长度是2095公里，途经四川、云南、重庆、湖南、湖北、浙江、安徽、江苏8个省份。自2012年12月投运至今，最大输送功率760万千瓦，年输电量达到了360亿千瓦时，相当于每年减少燃煤1680万吨，减排二氧化碳3240万吨。

淮南—上海特高压交流输电工程：这是中国首创第一条“点对网”的架构方式及“同塔双回”的架线方式，长度649公里，起点是安徽省淮南变电站，终点是上海市练塘变电站，途径安徽、浙江、江苏，上海4个省市。自2013年9月投运以来，一直保持安全运行状态。年输电量500亿千瓦时。

哈密南—郑州 ±800kV特高压直流输电工程：是目前世界上电压等级最高、输送容量最大、输送距离最长、代表了世界直流输电技术最高应用水平的创新工程。起点是新疆哈密南天山换流站，终点是河南郑州中牟县境内的中州换流站。线路全长2192千米，途经新疆、甘肃、宁夏、陕西、山西、河南6个省区。总投资233.9亿元，2012年5月核准开工建设，2014年1月正式竣工投运。额定输电能力800万千瓦。

浙北—福州1000kV特高压交流输变电工程：工程包括四站三线，起于浙江的浙北变电站，经浙中、浙南变电站，止于福建的福州变电站，变电容量1800万千伏安，全线双回路架设，全长603公里。该工程是华东特高压交流主网架的重要组成部分，近期输电能力680万千瓦，远期输电能力可达1050万千瓦。该工程与淮南—浙北—上海工程和淮南—南京—上海工程一起，提升华东电网接受区外来电能力和区内调配能力，极大提高华东电网的供电能力、抗事故能力，保障沿海核电项目和福建电网盈余电力送出。

“十三五”规划时期，特高压输电线路将进一步发展，可以大幅减少东部地区火电负荷压力，加快东部大气污染治理的进程。十多条特高压输电线路将在这5年建设起来。使中国“西电东送”输电能力再增加1.3亿千瓦，2020年达总计到2.7亿千瓦的远距离电力输送能力。

（3）城乡协调发展，为农村提供电力普遍服务

农村电网建设和投入巨大资金改造农村电网，是中国电力和电网建设的重要一环。中国历史上长期是个农业国家。在中华人民共和国成立时的1949年，中国的城市化率只有10.6%，城市人口比例缓慢上升，到1980年达到20%，当时大多数人还是以农业为主要生活来源。中国全面拉开改革开放序幕后，许多农民进城务工，其中多数变成了城市常住人口，但大多数农民务工人员还是把家留在原来的农村，包括继续在农村建房。进入21世纪以来，中国开始大规模发展城市，使更多的农村人口迁入城市，近年来每年城市化率提高1个多百分点。到2016年末，中国大陆地区总人口13.8亿，城镇常住人口占总人口比重（常住人口城镇化率）提高到57.35%，但其中仍然有近2亿人的部分家庭成员（配偶、子女，或需要供养的老人）留在农村老家。农村发展和农民生活水平的提高，一直是中国的重大经济和社会发展的主题之一。

为农村提供电力，保障农村的生产和生活用电需求，一直是中国电力发展的重要内容。经过几十年的努力，到20世纪末，绝大多数农村地区已经通了电。但是仍然还有一千多万人，由于居住在偏僻的农村，或山高路远，或远离其他城市和经济中心，没有电网覆盖。

为此，中国在1998年发起了第一轮全国范围的农村电网改造。当时由国务院发出指令，要求对全国农村电网进行全面改造，一方面尽可能解决电网全覆盖问题，以及大幅提升电网输供电能力，改善电力供应质量，减少电力输送损失；另一方面改革供电管理机制，对农村用户的电价实现同网同价，即农民的用电价格要和同一电网里的城镇

用户相同。由于农村地区供电线路远，用电量相对较少，给农村的实际供电成本要明显高于接近发电和主要输电线路的城镇地区。同网同价是国家实现电力普遍服务对农民的普惠政策。

第一批农村电网建设改造工程覆盖全国所有的2400多个县。通过三年的努力，到2001年底，第一批农网改造工程结束，使1380万无电人口用上了电，全国农村低压线损率普遍从改造前的20%～30%降到了12%以下，农民用电价格明显下降。在这个农村电网改造的过程中，中国国家电网和中国南方电网（基本覆盖全国的两大电网）一共投入了3000亿元资金，很好地完成了国家改善农村用电的任务。

2002—2003年，第二批农村电网改造工程启动，安排资金约1000亿元。在这两年时间里，全面完成农村电网建设与改造任务，完全实现农村用电和城镇用电的同网同价。全国农村低压电网的改造面平均将达到90%以上。

在这以后，农村电力系统的完善提高一直是中国经济发展的重要任务之一。除了电网的全覆盖以外，还支持农村发展小水电和其他可再生能源发电，为农村增加经济收入，其中特别是小水电的发展达到了很大的总规模。经过多年的努力，中国2015年底小水电装机总量已经达到7500万千瓦，为广大农村地区的能源供应和经济发展提供了有效的支持。

2010年开始，中国政府又启动了新一轮农村电网改造升级工程。这一轮农网改造升级工程到2013年结束，目的在于提高供电质量。在这三年多的时间内，中国的国家电网公司累计完成国家下达的农网改造升级工程投资1391亿元。使其电网覆盖的农网供电可靠率达到99.735%，降低了事故停电时间，使农网供电保障度基本接近城市水平。中国南方电网同期也为农网改造升级工程投入711.6亿元，使其供电区域内农村供电可靠率达到99.62%，进一步提高了农村电网的供电能力，满足了农民生活、农业生产的用电需要。其供电区域农村售电量三年平均增幅达 13.3%，五个省区城乡同网同价年均减轻农民电费负担约 76 亿元。

2015 年，中国政府又再次启动了更高要求的农村电网改造升级工程，要求完全解决尚存少数无电人口用电问题，实现电力供应的全覆盖普遍服务。同时要使农村电网实现村村具备当地工业用电能力，充分供应生产用电力。这次，又有 2000 多亿投资用于农网改造升级工程。中国农村地区的电力供应能力和质量将进一步提升。中国农村的电力供应将进一步向城市看齐。

值得注意的是，中国国家电网和中国南方电网对农网改造投入的资金，包括大量的人工和后续的运行管理，都是按照国家政策，为农村大量人口提供电力公共服务，并不要农民或地方政府掏一分钱。如果单纯从资金投入的回报看，这些投入多数是达不到经济评价要求的。特别是对农村电价实现同网同价，在增加几千亿元投入时，还明显降低了电价，更是对农村地区的一种优惠。农网改造的这种资金安排，体现了中国支持农村发展，实现城乡协调发展，让最大多数人能够共享经济发展的成果，实现社会公平的发展理念。其实，为了促进农村发展，中国在交通道路建设方面也实行了公路村村通，通信条件包括无线通信和互联网络的村村通等许多基础设施的大量投入。

第二节　中国低碳电力和低碳能源的加速发展

在化石能源时期，电力系统的发展主要是将煤炭、石油、天然气等化石能源转换为电力，为终端用户提供更方便、高效的能源服务，驱动电动机、加热、照明等等。电发得越多，化石能源消耗就越多。水力发电是一种例外，但受到水力资源的限制，水电在世界一次能源中的比例一直很低，现在只占世界一次能源的不到7%。另外，从20世纪70年代起，核电有了长足的发展，曾经占到世界发电量的近20%，现在也仍然贡献了12%左右。1992年联合国气候变化框架公约签订以来，能源的低碳化逐渐成为世界能源发展的新方向。人们开始认真开发非化石能源，并准备向未来转变为无碳能源进发。除了以前就有的作为非化石低碳能源的水电和核电以外，其他非化石能源的利用技术大发展。各种可再生能源资源得到大规模的开发利用。其中一部分可再生能源可以直接替代化石燃料，例如生物质燃料（包括固体、液体燃料）；也有的可再生能源可以直接提供热量，例如地热能、太阳能热能利用等等。但是大规模可再生能源的利用还是通过风力发电和太阳能发电，直接转换成电力，再进入终端用能系统的。因此非化石能源发电，包括核电、水电和（非水电）可再生能源发电，不但是重要的电源，更是整个能源系统低碳化的主力。

中国十分重视非化石能源电力的发展，并且取得了十分巨大的进展。以下将分别描述中国的核电和水电的发展情况。

一、中国核电：由追赶变引领

核电是重要电源，在许多发达国家里，核电都是重要的电力构成，也是发电成本低，运行可靠性高的发电装备。核电是重要的低碳能源，在世界未来的零碳能源系统中，核电将扮演重要的角色。迄今为止，世界上各国现有电力系统中，单位千瓦时发电碳排放最低的国家，核电比例都较高。而侧重发展可再生能源甚至打算放弃核电的国家，尽管做出巨大努力，离真正的低碳电力系统仍然很远。

但是核电也有其不足之处。核电技术门槛很高，现在可以提供全套核电技术和装备且承包完整核电工程的国家十分有限，全世界只有几个。现有的核电站规模巨大，流行的反应堆和机组大多已经达到单机百万千瓦以上，最大的核电机型单机已经达到175万千瓦，这样的机组要求很大的电网才能容纳。而且为了充分利用厂址和配套资源，多数核电站都会在一个厂址上建设至少两台或更多的机组。核电站建设周期长，一般工程建安周期要5～6年时间，加上技术选择、谈判厂址选择等前期工作，核电站建设拖个十来年也很普遍。核电站由于规模大，单位发电容量的投资也远远高于常规火电，一座核电站的投资至少要几十亿美元，核电的财务风险因此也比较高，一旦建设过程中出现技术问题工程延期就会大幅增加投资成本。因为建设周期长，如果建成后电力市场变动达不到预订运行负荷条件，则巨额投资就有无法按期回报的风险。核电装备制造技术要求的标准远远高于普通电厂，所有的材料或零部件、所有的核电装备加工工艺，以及制造出来的核电装备等，都必须经过所谓"核级标准"的审定，因此只有少数可以确保原材料来源质量可靠并可追溯、本身制造工艺和产品质量有特殊保障的制造厂商，才能生产用于核电的设备。由于《国际核不扩散公约》的要求，对非核武拥有国核电的燃料要进行国际管制，也就是说核电的燃料从制造到乏燃料的处理都必须受到国家监督，甚至不能由本国自己制造或处理。核电技术垄断性比较高，受现有国际标准约束很强，技术壁垒严重，一个国家建立自己独立完整的核电设计、装备制造、工程建筑安装、调试运行和安全管理体系很不容易。因此迄今为止，多数核电都是建造在发达国家，而绝大多数发展中国家无缘享受核电。少数体量较大的发展中国家建设核电也只有依靠全套购买其他国家的装备和技术服务。在发达国家电力基本饱和甚至达到峰值以后，由于核电投资的规模风险，核电发展进入了缓慢期，世界上发生过两次大的核电事故，也对核电发展形成了巨大影响。

中国是个人口大国，也是一个巨大的电力消费市场，发展核电很早就是中国人的一个梦想，但由于上面这么多原因，核电大规模发展起来还是21世纪才真正开始的，到2010年前出现了核电建设高潮。截至2016年底，中国已经投运的核电机组35台，总装机容量3364万千瓦，核发电量2132亿千瓦时，已经成为世界上第四大核电装机国、第三大核电发电量国。特别是中国目前还有建核电机组21台，是现在世界上在建核电最多的国家。中国计划在2020年建成核电约5700万千瓦，并保持3000万千瓦的在建规模。中国工程院在2010年完成的《2030—2050年中国能源可持续发展战略研究》中提出，中国核电远期的发展目标是4亿～5亿千瓦。日本福岛事故以后，中国减慢了核电发展的速度，但2050年核电发展的目标仍然将维持在3亿～4亿千瓦左右。

这么大规模的核电发展，中国不可能主要靠进口技术和装备来完成。中国的核电发展是一个既独立发展自己的核电技术，又通过不断引进国际先进技术，消化创新，形成自己的新技术，进行大规模应用发展的过程。从一开始引进国外技术，中国的目标就向着不断提高技术装备的国产化率的方向努力。一方面中国充分利用巨大的制造生产能力；另一方面通过技术攻关，提高核装备设计制造能力，形成独立的核电成套制造能力。目前已经可以生产多种型号规格的成套核电设备，并形成了每年生产8～10套大型核电机组的制造能力。如果市场需要，完全可以进一步扩大产能。

中国也是世界上建设核电最新技术商用反应堆种类最多、建站最多的国家，也是对新型核电技术进行研发示范项目最多的国家，核电站建设能力全球领先。自20世纪80年代以来，中国核电建设步伐从未停止，目前中国在建机组占全球在建核电机组装机容量的40%左右。在30多年未间断的建设过程中，中国核电建设企业不断积累经验，建设能力不断提升。目前中国核建企业以成熟的、经得起验证的工艺和技术，在核岛建设领域保持领先优势和主导地位，不仅承担国内已投入商业运行的全部核岛工程建设，也得到了国际市场的认可，被国际同行誉为世界领先的核电建造企业。2011 年 10 月 22 日，全球首家核电建设国际培训中心在中国核建挂牌，这是国际原子能机构全球范围内设立的唯一核电建设国际化培训机构。有强大的装备制造能力作支撑，中国核电建设的成本最低、性价比最高，具有明显的竞争优势。

现在，中国已经可以对外出口具有自主知识产权的成套核电技术和装备，实行交钥匙工程，并已经在不止一个国家建成或正在建设核电项目。

1. 艰难起步、勇于探索，开启国之荣光

早在 1956 年，中国就在当时提出的十年科学技术发展远景规划中，明确提出了要发展原子能的和平利用，曾经尝试通过与苏联合作发展核电。中国第一个核电计划是“581”工程，意思是 1958 年第一号工程，计划在苏联援助下建设一座采用苏联技术的石墨水冷堆核电站。但由于中苏关系变化，苏联不久就终止援助，“581”工程被迫停止。中国不得不探索独立发展核能技术。在研制核武器的艰难过程中，中国在没有外援的条件下，只能依靠自己的力量，独立建设自己的核反应堆，解决核材料制备提纯浓缩问题，并在 1964 年和 1967 年先后成功地爆炸了原子弹和氢弹。第一艘核潜艇也在 1970 年下水，初步掌握了功率核反应堆技术。但当时中国电力工业还十分落后，不掌握包括大型发电机制造在内的相关技术，核电发展的需求和动力不足。中国第二个核电计划是 20 世纪 70 年代初，在清华大学研发建造 5 万千瓦熔盐增殖堆核电站。但由于研发材料、相关技术和装备都不具备条件，这个项目也没有进行下去，半途而废了。

核电事业在中国真正开始起步，是在1980年以后中国重新回到以经济建设为中心的改革开放年代。第三个核电计划的启动很早，早在1970年初，周恩来总理就前瞻性地提出“从长远来看，华东地区缺煤少油，要解决华东地区用电问题，需要搞核电”。上海市政府于当年2月8日启动了核电站筹备工作，代号“728”工程。1974年，国家原则批准了建设30万千瓦压水堆核电站的项目方案，开始了全面的准备工作。但是困难重重，进展缓慢，直到1982年才确定把厂址选定在浙江海盐县秦山脚下。秦山核电站1985年3月20日开工建设，1991年12月15日并网发电。秦山核电站的建成发电，结束了中国大陆无核电的历史，实现了零的突破，成为中国核电起步的标志，被誉为“国之光荣”。这一座国产核电的建成，使中国成为世界上第7个能够自主设计、自主建造核电厂的国家。

负责秦山核电站设计和建设的中国核工业集团公司，在第一座30万千瓦核电站的基础上，进一步开发了65万千瓦的核电机型，并在同一个厂址于1996年6月、1997年3月先后开工建设，并于2002年4月和2004年5月先后建成并投入商业运行。中国实现了自主建设大型商用核电站的重大跨越，为中国自主设计、建设百万千瓦级核电站奠定了坚实的基础。同时也创立了中国第一个具有自主知识产权的商用核电品牌——CNP650，实现了国家建设秦山二期核电站的目标。

秦山二期核电站的设计与建设采用国际标准，根据20世纪90年代国际先进压水堆核电站的要求，在堆芯设计、安全系统设计等核电站安全性和性能方面进行了多项创新。该核电站优化了设备设计和系统参数，提高了核电机组的出力，最大出力可达689兆瓦电力（MWe），平均出力670MWe，高于600MWe的设计值，是所有2环路核电站中最高的。

秦山二期核电站的建设，大幅提升了中国核电设备制造的能力。

在55项关键设备中，有47项基本实现了国产化，设备国产化率达到了55%。秦山二期核电站投资为每千瓦1330美元，创造了当时国内外核电站中的最低造价，创造了迄今中国最低的上网电价。

中国通过秦山核电站的建设，锻炼和培养了首批优秀的核电技术和管理人才。也为中国后来不同的核电发展项目提供了核心技术人员。中国核工业集团公司以后又在65万千瓦核电技术的基础上，不断借鉴最新的大型核电技术发展成果，开发了中国的“二代加”百万千瓦技术，并在2008年先后投建了一批百万千瓦核电机组，这些机组在2014年开始陆续建成，并网发电。

2. 多方引进国际先进技术，推动核电技术进步

单靠自己的力量，独立发展核电产业，困难很大。核电规模巨大，安全性要求高，研发试制周期很长，而核电的安全标准已经国际化，中国虽然独立开发了30万千瓦的核电站，但比起国际上早已成熟应用的百万千瓦大型商用核电机组，仍然有较大差距。为了加快中国核电的发展，中国开始大规模多方引进核电技术。

核电站投资规模大，一台百万千瓦核电机组，少说也要几十亿美元，后期服务燃料等费用也很可观。因此核电站的进出口都是超大型项目，受到各国政府甚至国家首脑的高度重视。中国在20世纪70年代后，特别是改革开放以后，国际关系进一步改善，有条件也有需要和更多的国家加强经济技术交流。进口核电，引进核电技术也成为国家级外交和经济交往的重要选项。

（1）中法两国的核电合作

法国是最早和中国建交的西方大国，也是最早有意向中国出口成套核电装备和技术的国家。促进中法实质性经济和技术交流，从法国进口核电，是中国改革开放后的重大外交进展和开发政策的具体展现。早在1978年12月4日，中国改革开放的总设计师邓小平在会见了法国外贸部长弗朗索瓦一行之后，在回答法国记者提问时宣布，中国已决定向法国购买两座核电站设备。中方在1980年就选定了大亚湾作为核电厂址，并在1982年确定建设引进技术的大亚湾核电厂。

当时中国的电力工业仍然十分落后，中国的国内电价到20世纪80年代中期还停留在原来计划经济时代的超低价格，每千瓦时电价还不到8分钱人民币。进口核电所有的设备和技术服务都要按国际价格计算，核电站的单位造价当时对中国而言几乎就是一个天文数字，国内当时完全没有消化这种核电价格的能力。引进法国核电的准备工作进行了好几年，主要解决的问题之一是融资和核电用户消化能力问题。当时广东虽然是中国经济开放走得最快的省份，但也没有承担核电进口的经济能力。而广东省通过深圳经济特区的建立，与香港的经济联系不断加强。随着内地的经济开放，香港的制造业出现了空前繁荣，电力供应十分紧张，又苦于没有合适的地方容纳新的大型电厂，有求于内地解决增加电力供应问题。香港可以参加核电厂的投资，接受核电站所发的大部分电力，并可以接受满足核电站成本要求的电价，为中法第一座核电厂的引进建设解决了经济难题。但由于当时香港还没有回归中国，这种大项目合作受到种种限制，进展比较慢，直到1987年8月才正式开工。电站引进了法国的核岛技术装备和英国的常规岛技术装备进行建造和管理，并由一家美国公司提供质量保证。大亚湾核电站成为中国首次引进先进技术、设备和资金建设的大型商用核电站，拥有两台单机容量为98.4万千瓦的压水堆核电机组。中方为此专门成立了中国广东核电集团，与香港中华电力公司合资建设和运营。核电站于1994年5月建成投入商业运行。

中法两国的核电合作十分成功。在核电站建设过程中，大批法国专家和工程技术人员到中国来工作，也为中国培养了不少核电人才，当然培训费用不低。中广核公司的首批核电操作人员当时被人们叫作

“金人”，意思是他们每个人的培训费用大约相当于与体重一样的黄金价格。中国通过和法国的核电合作，全面参与了百万千瓦核电建设的全过程，逐渐掌握了相关的技术和管理知识。经过首批和后续几座核电厂的引进和建设，法国方面比较全面地向中国转让了相关核电技术。在中广核后来建设的十几台核电机组中，法国电力公司一直提供了许多技术服务。采用法国技术的中国机组，参加了法国电力核电站的信息交流平台，中国核电和法国核电可以相互了解核电站运行的情况，对发生的各种问题及采取的对策相互借鉴。中广核的相关核电站还参加了法国电力公司对核电站的运行评估，在多项指标中经常获得高分。通过和法国核电业的合作，加上后来多套核电站的建设和运行，中广核逐渐成为中国最大的核电集团公司，现在已经具备了全套核电设计、建设和运行能力，可以作为核电总包单位，建设大型核电厂。中广核在引进消化法国核电技术的基础上，经过再提高创新，已经可以建设改进型“二代加”核电站，后来也成为中国可以独立设计、建设满足三代核电安全技术要求的，具有中国知识产权先进核电的大核电集团之一。

中法之间的核电合作一直在继续，中法两国政府在加强核电技术合作方面都给予高度重视。法国在21世纪初推出了EPR（欧洲先进水压堆）三代核电技术，并开始进行首台建设。2007年，在中国国家主席胡锦涛和法国总统萨科奇的共同见证下，中广核集团公司董事长钱智民在北京人民大会堂与法国阿海珐集团首席执行官罗薇中、法国电力集团董事长嘉德奈分别签署了《关于合作建设广东台山核电项目1、2号机组的总体协议》《中广核集团公司和阿海珐关于铀矿的投资协议》和《中广核集团公司与法国电力公司合资经营台山核电合营有限公司合同》。中国和法国公司合资成立了台山核电合营有限公司，开始了中法新的重大核电合作项目。2009年12月和2010年4月，该核电站1

号和2号机组正式开工建设。建设两台EPR技术单机容量为175万千瓦的核电机组。该项目建设进展一开始相当顺利，建设速度大大超过在欧洲早些时候开工建设的同类另外两台机组，有望后者居上先建成。2016年1月27日，台山1号机组完成冷试，冷试结果合格，成为世界首台完成冷试的EPR核电机组；2016年11月，台山1号机组进入热试前期阶段。台山核电能够率先实现冷试里程碑，主要得益于中国核电站近30年持续建设积累的丰富经验和强大工程实力，也得益于台山核电汲取、借鉴此前开工的国际其他同类机组经验教训，少走了弯路。遗憾的是法国在欧洲的EPR项目发现一个重要部件出了一些质量问题，影响了所有EPR机组的建设进度。2018年7月，台山核电1号机组首次并网发电成功，成为全球首台并网发电的EPR三代核电机组。

中国在首先引进法国核电技术以后，也积极开展和其他国家的核电合作，先后与加拿大、俄罗斯、美国都有重大核电合作项目，引进了多种核电技术。

（2）中加核电合作项目

加拿大的重水堆核电运行可靠，也是世界上成熟的核电技术之一。中国在20世纪末，决定引进加拿大坎杜6重水堆核电技术，建造两台700兆瓦级核电机组，该项目成为截至目前中加之间最大的单项经济合作项目。作为秦山核电基地的第三期核电站，1998年6月8日，中加合作的核电站开工；2003年7月24日，比中加主合同工期提前了112天全面建成投产，创造了国际上33座重水堆核电站中建设周期最短的纪录。秦山三期核电站单位千瓦造价1791美元，经济性很不错。迄今为止，这两台合作引进的重水堆核电站运行稳定，是很好的合作案例。

（3）中俄核电合作项目

俄罗斯是核大国，有自己独立的核电体系，也开发了一系列成熟的核电技术。中俄两国在加深政治互信、发展经济贸易、进一步深化两国全面战略协作伙伴关系的推动下，在核能领域也开展了实质性的项目合作。中国成套引进俄罗斯 AES–91 型压水堆核电技术，首先在田湾核电站建设两台单机容量 106 万千瓦的核电机组。两台机组分别于 1999 年 10 月和 2000 年 9 月开始建设，并在 2007 年 5 月和 8 月建成并网运行。俄罗斯的核电在安全设施方面有其独特的设计，有双层安全壳。许多安全指标达到三代核电要求。建成运行后一直很稳定。头两台机组投入商业运行后创造了第一个燃料循环均未发生停机或停堆事件的良好运行纪录。中俄核电合作的田湾核电站二期工程两台机组于 2012 年 12 月和 2013 年 9 月先后开工建设，预计于 2018 年 2 月和 12 月投入商业运行。

（4）中美核电合作项目

21 世纪初，美国西屋公司的 AP1000 核电技术，作为世界上首个采用非能动技术，以提高核电站在意外情况下应急安全性的三代新堆型，又提出了模块化设计和建设概念，简化了整个核电机组，可以显著降低以后的造价。AP1000 的这些设计理念，逐渐赢得了中国不少核电专家和领导的青睐。在进一步推动和美国的经贸联系，为在高技术领域里开展两国合作开拓有影响力的大型项目，在这样的政治愿望推动下，中国下决心大规模引进 AP1000 核电技术，并将其作为下一步核电发展技术的主要选择。

2003 年，中国开始引进第三代核电技术的国际招标，2006 年西屋电气的 AP1000 先进压水堆技术中标。为此，中国专门成立了一个新的核电公司即国家核电技术公司，负责引进消化吸收 AP1000 核电技术，并在山东海阳和浙江三门分别建设 2 台 AP1000 机组，并计划以后继续批量建设 AP1000 机组。两个核电项目都提前做了建设场地的大量准备工程，首台 AP1000 机组在三门核电站于 2009 年 4 月正式开工建设。同年 12 月另两台 AP1000 机组也在山东海阳核电厂址正式开工建设。

两个核电厂按中美双方签订的合同，都计划于2014年建成。AP1000单台发电容量是125万千瓦，每个厂址的两台核电原定的总投资都是400亿元。

尽管美国原来已经有建设6台AP1000机组的工程项目，但是在中国境内的这四台核电机组开工的时间都早于美国的项目，中国成为AP1000技术的首台和首批建设项目。作为首台新核电技术的建设项目，中国的这两座核电站的确遇到了许许多多的困难。美国方面临时修改的设计内容达到几万项，模块化施工也是首次使用，现场有许多地方要进行调整，许多设备重量超大，要求特殊的工程设备包括超大型起重机等等。还好中国在大型工程建筑方面已经积累了许多经验，施工能力超强，也有很强的装备能力，所以工程建设方面的困难经过努力，都一一得到解决。在克服一系列的困难与挑战之后，2018年10月11日，全球首台AP1000核电工程——三门核电1号机组在浙江三门举行临时验收签字仪式，标志全球首台AP1000核电机组建成投运。

3. 克服日本福岛核电事故冲击，确保中国核电安全高效发展

在2010年时，中国的核电发展已经走上了加速发展的道路。在自己独立开发核电技术的基础上，又全方位的引进了多个国家的核电技术，进一步掌握了核电设计、装备制造、工程建造和安全运行管理的一整套核电发展技术和管理规律。中国当时在原有引进技术的基础上，经过多方面的技术改进和再创新，已经可以自主批量建造比多数国家已经建造的核电厂先进的“二代加”百万千瓦核电机组。同时，中国又引进并开始批量建设三代机组，既有美国的AP1000，又有法国技术EPR。另一方面中国也建成了钠冷快堆的工程示范堆，并开始建造高温气冷堆的商用示范堆。核电的装备制造能力已经可以提供每年8～10台套核电机组的主要装备。中国当时的计划是继续建设一批“二代加”核电站，并积极推动三代核电站的引进消化，一旦安全度更高的三代核电成熟，就全面转向三代核电技术。当时在建的核电机组达到30余座，形势十分喜人。

2011年3月，日本大地震引起福岛核电站氢气爆炸、堆芯熔化和放射性泄露的严重事件，极大地打击了全世界的核电发展势头，核安全问题立刻成为各方面关注的热点。

中国政府对福岛事件的反应十分迅速，几乎是立刻决定暂停所有的核电建设项目，要求对全国所有建成运行的和在建的核电进行安全大检查，并很快决定要采用国际上最高的核电安全标准，不再新建二代核电机组，所有新建的核电机组必须达到三代核电的安全标准，特别是提高了堆芯熔化可能性概率和放射性外泄可能性概率的标准。后来又决定暂停所有内陆核电站的建设项目，而且没有限定暂停的时间。

全国性的核电安全大检查被迅速执行，不仅是核电站自行检查，中央政府还组织专家组对核电站逐个检查。几乎所有的核电站都重新调整了备用电源的设置，特别是防止水患的能力大幅加强。又普遍重新评估包括洪水、地震、海啸、上游水坝损毁等自然灾害下的核电安全性和防范措施等。安全管理的要求和重视程度也大大提高。经过再次评估，专家们一致认为，中国现有的核电站的厂址选择标准远远高于日本，都处于非地震带地区，地质条件很好；而且中国沿海不具备发生高水位海啸的条件，即使太平洋上发生大地震，到达中国沿海的海啸最高也低于3米。

4. 中国核电安全运营管理水平良好，部分运行指标处于世界领先水平

中国核电厂的运行事件数总体呈下降趋势，平均每台机组的事故件数约为每年1起左右。而法国每台机组年事件报告数为10起左右，美国为2.6起。中国所有核电厂均参与世界核运营者协会（WANO）指标的统计和比对，从统计结果来看，中国运行核电厂80%左右的指标处于世界中值以上，60% 左右的指标达到世界先进值。一些重要的核电技术供应商如法国堆型业主联合会（FROG）和西屋堆型业主联合会（WOG）等，通过一些机制对其客户的运行业绩进行比对，中国核电厂一些指标也多次拿到第一。

停止新建二代核电，使许多已经做好准备建二代加技术的核电项目遇到了没有技术可用的困难，因为 AP1000 和 EPR 都还在建设之中。作为新的核电技术，也不适宜在没有得到实际工程验证时大规模批量建造。大家都在盼望 AP1000 的建成，可以使更多的项目可用采用这个技术。

为了解决众多项目集中在还没有得到实际项目验证的单一技术而可能引起的大面积共模性安全隐患问题（即如果同一机型在以后的运行中发现了安全技术问题，则所有的该机型发电机组都要同时停机解决问题），中国的两大核电集团集中力量，在自己原有的技术基础上进行再创新，设计出来满足三代核电技术安全要求的新核电方案，即中国的“华龙一号”核电机型。“华龙一号”吸收了原来二代核电设备成熟可靠的优点，又添加了部分非能动安全概念，成为世界上一种新的先进安全机型。为中国核电保持同时拥有不同先进机型提供了可能。现在中国的“华龙一号”机组已经在国内顺利建设，并开始向一些国家出口。

中国核电并没有停止不断研发新技术的步伐，在国家专项资金的有力支持下，由清华大学核能研究院自主研发的 20 万千瓦高温气冷堆正在紧张施工，将在 2020 年前投入运行。以 AP1000 为依托的三代引进技术，也被中国国家核电技术公司全盘消化，并在此基础上设计出了具有自己知识产权的 CAP1400 非能动安全系统的核电站，并将尽快开始建设首台商用示范堆。一些前沿的新型核电技术，包括属于第四代铅基超小型商用核电堆的研发也取得了长足进步，有望在 2020 年前建成实用示范产品，发电功率在 5 兆瓦 ~10 兆瓦，体积只有一个集装箱那么大，可以稳定长时间提供电力。中国不但参加了国际核聚变原理示范工程（ITER）计划，而且 2017 年中国的托卡马特磁约束核聚变试验装置实现了高温磁流体在磁约束下稳定 102 秒，在研究核聚变技术方面走到了世界前列。

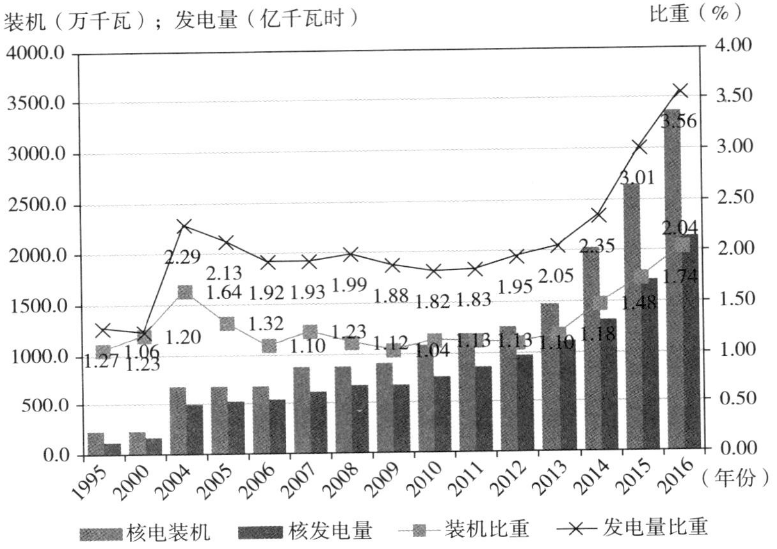

图 6.1　1995—2016 年中国核电装机规模及发电量

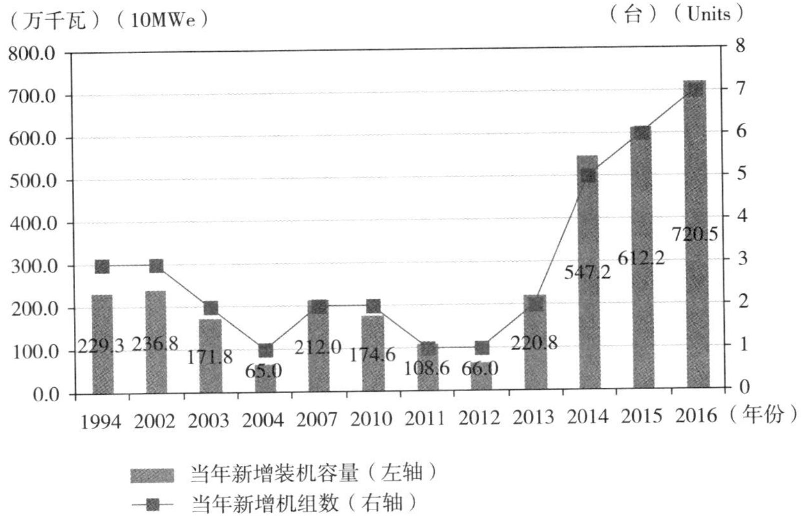

图 6.2　中国历年核电新增装机容量及新增机组数

福岛事件给中国核电发展带来了严峻的挑战。面对挑战，中国核电的工程技术人员知难而上，用提高安全标准、创新技术、实现高标准安全要求的实际行动，为社会解除对核电的安全疑虑，重树核电安全发展的信心，使核电更上一个安全台阶，实现更高安全水平的高效发展。

二、全面领先世界的中国水电

1. 中国水电的发展

水能是重要的能源资源，也是人类早就开始利用的能源。早在 19 世纪后期，欧洲就开始有了水力发电，使人类利用水力资源的规模和水平得到巨大的提高。由于水电的综合成本最低、清洁，没有污染排放，又有很好的调节能力，水力发电早就成为工业化国家优先开发的重要能源。不少工业化国家的水力发电资源开发水平高于 90%，有的基本全部开发了。但是水电，特别是大型水电站的初期投资一般较高，工程施工难度大，大型水电机组建造技术也只有少数国家掌握。所以许多发展中国家的水电开发滞后，利用率也较低。

中国是一个水力资源十分丰富的国家，可开发水力资源位居世界第一。这种资源条件得益于中国的特殊地理条件。中国西南部的青藏高原是世界上地势最高地区，世界第三极即青藏高原所在地，世界最高的几十座山峰都在青藏高原上。中国幅员辽阔，有近 70% 的国土面积是高山和丘陵地带，沿青藏高原向东到海岸线，地理落差有几千米，许多河流径流丰沛、落差巨大，蕴藏着非常丰富的水能资源。据评估，中国河流水能资源蕴藏量高达 6.76 亿千瓦，理论上的可发电量 59200 亿千瓦时；实际可能开发为水电的装机容量可能达到 5 亿千瓦以上。长江是中国第一长河，世界第三长河，全长 6397 千米。长江中上游水力资源十分丰富。中国的第二长河流黄河，长 5464 千米，上游水力资源也比较丰富。中国大大小小有 3000 多条河流水能资源蕴藏量在 10000 千瓦以上。

早在 20 世纪初期，1910 年中国就开始了第一座水电站的建设。当时中国还没有任何电力装备制造业，这个小水电站装机容量只有 480 千瓦，用的是德国西门子公司的水轮发电机。在其后的近 40 年间，中国水电发展缓慢。1949 年中华人民共和国成立时，全中国水电装机只有区区 36 万千瓦。此后，中国对水电建设给予了优先发展的地位。在当时国家经济规模很小、建设投资数量特别有限的情况下，仍然开始不断开发水电，培养水电建设队伍，发展水电装备制作能力。而且曾经提出过在电力工业建设中以水电为主，火电为辅的建设方针，集中全国的力量，建设了一系列的水电工程。

1951 年，中国开始建设福建古田溪电站，这是中国第一座梯级水电站；1954 年，开工建设四川龙溪河狮子滩水电站，最大坝高 51 米，是中国建造的第一座大型堆石坝，电站装机容量为 4.8 万千瓦（4 × 1.2 万千瓦）。1957 年，在新中国经济发展第一个五年计划期间，就开始自行设计、开工建设了中国第一座大型水力发电站——新安江水电站，水电站坝高 102 米，总装机 85 万千瓦（850 兆瓦），而且用了短短的 3 年时间就使第一台机组投产，成为当时中国电力建设的标志性工程。1958 年以后一批水电站陆续开工建设，这些水电站的技术难度也在不断提高，中国的水电建设能力也随之加强。当然，20 世纪 50 到 60 年代，中国在开发水力资源、建设大型水电站的过程中，也有值得借鉴和反思的例子，这就是三门峡水电站。三门峡水电站是中国在黄河——中国第二大河流主干上建设的第一座大型水电站，当时在中国最长的河流——长江主干上还没有任何水坝。

黄河流域是中国古代文化发源地，黄河被称为中国的“母亲河”。治理黄河，利用黄河水力资源，一直是近现代中国人的愿望，从 20 世纪 30 年代起，就不断有人研究在黄河主干上修建水库的问题。1949 年后，在黄河主干上建水电站治水发电再次被提到议事日程上。但由于当时工程牵涉到技术和经济条件问题，直到 1957 年，由苏联专家任总设计师的三门峡水利枢纽建设方案才终于得到国家批准，作为当时最大的水利工程正式开工。用了不到 5 年时间，工程人员就把高 105 米、长 713 米的重力大坝建设起来，第一台发电机也投入运行，工程建设一切顺利。但由于工程对黄河高泥沙含量的最大特点考虑不足，库区泥沙淤积数量和速度远远超出预计，整个水电站不到两年就面临无法继续正常运行的困难。为了解决泥沙淤积问题，三门峡水电站在后来几十年时间内不得不一再改建，原来设计的发电能力被大幅降低。直到 21 世纪初，随着黄河中上游一系列其他水利水电大型工程的建成，黄河流域大量植树造林和水土流失治理工程多年的努力，黄河泥沙问题才整体向好的方向转变。黄河三门峡水利枢纽工程几十年的建设和改造经历，使得中国以后建造大型水电工程时，对河流水文条件考察得更认真，充分考虑更大范围的自然条件，对大流域各种环境综合影响的评估做得更深入。之后几十年，中国水电一系列大型水电站相继开工建设，都取得了成功。

2. 在长江上建设水利枢纽工程

（1）葛洲坝水利枢纽工程

随着中国水电建设经验不断丰富，水电技术水平不断提升，中国加快了水电建设步伐，继续了水电建设优先的政策。中国在改革开放以后，开始了在中国最大的河流长江的主干流上建设葛洲坝水利枢纽工程。

长江是中国流量最大的河流，中下游长年平均流量达到 33000 米^3 / 秒，但季节变化较大，最大洪峰流量曾经达到过 78000 米^3 / 秒，是世界上流量第三大的河流。在这样大的河流主干流上建设大坝对中国的水利工程能力是一个巨大的考验。1981 年 1 月，葛洲坝项目大江截流工程胜利合龙，1988 葛洲坝水电站年全部建成，装机 271.5 万千瓦（2715 兆瓦），成为在中国最大河流长江上建设的第一座大坝，为中国在长江干流上修建更大的水电站积累了经验。

（2）长江三峡水利枢纽工程

在长江上建设巨型水电站，把长江的水力资源利用起来，是中国人从近代开始就有的梦想。特别是在长江的上中游的三峡峡谷流段，两岸峭壁陡峭，高耸入云，有几百米之高。江门宽度相对比较窄，江水湍急，流量大，是建设水电站的优势坝址。孙中山先生在 1919 年就提出了建设三峡工程的设想。中华人民共和国成立后，对长江流域的水力资源开发利用进行了再次规划，多次研究建设三峡水电站的问题，但直到 1970 年确定先建设葛洲坝水利枢纽工程后，建设三峡才正式进入实质性筹划阶段。由于工程巨大，三峡工程也引起了工程技术界，后来发展到社会经济界人士的高度关注。20 世纪 80 年代，中国政府组织了庞大的专家队伍对在三峡地段修建水电工程问题进行了专题研究，大多数专家同意建设三峡工程，但也有一部分专家有不同声音。争论的焦点主要集中在对长江中下流的生态环境影响，大坝本身的安全性，移民的安置工作以及巨大的经济投入等。最后，究竟要不要尽快实施三峡工程的建设的问题，在 1992 年被提交到中国的最高立法机关全国人民代表大会全体会议上进行表决，表决结果是三分之二以上的人民代表赞成实施三峡工程。三峡工程的进展和建成后的效果，一直受到社会各界的关注。而三峡工程的成功，不仅是一个工程技术的胜利，也是在中国这样一个人口众多的大国，在处理涉及上下游几亿人口切身利益、影响深远且科学技术十分复杂的战略性工程时采用科学论证、民主协商和集体决策的科学性和正确性的胜利。

中国在全国人民代表大会正式批准三峡工程建设方案后，于 1993

年正式成立了中国长江三峡工程开发总公司，专门负责三峡工程的建设和运营。三峡水电工程 1994 年正式动工兴建，2003 年第一台机组开始蓄水发电，于 2009 年全部完工，历时 15 年，是目前世界上最大的水电和水利工程。三峡工程创造了许多工程技术上的世界纪录。

三峡水利枢纽主体建筑物基础土石方开挖 10283 万立方米，混凝土基础 2794 万立方米，金属结构安装 25.65 万吨，水电站机电设备安装 34 台套、发电总容量达到 2250 万千瓦。这些都是世界水利水电工程最高纪录。

三峡的大坝为混凝土重力坝，坝总长 2345 米，最大坝高 181 米，坝体总混凝土量为 1700 万立方米，是世界第一大坝。水电站装了 32 台单机 70 万千瓦的发电机组，是目前单机容量、总装机容量、以及年发电量（超过 1000 亿千瓦时）均居世界第一的水电站。

为了保持长江上游和中游的航运通道，三峡大坝建设了目前世界总水头最高（113 米）、级数量多（5 级）的梯级内河船闸。其单级闸室有效尺寸（长 280 米、宽 34 米、坎上水深 5 米）及过船吨位（万吨级船队），属世界已建船闸最高等级的内河船闸。三峡工程不但没有阻断长江航运，而且由于坝前水位的有效提升，使长江中上游航运条件大为改善，过去只能通过 3000 吨船舶的航道可以通行万吨级船舶，长江中上游的航运能力大幅提高。在没有修建三峡工程以前，长江三峡河流段由于航道窄、水流急，安全性差，每年货运通过能力最多只达到过 1800 万吨。三峡工程修建后，运输量逐年提升，2016 年达到 1.2 亿吨。由于船太多，这样世界最大的船闸都不足以容纳日益增多的船队。三峡大坝又在 2016 年建成了目前世界上最大的单线一级垂直升船机。这个升船机可以提升的重量达到 11800 吨，最大提升高度 113 米。可以直接将 3000 吨的船舶连同载船的水和船箱一次直接提升过坝。三峡升船机属世界规模最大、难度最高的升船机。升船机的建成对加大三峡船队流量提供了更好的条件。

三峡工程建设过程中也克服了许多巨大的困难。例如三峡工程实现长江截流时的流量达到9010米^3/秒，施工过程中导流最大洪峰流量79000米^3/秒，是世界上大坝施工期流量最大的水利工程。

大坝的许多闸门和相应的各种启闭机都是世界上最大的。例如三峡工程泄洪闸最大泄洪能力10.25米^3/秒，是世界上泄洪能力最大的泄洪闸。

这样的例子还有许多。除了工程技术方面创造了一系列的世界纪录以外，三峡水利枢纽工程的建设还创造了许多其他方面的奇迹。

三峡库区从大坝上溯600余公里，坝前水面提升100多米，涉及两座中等城市和十多座小城市近120万人口的搬迁问题。移民这么多，许多人担心移民工作不好做，难以按期完成搬迁安置工作，这曾经是争议三峡工程要不要建的重要议题。但是，在各级政府的协调下，近120万人在短短几年内，都分期、分批得到重新安置。有的是从原来的地点向高处后撤，也有相当多的人要到新的安置地点重新安家。三峡工程的投资有约45%用于移民安置建设，给予合理补偿，重新置业妥善安排。由于三峡工程明显改善了库区的交通条件，使库区经济发展的外部条件得到很好的提升，库区的经济在水库建成后得到长足的发展，人们的生活和工作条件都得到了相应的提高。转移人口的住房条件普遍得到改善提高，生计得到满意安排。中国通过各级政府的协力合作，妥善解决大规模库区移民遇到的种种问题，在短短的几年里，完成了群众动员，取得了近120万迁出人口的支持和配合，也得到迁入地区人民的接纳和帮助，按时完成了移民安置工作。这充分体现了中国可以通过民主协商和有效的社会管理，解决社会经济发展中遇到的大规模社会动员难题。这也体现了中国人民服从大局，可以牺牲局部利益，克服个人困难，共同建设美好未来的崇高觉悟和集体主义爱国主义精神。三峡建设的成功移民是中国可以集中力量办大事的突出案例。

三峡水利枢纽工程静态总投资达到1350多亿元，由于建设时间较长，动态投资总量达到近2500亿元。这么多的投资，如何筹措是建设三峡工程的大问题。中国政府不但在成立三峡工程建设公司时给予资金支持，还在全国的售电价格中增加了每千瓦时0.003元的三峡建设基金，后来增加到0.004元，全国支持三峡的建设。到2009年三峡建设基金结束征收时，一共征收了1378亿元。这些基金对三峡建设和随后长江上游大型水电建设工程都起到重要作用。从2010年开始，三峡建设基金停止征收，改为重大水利工程建设基金，用于支持建设其他的重大水利工程。

从2003年首台机组开始发电起，截止到2017年3月1日，三峡水电站发电量已经超过了1万亿千瓦时，现在年发电量达到1000亿千瓦时左右，售电收入已经高于全部动态投资总额，直接的经济效益十分明显。

三峡工程并不是单一水电工程，在诸多的经济和社会效益中，最大的贡献是三峡工程的巨大防洪功能。

长江中下游历来水患严重，一到汛期，长江流量可以比枯水期高20余倍，历史上长江曾经多次出现大的决堤泛滥。长江三峡工程建成后，巨大的库容对调节流量，缓解洪峰起到关键性作用。可以蓄流减少洪峰流量的能力达到每秒27000到33000立方米，对长江中下游起到巨大的保护作用。三峡工程建成以后，尽管长江流域仍然多次出现降雨集中，形成大洪水，但中下游的抗洪压力得到有效缓解，基本不再需要采取牺牲部分地方的大型分洪措施了。

三峡的巨大库容不但可以用来防洪，还可以调节枯水期的中下游流量，明显提高枯水期的流量，使枯水期流量提高3000米^3/秒。使下游枯水期的用水得到必要的保障。

三峡水坝的建成，形成了新的生态环境条件。现在三峡库区的水质十分优良，大坝下游的水质也明显提高。随着全流域的大面积植树造林，加强水土保护，整个长江流域的水质都在明显改善，三峡库区的泥沙沉积量明显低于设计预期。三峡建设前一些专家担心的在库尾上游出现大量泥沙卵石沉积，抬高河床的现象并没有出现。库区上下游水质的不断改善，还为大量珍稀鱼类的生长创造了更好的条件。三峡公司不但在三峡水库上下，也包括在上游的水电设施上下，都投入大量资金，培育和不断放养可能受到大坝影响洄游的鱼类，使各个河段的鱼类生态得到保护和有效恢复，三峡地区的中华鲟鱼、胭脂鱼等多种鱼类在不同河段都出现大量自然繁殖的现象。

三峡工程已经成为中国水利和水电建设上的一个标志性成功案例，成为中国水电建设的一座丰碑。三峡工程建设过程极大地提高了中国水电建设的能力，包括培养了一大批高级工程技术人员和数以十万计的高水平水电施工队伍，大大加快了中国后续的水电发展速度。

三峡工程开始建设后的 20 多年间，是中国水电建设最快的历史时期。水电建设发展的速度和规模在世纪交替和 21 世纪前 15 年，也达到了建设规模的高峰期。在 1995—2000 年这五年间，中国新建成了近 3000 万千瓦（30 吉瓦）水电。2000—2005 年五年期间，又新增了 3200 万千瓦。水电总装机超过了 1.17 亿千瓦，中国已经超过美国成为世界上水电装机最多的国家。2005—2010 年，中国水电建设明显加快了步伐，新增了近 1 亿千瓦，装机总量达到了 2.16 亿千瓦。这一个五年期间水电装机增加的数量，几乎相当于过去一百多年中国全部水电建设的总量。而在下一个五年期间，即 2010—2015 年，水电装机又新增了 1 亿千瓦以上，2015 年末水电装机总量达到 3.19 亿千瓦。（图 6.3）截至2016年底，中国的水电装机已达3.32亿千瓦以上，已经是世界水电装机总量排第二的美国的3.3倍左右。目前，中国已建成十几个大型水电基地，特别是黄河上游、长江中上游、包括长江上游的主要支流都在进行按照规划的梯级开发。例如在三峡工程以后，在三峡上游的金沙江河段，又陆续建成了溪洛渡（1386万千瓦）、向家坝（775万千瓦）两座巨型水电站，两座电站的总发电量与三峡发电量相当。2016年，长江干流上的三峡、葛洲坝、溪洛渡、向家坝四大水电站的年发电量达到2060.6亿千瓦时（206太瓦时），成为中国中西部重要的水电基地，不但为当地提供了清洁电源，也为长江中下游各省市提供了重要的电力支持。

中国不但是水电建设规模最大的国家，也是拥有世界上装机最大水电站、世界上最高水电站大坝，以及许多世界上技术难度最大水电工程的国家。在世界上已经建成和正在建设的装机容量大于等于200万千瓦的92座大型水电站中，中国占了30座。装机容量最大的水电站的第一、第二、第四名都在中国。

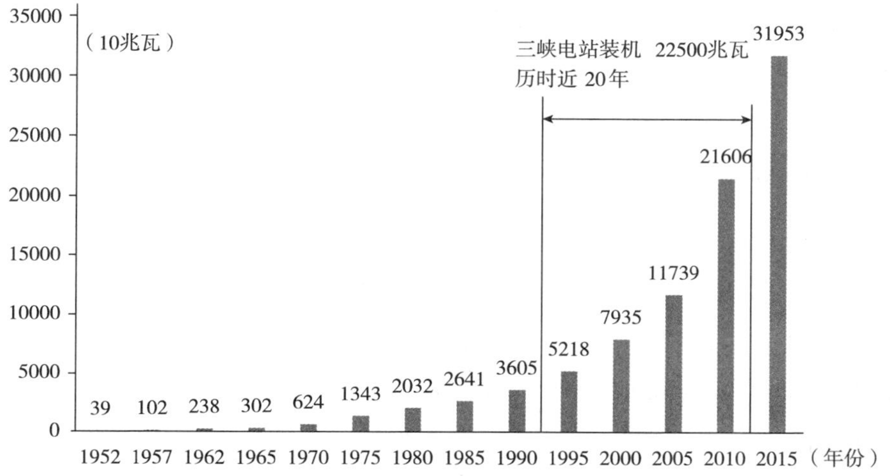

图6.3　中国的水电发电装机容量

世界目前最高的大坝也在中国，即四川锦屏水电站。其坝高 305 米，也是世界最高双曲拱坝。紧随其后的云南小湾水电站，坝高 292 米。中国正在建设且很快就将建成的四川大渡河双江口水电站坝高 312 米，将成为世界高坝的新纪录，四川雅砻江两河口水电站坝高 295 米也将在不久建成。中国还建成了世界最高碾压混凝土重力坝龙滩水电站（坝高 216 米）、世界最高的混凝土面板堆石坝水布垭水电站（坝高 233 米）等高难度大坝。

世界最大的水轮发电机也在中国设计制造。三峡水电站的 32 台单机 70 万千瓦机组，一开始在国外制造。中国由此引进了相关技术，并自行制造了后面的部分 70 万千瓦机组。此后中国自己设计制造了更大的单机 80 万千瓦机组。用于金沙江上的向家坝水电站，共安装了 8 台单机 80 万千瓦的机组。中国还自行研发制造了目前世界上最大的单机 100 万千瓦的水电机组。在即将建成的世界装机第二大的金沙江白鹤滩水电站将安装国产的 16 台单机 100 万千瓦的巨型水轮发电机组。将创下世界最大水轮发电机组的新纪录。

水电作为最优秀的低碳可再生能源，在今后能源低碳化发展中将起到更重要的作用。中国至少还有一两亿千瓦的水电资源可以开发，水电建设仍然有巨大的发展潜力。

在中国开发水力资源、发展水电的过程中，也不可避免地出现不同意见和声音。其中许多是从河流的生态保护角度出发，对建设水坝将要破坏河流原有生态环境存有顾虑，从而反对一些水电站的建设。这些反对意见有助于更加重视评估水坝建设的环境影响，并促使水电建设尽可能减少相应的影响，采取措施尽可能地给予补偿。也需要进行大量的科学普及教育和深入的社会沟通，以取得更多人的共识，减少阻力。任何大型工程项目的建设，都会多多少少对自然生态环境造成影响和改变。包括城市化过程本身，也在不断改变土地原状，使许多地方从自然状态变成道路和房屋。中国的城市化使水资源的使用更加集中，许多城市如果没有相应的水库建设，就不能保持连续的水供应，中国多数水坝的主要功能是对水资源的存储、调度和利用，以保证农业、工业和城市用水。

中国的能源目前仍然更多地依靠化石能源，特别是煤炭。相对煤炭等化石能源所形成的环境生态影响，特别是碳排放对全球整体的水资源、生物多样性、动植物生长生存条件的影响，水电开发是对环境影响相对较小的重要能源资源。中国今后将在不断加强环境考量的基础上，继续大力开发水力资源，发展水电。并尽可能利用已经掌握的、领先于世界的水电装备制造技术、水电站设计建设能力和经验，帮助发展中国家更好地发展水电，优先利用这种清洁的低碳能源，使更多的国家可以更快地利用自己的资源，得到更多的低碳能源供应，走经济社会的低碳发展道路。

第七章

中国能源管理体制的改革

自1978年改革开放起，中国经济体制经历了从计划经济到中国特色社会主义市场经济的全面转型。能源行业是中国经济体制改革的重要领域之一，几十年来能源管理体制的改革一直在不断探索适合中国国情的社会主义市场经济管理模式，并随着发展的不同阶段和所面对问题的变化，不断进行调整和完善，现在仍然在继续调整的过程之中。中国能源管理体制的变化，一方面是以建立现代能源市场为目标，调整市场主体的经营模式和运行条件，调整相应的管理内容和机制；但更重要的是以问题为导向，为了解决能源发展中遇到的问题，不断调整不适应、不合理的政策和管理方法。在改革开放初期，能源领域主要面临的问题是供应短缺、投资不足、发展速度过慢。加快发展、保障供应曾经是主要矛盾。随着中国经济的发展和能源建设的不断升级，提高能源系统效率、提高发展质量、治理环境污染、调整能源结构、促进绿色低碳发展，逐渐成为能源领域发展的主要内容。中国能源发展也从几乎完全依靠国内资源走向了全球化。在全球化的背景下，如何创新有中国特色社会主义市场经济秩序和管理模式，仍然是一个需要不断调整完善的重大任务。坚持问题导向，面向中国新时期发展的战略任务，进一步推动能源领域的改革，仍然是一个长期的过程。

第一节　构建统一开放、竞争有序的能源市场体系

1. 能源管理模式改革

在 1978 年以前，中国学习苏联的经济管理模式，建立了一套计划经济的工业管理体系，曾经成立了燃料工业部统管能源行业。后来，随着能源行业的不断扩大，又分别组建了煤炭工业部、石油工业部、电力工业部、核工业部等能源行业主管部门。煤炭部按不同矿区组建了几十个矿务局，每个矿务局主管一个矿区下属的所有煤矿。除了煤炭部所属的国营煤矿以外，在一些煤炭资源丰富地区，存在地方政府直接管理的地方国营煤矿。还有一些非正规的小型煤矿，大多属于当地基层乡镇政府，但是这些小矿的产量很低。石油工业部统管全国的石油勘探和开采行业，几乎所有的正规油气生产企业都直属石油工业部管理。在一些大的油田相应建立了石油工业管理局，具体管理油田的全部生产活动。电力工业部（曾经和水利部合并为水利电力部）统管全国电力生产企业和电网，在电力工业部下面有按大的地区（覆盖若干个省）划分的区域性电网和相应的电力管理局，以及遍及全国各个县级政府的电力管理局，按区域和行政辖区统管电力生产、输运以及电力的分配使用。这种高度集中的能源工业管理模式，在中国工业化的早期曾经发挥过作用，可以集中国家的财力物力，优先发展重工业。在不仅计划生产而且可以计划消费分配的体制下，可以实现充分的产销平衡。但是这种僵化的中央计划经济管理体系，没有合理的机制满足人民不断增长的消费需求，特别是新的消费内容，消费对生产和经济发展的巨大推动作用被抑制。几乎所有实行计划经济的国家在满足人们不断变化和增长的消费需求方面都出现了机制性的困难。不

但多数消费产品的数量和质量落后于市场经济国家，而且在包括能源的工业原材料供应方面也难以满足市场的实际需求。工业生产需要的能源长期处于供不应求的状态，而且人民生活用能也只能长期定量供应，许多地方的合理生活用能也难以满足。

中国从 1978 年改革开放以后，能源需求迅速增加。而传统计划经济的能源管理机制，难以适应这种自下而上的需求增长。为解决日益严重的能源短缺问题，必须尽快转变管理机制，解放能源生产力。能源领域的改革首先从煤炭行业开始，打破了煤炭部对煤炭开采的严格控制，鼓励地方政府和农村乡镇开办煤矿，增加煤炭生产。在全国性的严重电力短缺情况下，电力建设也不得不打破计划传统，首先是允许多家办电，参加电力投资，后又进一步发展到允许国内外资金直接建设和运行发电厂。实际上是经济发展的客观需求推动了能源领域的体制改革。

早在 1979 年，邓小平就提出“社会主义也可以搞市场经济”，后来又进一步明确指出计划和市场都是方法，只要对发展生产力有好处，就可以利用。市场用于社会主义，就是社会主义的。这些开创性的理论引导了中国经济体制改革的根本方向。中国开始在各个领域引进市场经济的机制，试用市场经济的方法和理论来解决发展中遇到的问题。建立社会主义市场经济成为中国从原来僵化的计划经济模式进行市场转型的主要改革方向。

中国政府的能源管理部门在这种市场化改革的进程中经历了剧烈的变化。1988 年中国政府撤销了原有的煤炭部、电力部、石油部等能源工业主管部门，合并为能源部。这时的能源部已经不能直接经营能源生产企业了。同时把原来属于行政性管理的各级能源生产单位，组建为公司制能源企业。中国石油天然气总公司、国家电力公司承接了原来由石油工业部、电力工业部所管辖的油气和电力生产运行。由于煤炭行业放开经营权比较早，在撤销煤炭部的时候，煤炭工业已经形成了国有重点煤矿、地方国营煤矿、乡镇煤矿三分天下的局面。

中国能源部只维持了短短的 5 年，在 1993 年被撤销。同时短时间内恢复了煤炭部和电力部。能源部的成立是中国探索市场经济条件下能源管理体制变化的一个重要的试验过程。但当时多数能源企业还不适应市场经济运行的机制，煤炭行业希望恢复行政性管理的呼声比较强烈。其他行业成立的公司，也还没有适应从行政性部级机构转轨为大型企业运行的重大变化。但是，随着中国 1992 年以后正式提出和确定建立社会主义市场经济的政治选择，能源领域的管理体制改革进一步沿着市场化的方向推进。再次成立的电力工业部和煤炭部也于 1997 年后被撤销，改为成立企业行业协会，推动能源企业市场化持续改革。此后电力行业还成立过部级的电力监管委员会，尝试实行电力行业的独立监管制度。现在的能源管理机构是国家能源局，曾经的国家电力监管委员会也合并到国家能源局。与曾经的各能源行业主管部相比，现在的国家能源局的规模缩小了许多，职能进一步向规划、协调、政策法规制定以及市场监管方面集中，已经不再管理能源企业的具体运行了。

2. 能源生产单位改制

能源领域另一个改革的重要内容是使能源生产单位成为能够适应市场经济的现代企业。这方面煤炭行业的市场化转变早于石油和电力行业。20 世纪 80 年代，由于煤炭的严重短缺，中国对煤炭资源的开发和利用采取了“有水快流”的发展方针，提倡“国家、集体和个人一起上”“大中小煤矿共同发展”，因此在原有国营重点煤矿以外，地方政府和各种集体所有制经济，以及一些私营投资进入煤炭行业，各种煤炭企业得到高速发展。到 1995 年，全国乡镇煤矿多达 7.29 万处，产煤 6.66 亿吨，占当年全国煤炭产量的 48.9%。在 20 世纪末，随着煤炭部的再次撤销，所有的煤矿都下放给所在地方经营。为了解决过去煤矿只搞煤炭生产、不经营运输和销售等中下游产业、业务过于单一的问题，国家组建了神华集团，结合了煤炭开采、煤炭运输、煤炭发电以及煤化工等全产业链，成为新型的以煤炭为基础的能源公司。神华集团已经成为中国、也是世界最大的以煤炭为基础的综合性能源公司，为中国其他煤炭企业树立了发展的榜样。经过 20 多年的不断变化组合，特别是随着对煤炭资源高效合理利用以及安全生产标准的不断提高，在不断变化的煤炭市场竞争条件下，中国煤炭企业的集中度大幅提高，出现了一批大型煤炭综合能源企业，成为中国煤炭行业的主要力量。

石油行业的企业化改革，主要是把原来石油工业部所属的石油生产单位，以及过去属于化工部管理的石油炼制和化工生产单位重新组合，形成了包括石油勘探、开发、生产、运输到炼制的两大综合性石油天然气公司。而且这两大石油天然气公司不按地域划分，均可在全国开展油气相关生产业务。这两大油气公司即中国石油天然气集团公司和中国石油化工集团公司，都已经成为世界上排名靠前的能源公司。为了开发中国的海上油气资源，国家组建了中国海洋石油总公司，一开始只开展海上油气勘探开发和生产，经过几十年的发展，也成了既有海上也有下游石油炼制的综合性石油天然气企业。除了以上三大石油天然气公司外，一批新的油气生产、炼油和石油化工企业也发展起来了。近年来随着中国天然气市场的不断扩大，一批经营燃气供应和销售的燃气公司也发展起来，有的已经成为重要的燃气能源集团。

在电力部 1998 年第二次被撤销的同时，电力部原属的所有电力企业都划归国家电力公司运行。这时候的国家电力公司仍然掌管了全国的电网和主要的发电厂，处在明显的行业优势地位。各地所属的发电企业认为在公平上网问题上，国家电力公司的发电企业占有不合理的优势地位，各方面要求进一步改革电力行业的呼声十分强烈。2002 年，国家开始了进一步的电力体制改革，提出了将发电和电网分开，在发电侧引进竞争机制的改革方向。国家电力公司被进一步拆分，电网部分和发电部分分离，而且电网也被拆分为国家电网和南方电网两大公司。为了在发电侧引进竞争，原来国家电力公司所属的发电企业被重新组建为五大发电集团，即国电、华电、华能、大唐和中电投。这个改革的确使电力企业主体的发展和竞争主动性大幅提高，带来了后来十几年的发电能力和投资高速增长。使原来一年只能新建一两千万千瓦发电设备，变为一年可以新增一亿千瓦以上。在五大电力公司快速发展的同时，其他国有电力公司包括三峡公司以及核电公司也得到了充分的发展空间。中国的发电装机数量从 2000 年只有 3.19 亿千瓦增加到 2015 年的 15 亿千瓦以上。2015 年五大发电集团在全国电力装机中占比为 44.1%。在发电市场，中央直属电力公司、地方政府所属电力公司和其他所有制的发电公司形成了充分的竞争。特别是风电和太阳能发电后来的高速发展，给许多小的新能源发电企业创造了发展机会，现在中国已有 80 余家民营企业跻身全球新能源 500 强企业中。

中国能源的长时间高速发展，给中国的能源企业创造了巨大的增长空间。无论在电力、石油天然气和煤炭，还是核电和其他可再生能源行业中，中国都有一批能源公司进入了世界大公司的行列。

在《财富》杂志 2017 年世界 500 强排名中，美国公司仍然占有最多的席位，达到 129 个；但中国企业进入 500 强的数量迅速增加，已经达到 115 个，远远超过其他的国家。在中国进入世界 500 强的公司中，能源公司有 25 个。其中国家电网、中石化、中石油三大能源公司，在世界 500 强公司中排名第二、第三和第四，在世界能源公司中居前三位。中国有 7 个石油天然气公司、10 个电力公司、8 个煤炭公司进入了世界 500 强，是世界各国中能源公司进入 500 强数量最多的国家。（图 7.1）

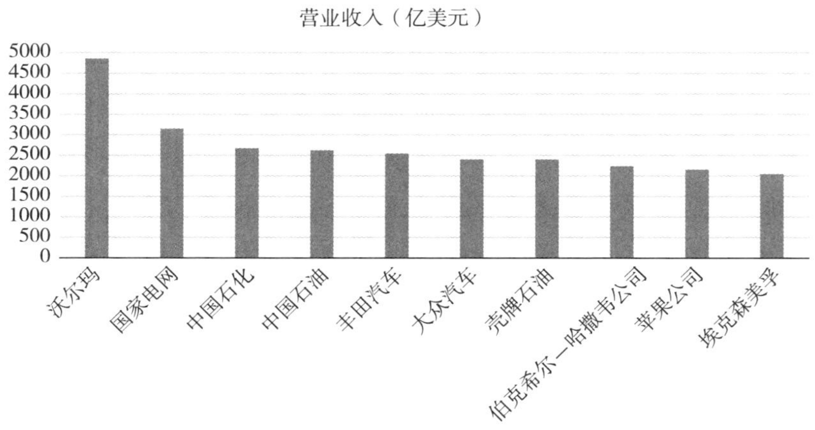

图 7.1　2017 年《财富》世界 500 强企业前十名

资料来源:《财富》杂志，2017 年。

中国的能源企业从小到大，从弱到强；技术从无到有，从落后到先进。现在中国的电网不但系统容量最大，而且技术也十分领先，其中特高压技术更是中国特有，电网的安全性也达到国际先进水平。中国的石油公司不仅在经济总量上超过了原来长期占有国际油气公司前列的知名跨国公司，而且在勘探开发能力方面也成为能够解决难题，可以在世界上最困难的地方啃硬骨头，成功开展业务的国际性公司。以神华为代表的煤炭企业，更是世界煤炭开发和高效清洁利用的领头企业。

能源企业在中国的企业队伍中也占据了重要的地位。在 2017 年中国企业 500 强中，能源企业占到了 56 家。国家电网、中石化、中石油占据了中国企业 500 强的前三位，成为中国最大的公司。进入中国企业 500 强的石油公司有 12 家，其中国有企业 7 家；电力公司 12 家，全部是国有企业；地方能源公司进入 500 强的有 14 家，也全部是国有企业；煤炭公司进入 500 强的有 19 家，其中 18 家是国有公司，1 家是股份制公司。（表 7.1）

表 7.1　2017 年中国企业 500 强中的能源公司

名次	企业名称	营业收入（亿元）	名次	企业名称	营业收入（亿元）
1	国家电网公司	20940	131	中国平煤神马能源化工集团有限责任公司	1229
2	中国石油化工集团公司	19692	169	山东东明石化集团有限公司	887
3	中国石油天然气集团公司	18719	178	山西煤炭进出口集团有限公司	852
20	中国南方电网有限责任公司	4733	195	中国中煤能源集团有限公司	777
24	中国海洋石油总公司	4377	211	晋能集团有限公司	710
35	中国中化集团公司	3955	224	浙江省能源集团有限公司	662
42	中国电力建设集团有限公司	3247	226	中国广核集团有限公司	658
48	中国华信能源有限公司	2909	250	云南省能源投资集团有限公司	601
61	神华集团有限责任公司	2479	252	内蒙古电力（集团）有限责任公司	598
63	中国华能集团公司	2461	253	淮南矿业（集团）有限责任公司	598
64	陕西延长石油（集团）有限责任公司	2353	259	北京能源集团有限责任公司	587
68	中国能源建设集团有限公司	2254	288	淮北矿业（集团）有限责任公司	514
69	冀中能源集团有限责任公司	2217	292	徐州矿务集团有限公司	509
74	陕西煤业化工集团有限责任公司	2121	304	新疆特变电工集团有限公司	501
86	国家电力投资集团公司	1959	318	宝塔石化集团有限公司	470
87	山东能源集团有限公司	1946	344	中国核工业建设股份有限公司	415
90	中国华电集团公司	1874	348	内蒙古伊泰集团有限公司	412
93	中国国电集团公司	1785	354	广东省粤电集团有限公司	400
95	大同煤矿集团有限责任公司	1701	358	深圳光汇石油集团股份有限公司	392

续表

名次	企业名称	营业收入（亿元）	名次	企业名称	营业收入（亿元）
96	山西焦煤集团有限责任公司	1669	378	重庆市能源投资集团有限公司	378
97	中国航空油料集团公司	1633	382	山东金诚石化集团有限公司	371
98	开滦（集团）有限责任公司	1628	385	福建省能源集团有限责任公司	370
99	阳泉煤业（集团）有限责任公司	1613	412	申能（集团）有限公司	344
100	山西潞安矿业（集团）有限责任公司	1600	415	新奥能源控股有限公司	341
102	中国大唐集团公司	1584	417	四川省能源投资集团有限责任公司	339
108	山西晋城无烟煤矿业集团有限责任公司	1520	458	天津能源投资集团有限公司	313
119	兖矿集团有限公司	1398	488	安徽省皖北煤电集团有限责任公司	296
129	河南能源化工集团有限公司	1241	494	珠海振戎公司	289

国有能源企业一直以来都是中国能源行业发展壮大的主要力量，对保障能源和经济安全发挥了重要作用。由于能源行业具有基础设施和公用的性质，现代能源系统已经成为关系国计民生的重要基础产业，不但服务于经济社会的各个方面，更和人民的日常生活和社会活动时刻紧密相关。以国有企业为主体的中国能源企业，在执行国家能源规划、保障经济建设能源供应和不断提高人民生活用能服务水平方面都做得很好，起到了应有的主体作用。在保护环境、减少排放方面，国企能够很好地执行环保标准要求。例如，中国的电力企业在国家提出要控制和减少二氧化硫和氮氧化物的排放时，仅仅用了短短几年时间，所有的电厂都高质量地完成了相应的技术改造，使排放达到不断提高的标准要求。

从中国的实践看，公有制企业在能源领域具有很强的竞争力，也可以成为国际化的能源大公司，在世界各国的基础设施建设和运行中发挥很好的作用。搞好公有制能源企业，是坚持和发挥社会主义制度优越性、维护国家经济安全、提供民生基本需求的重要保障。能源领域的改革开放，会在市场准入和运行中进一步维护公平竞争，并不断提高能源系统的高效和安全性，进一步向绿色低碳方向转型发展。在社会主义初级阶段，各种所有制经济都会有很大的发展余地，但国有企业仍然会是中国能源发展的中流砥柱和市场主体。

第二节　能源市场化改革中的能源价格改革

价格机制是市场经济下资源优化配置的基础，是发挥“看不见的手”作用的重要前提。中国在实行计划经济相当长的时期内，几乎所有商品都由政府定价，并对生产、运输、交换等各个环节实行指令管理，造成价格和市场供需脱节，价格扭曲现象严重，各种资源分配得不到优化。中国进入市场经济以后，价格改革的需要日益紧迫。早在20世纪80年代，能源价格改革就提上了国家经济改革的重要日程，对各种能源价格的形成机制和价格管理体制进行调整和改革。在中国特色社会主义进入新时代后，能源价格改革仍然是中国能源革命的重要基础性内容。直到现在，能源价格的管理体制和形成机制仍然在进一步调整和改革之中。

一、能源价格改革进程

中国在20世纪50年代开始的计划经济中，几乎所有生产和分配活动都由上级计划部门确定，工厂生产新产品确定价格和价格调整都需要逐级上报审批，许多价格多年不变，价格变动报批的时间过程很长，价格机制并不能灵活反映市场供求关系的变化（表 7.2）。

表 7.2　中国商品定价中政府定价比重变化

	社会消费品零售总额	生产资料销售总额	农副产品收购总额
1978 年	97%	100%	92%
1992 年	83%	62%	78%
2012 年	小于 2%	小于 2%	小于 2%

为支撑重工业加快发展，能源的商品属性被弱化，作为国家一级统配物资实行统购、统销政策，能源价格也被人为制定在较低水平。能源行业长期处于微利或亏损状态，能源供应短缺成为常态。以煤炭为例，1978 年中国原煤平均每吨售价仅 15.91 元，煤炭行业基本没有利润；1952—1978 年的 26 年里，中国原煤价格仅由政府价格主管部门调整过两次，分别上调了 20% 和 13.11%，虽然缓解了全行业价格扭曲严重的问题，但并没有起到促进增加供应的作用。直到 20 世纪 80 年代初，中国国内原油价格每吨只有 50 元～70 元，1985 年全国电力平均价格只有每千瓦时 7 分钱左右。由于能源价格长期偏低，能源大量粗放利用，经济增长的质量效益普遍低下。1952—1978 年，中国 GDP 年均增速为 5.9%，但全要素生产率年均增长仅为 –0.32%，计划经济粗放式增长带来的低效、浪费和损失非常明显。

20 世纪 80 年代开始，随着改革开放的不断推进，能源价格改革的紧迫性更加凸显。能源消费需求迅速提高，而能源供给能力的扩大受到原来的计划价格约束，投资回报得不到保障，因此能源生产能力的增速远远落后于消费的增长速度。能源出现全面短缺，而且计划分配也解决不了各地多方面的能源需求。消费端开始冲击原有的固定价格体制，形成计划价格之外宁愿提高价格也要争取更多的能源供应的新的能源市场。另一方面，随着中国进出口贸易的品种和数量不断增加，国际上各种商品的价格和国内原有商品价格结构差距巨大，难以用汇率进行相应调整。当时中国为了进口技术和一些国内紧缺的生产物资和消费品，必须获得更多的外汇，而当时中国的多数工业制成品品种和质量又不能满足国际市场的要求，出口数量有限，外汇十分紧张。国家决定限制国内石油的消费，挤出国产原油出口换汇。而国内的原油价格远远低于出口价格。整个原油和油品的国内外市场差价过于巨大，自然而然地形成了石油价格的双重价格状态。尽管国家对国内石油消费采取了限制和限量供应的政策，但沿海城市在电力严重短缺的情况下，许多企业甚至商店为了在定期停电的时候不断电，不得不用柴油或汽油发电机自行发电，也拉动了许多计划之外的石油需求。沿海地区的汽车运输业也快速增长，许多车得不到计划配给的汽柴油供应，也开始转向用高价从各种途径采购油品，形成了国内的双重价格油品市场。在严重缺煤的条件下，煤炭价格也形成计划内外的双重价格实际状态。

中国把价格改革作为适应市场化要求的重要改革内容，选择“渐进式”方式，开始向市场化价格机制过渡。20 世纪 80 年代能源价格改革首先是承认和执行价格“双轨制”，即按计划指令生产的产品由国家定价，超计划增产的产品则按市场供求决定价格。1982 年，经国务院批准，大庆油田超产原油在国内按每吨 644 元出售，其他油田超产的原油均按每吨 532 元出售。当时计划内生产的原油国家定价均为每吨 100 元，高价油与平价油的价差收入，作为“勘探开发基金”补贴石油勘探开发。1985 年起，国务院进一步规定，在完成指令性计划以后，超产部分的价格由供需双方自由议定，国家不加干涉。在这种情况下，原油产品就有两种价格，计划内部分是计划价格，超产部分是市场价格，这也是工业生产资料实行价格“双轨制”的源头。双轨制价格的引入是“七五”计划（1986—1990年）时期价格改革的主要措施。除了能源产品以外，一些主要原材料也实行了类似的计划双轨制。计划外市场价格普遍明显高于计划价格。1989年3月，一些商品市场价高出计划价的幅度分别达：煤炭149%，原油213%，钢材105%，木材112%，铜150%，铝124%。

这种混合价格体制的过渡性安排，开始承认市场对价格的引导作用，接受了重要基础产品价格部分市场化的客观要求，对激励提高产量、满足需求方面起到了积极作用。实行“双轨制”，主要是保护了原来价格体系下的利益分配格局，避免出现剧烈的通货膨胀；又开始利用市场释放价格信号，引导投资和增产。但是，价格“双轨制”又造成新老用户的不同待遇，同一种商品老用户计划价多，新用户往往以市场价为主，明显不公平。另一方面“双轨制”价格也为各种利用计划内外价差寻租的行为提供了巨大的利益空间，出现了许多倒卖计划指标的非法活动。20世纪80年代末，中国政府决定实施“价格闯关”，对许多商品“一步到位”，放开计划价格管理，但随即在全社会引起抢购食品、生活用品风潮，一时间通胀压力巨大。

从1992年开始，在邓小平南方谈话号召进一步改革开放的推动下，中国再次实施“价格闯关”。仅1992年，中国就放开生产资料和交通运输价格达648种、农产品价格50种。到1993年，中国社会零售商品总额的95%、农副产品收购总额的90%，以及生产资料销售价格的85%，全部放开由市场供求决定。通过从中央到地方都大面积地放开一批商品和劳务的价格，大多数生产生活资料实现了单一市场定价，市场形成价格的主体地位基本确立。从此，“用市场价格机制配置资源”成为中国特色社会主义市场经济制度的重要基础。

二、煤炭价格改革

1984年10月，中国批准地方乡镇煤矿计划外生产的煤炭可以自定价格，议价销售。此后，政府定价的范围不断缩小，到20世纪80年代末，执行政府统一定价的煤炭仅占46%。1994年7月，国有煤矿和地方乡镇煤矿的煤炭价格全部放开，市场价格在煤炭价格体系中开始发挥主导作用。但是，由于铁路运输能力有限，煤炭流通环节成为决定实际煤炭用户价格的关键因素。能够得到铁路运输计划车皮和运输安排的电力和其他重点煤炭用户，可以用相应便宜得多的运输成本得到实际价格较低的煤炭。而得不到铁路运输计划的用户，就不得不用高价去竞争计划外运力，因此煤炭成本大幅提升。一些煤矿增产产量的实际价格也取决于是否可以运出去。所以有一段时间，煤炭的价格能否市场化实际取决于运力的计划内外分配。

1995年，通过煤炭订货交易会计划分配的煤炭资源量约4.78亿吨，约占原煤产量的40%，实质上就是铁路运力分配的结果，这部分煤炭实际价格相对较低。由于中国电力价格一直属于规制管理价格，电厂上网电价和用户终端价格长期由各级政府确定，尽管也有调整，但周期很长。而煤炭价格即使有计划运输和非计划运输的价格差别，但总体上已经随市场供需总量变化而频繁波动。煤炭价格的频繁变动使发电厂的燃料成本相应频繁波动，而电价难以相应调整。因此发电厂和煤炭生产方的价格争议也十分频繁。而在煤炭供应紧缺时，煤炭市场价格上升，电厂和大用户和煤矿签订的长期供货合同的执行往往意味着煤矿方面的经济损失。因此煤炭供需紧张时，电厂的煤炭供应往往得不到保证，而电厂又难以按市场价格购买煤炭，煤电价格矛盾严重，电厂缺煤现象频繁发生。

1996年起，中国开始对发电用煤实行指导价格，国家统一分配电煤数量并安排运输能力，以确保电力燃料供应。但电煤的价格之争一直存在，只不过协调的结果往往是电煤比市场煤价低一些，但仍然有随市场变化调节的空间。2009 年以后，随着煤炭供需形势和运输瓶颈全面缓解，中国取消了全国煤炭产运需衔接合同汇总会议，由供需企业自主确定电煤合同价格。2013 年起，中国全面取消电煤价格双轨制，实现电煤价格并轨，电煤价格和其他煤炭市场价格的差别主要变为长期协议价和现货价格的差别。

三、石油价格改革

中国石油价格的改革也经历了艰巨的转轨过程。虽然原油在 20 世纪 80 年代就引进了价格“双轨制”，随着中国成为原油进口国，“双轨制”价格越来越难以为继。特别是进入 21 世纪以后，国际油价从较长时期的相对平稳，甚至有时下降，转为持续上升。而中国的石油进口数量不断增加，进口石油在中国石油消费中的比例也逐年上升，中国原油和成品油价格不得不向国际价格靠拢。

在 20 世纪末，中国首先实现了国内原油价格和国际油价并轨，并开始建立成品油价格随国际原油价格合理波动的机制。由于当时国内成品油价格仍然为国家定价，多年价格调整十分缓慢，过滤掉了许多原油价格的波动。原油价格向国际价格并轨，对广大的社会用户没有造成什么直接影响，但国际原油价格不断上升，也推动着成品油价格必须灵活调整。在 20 世纪末，国内原油、成品油价格管理由国家定价转变为国家指导价，同时规定了原油、成品油价格应与国际市场接轨，国家计委每月对国内原油基准价与成品油零售中准价进行调整。2000 年 6 月，通过参考新加坡的成品油价格，国内成品油定价进入与国际市场“挂靠联动”阶段。2001 年 10 月，成品油价格由接轨新加坡市场变为接轨新加坡、鹿特丹和纽约市场，同时，设定了国内成品油涨（降）价区间，在国际市场成品油价格变化超过 8% 时相应调整国内成品油价格，在国际市场油价波动超出范围时，对国内价格调整采取较缓和的方式。

2006 年 3 月，国务院出台了石油综合配套调价方案，由直接接轨国际市场成品油价格转变为以国际市场原油价格为基础作价，实行间接接轨国际市场。同时，根据布伦特等三种主要原油的现货平均价格加上炼油成本和成本利润率确定国内成品油出厂价，汽、柴油零售价格实行中央政府指导价，由国家发展改革委制定最高限价，石油、石化和社会加油站可自主确定具体零售价格。2007 年 7 月，出台“原油成本法”定价机制，规定以布伦特、迪拜和米纳斯三地原油现货价格的加权平均值为基准，当国际原油连续 22 个工作日移动平均价格变化超过 4% 时，国内油价做出相应调整。

中国成品油价格定价机制改革的过程正好赶上了国际石油价格高涨期间，因此价格上调的趋势比较明显。由于中国三大国有石油公司供应了绝大多数的成品油，因此每次价格调整，都会有不满声音出现，把价格合理调整看成是石油公司的利益诉求。为了解决高度集中的石油企业在国际油价高企时国产原油将获得超额利润，而用户则要承担油价上升的成本后果的问题，中国政府决定对国内石油生产企业征收特别收益金，在国际油价超过国内原油生产成本后，对原油生产企业的利润按产量征收大比例的特别收益金，纳入国家财政收入。考虑到国内石油资源条件比较差，原油生产的平均成本明显高于许多石油输出国，而保持国内产量达到一定数量对国家能源安全可以起到稳定作用，因此也决定在国际油价大幅下跌低于 40 美元一桶时，国内原油价格不再跟随国际油价变化，以防止国内原油产量大起大落。

中国石油进口的比例不断提高，很快就接近和超过了 50%，现在已经接近70%。保障能源供应安全，需要理顺价格。中国不可能采取鼓励石油消费的价格政策，而是需要像国际上用石油消费税保持成品油价格适当偏高，以鼓励节约用油。对比国际上不同的成品油消费税和价格政策，价格水平对消费的引导作用十分明显。日本、欧洲等多数石油进口国和地区采取高石油消费税政策，保持较高成品油价格水平。而美国以及一些石油出口国，没有实行石油消费税，甚至对国内石油消费价格进行补贴，因此成品油价格较低。不同价格政策长期执行的结果是日本、欧洲等国和地区人均石油消费明显低于美国和那些实行低价格政策的国家。在汽车技术的竞争中，多数欧洲和日本的汽车公司，在发动机技术和汽车的整体油耗降低技术方面也明显领先于美国。中国用了很大的力量，通过各种渠道宣传油价改革的必要性，并且先后两次引进和提高了成品油消费税。

为了形成更好的成品油价格形成机制，2013年3月，国家进一步调整国内成品油价格挂靠的国际市场原油品种，将成品油调价周期由22个工作日缩短至10个工作日，并取消了挂靠国际市场油种平均价格波动4%的调价幅度限制，结合国内平均炼油和销售的合理成本，公布了国际原油不同价格下中国成品油价格相应的指导价格水平范围，使成品油价格形成机制进一步透明化。新的价格调整机制更灵活、更透明。经过几年的执行，现在已经形成了比较好的价格市场调整机制。一方面成品油价格可以比较及时反映原油成本的变化，另一方面又抑制了市场投机因素对价格波动的放大作用，使用户价格相对变化比较稳定合理，过滤掉了原油价格短时间大幅波动的影响。成品油价格调整和政府监管下的价格形成机制，得到了社会各界的普遍认可，现在即使价格仍然不断变动，社会负面反应也基本消失。这是一个既有较强市场因素，又有政府稳定物价，协调和兼顾各方利益的成品油价格管理机制的改革成果。

四、电力价格改革

电力价格的改革难度很大。由于电网具有天然的技术垄断性，多数国家对电力价格都采取了规制措施，对电价进行必要的干预。中国的电价历来归政府价格主管部门管理。中国的电网都是中央政府直接管理的大型国营电网企业进行投资和运营，而且电网企业曾经也同时经营大多数发电厂。电价高低在一定程度上成为广大用户的电力成本和电网企业之间的直接利益分配关系。中国的电力系统改革借鉴了国外的理念，把电网公司和发电企业分开，使电网成为只管输变电投资和运行的企业。因此电力价格管理出现了两大组成部分，首先是确定发电企业的上网电价，这对于电网来讲是购电成本，同时还要确定电网对不同用户的售电价格，两者的价差则是电网企业的成本和合理利润。发电企业中，中央直接管理的大型发电企业所发的电量大约占全部电量的一半多一些，其他的电量由各种不同的发电公司提供，其中主要是各级地方政府管理的地方国有企业，而广大的电力用户则是分布在各地的各种企事业单位和广大居民。中国工业用电大约占全部用电量的 70% 左右，直接的居民用电占 13% 左右，其他为农业、交通和第三产业用户。终端用户的售电价格直接决定中央直接管理的两大电网公司的主营收入，也决定了他们的利润和上交中央政府的税收。电费低一些，广大用户的电力成本就低一些。另一方面发电企业的上网电价又决定了发电行业的营业收入，以及相应的税收和利润水平。电价确定和调整的原则，是要给发电企业的上网电价可以覆盖其必要的发电成本，并有适当的利润；而电网的售电电价，则要使电网的成本和合理利润得到保障。但是由于煤炭价格市场化定价，煤炭价格多变，而中国的煤炭发电大约占了全部发电量的 70% 以上，上网电价应该随着燃料价格的变化及时调整，而且电网的售电价格也应该有相应的机制进行顺价调整。而各级电价管理部门在确定上网电价和电网售电价格时，一方面难以完全掌握多变的发电成本、电网运行合理的成本，因此也难以及时准确地决定电价的调整；另一方面，上网电价和售电价格的调整，不但牵涉到所有发电到用电单位，相当于全社会各行业领域的利益划分，而且还涉及这种利益划分后，相应的收入、税收等在中央和地方政府之间的分配，还涉及输入和输出电力地区之间的利益分割问题。电价上调的要求，往往来自发电和电网企业成本变化的压力，而面对的阻力是多数地方政府和广大的用户。这种机制使电价的调整不仅是一个经济成本利润核算问题，还是一个各种利益之间的再调整和博弈问题。长期执行下来，电价调整的频率和幅度都远远滞后于燃料和投资成本的变化。尽管中国的电价不能说很低，但大多数发电企业和电网企业的资本金回报率都不高，而且一旦燃料价格上升，发电企业就多次出现大面积的亏损。

中国的电价管理改革，一开始主要面对的问题是原来计划经济时的长期固定电价过低，因此电价改革主要是打破过于僵化的计划经济电价管理制度，使电价可以在可控的条件下合理上升。为缓解当时电力短缺状况，调动社会各方面投资办电的积极性，国务院发布了《关于鼓励集资办电和实行多种电价的暂行规定》，出台了还本付息等多种电价政策，有利促进了电力投资快速增长。20 世纪 90 年代后期，针对还本付息电价以个别成本为基础、一厂一价、对电力企业成本约束不强等弊端，在电力供应相对富余的情况下，中国将还本付息电价调整为经营期电价，对电力项目按照社会平均先进成本定价，并明确了投资收益率水平，同时推行统一销售电价、城乡用电同价。这个时期的电价管理改革，解决了电力发展的需要，有效地上调了平均电价。但电价管理也变得越来越复杂，并不能适应市场变化的需求。

为简化上网电价管理，增加电价的透明度，2004 年起，在经营期电价基础上，分别确定了各地区火水电统一的上网电价水平，并事先向社会公布，新建发电项目实行按区域或省平均成本统一定价，即“标杆电价”。电价改革又设想可以在发电方引进竞争机制，把上网电价逐步改变为竞争性上网，达到竞争定价机制。作为试点，国家在浙江、山东、上海和东北三省实行“厂网分开、竞价上网”改革试点，对一部分上网电量（约占总上网电量的10%～15%）实行竞价上网，另一部分仍执行政府定价。2005年，为理顺煤电价格关系，中国出台煤电价格联动政策，促进煤炭、电力行业协调发展。此后，为推进环境治理和节能降耗，中国还陆续出台了脱硫、脱硝、除尘、超低排放上网电量加价政策，以及“两高一剩”（高耗能、高污染、产能过剩）行业落后工艺、设备和产品生产的差别电价、超定额加价等措施。2014年起，电价市场化改革进一步加快，通过建立电力交易市场、有序放开发电计划、推进输配电价改革，以市场为基础形成上网电价、销售电价的范围不断扩大。2015年，全国31个省区市中已有24个省区市相继开展了大用户直接交易（仅有北京、天津、河北、上海、海南、青海、西藏等7个省区市尚未开展），直接交易电量超过4000亿千瓦时，比2014年的1540亿千瓦时增长近2倍。

中国为了鼓励可再生能源发展，对光伏发电、风力发电、生物质发电等制定了明显高于火电发电的上网电价，核电的上网电价一般也高于煤电。同时还对热电联产、余热利用发电等等高效节能发电给予鼓励。在电力调度中原则规定可再生能源要全额上网，而且对水电、核电等清洁电力给予优先上网。近些年来由于非化石能源加快发展，同时煤电发展也超过用电增长，造成发电能力明显过剩。这虽然给发电方竞争上网创造了条件，但发电能力过剩，煤电设备利用时间大幅下降，因此竞争上网在许多地方带有恶性竞争的性质，发电厂的报价有时只考虑覆盖流动成本，为保持必要的运行时间而恶性低价竞争。

非化石能源的全额保障性上网在这种竞争中无法实行，参加竞争必须跟着大幅降低报价。如何管住投资冲动，防止发电能力大量过剩，同时还要进一步加快非化石能源的发展，对煤电进行替代，已经不是竞争上网可以解决的问题了。

中国的电力价格改革，就是在这样复杂的多目标、多利益主体、多决策者参与下不断探索和前进。如何构建和完善有中国特色的社会主义市场经济下的电价形成和管理机制，仍然要进一步探索和试验。

中国能源价格改革的目标不是一放了之，也不着眼于绝对价格水平的高低，而是通过完善科学合理的价格机制，平衡产业链各环节利益，解决不同发展阶段中出现的问题，促进能源转型和经济社会可持续发展。

能源价格改革不断深入，标志着中国改革进程由狭义产品改革转向广义要素改革，这与新时期供给侧结构性改革方向一致。目前，中国煤炭价格已经全面放开，除成品油实行政府指导价、天然气实行政府定价外，原油和其他石化产品价格已经放开，电价改革也在全面加快推进。与改革开放初期相比，中国主要能源品种价格发生巨大变化，已经基本与国际市场接轨，在调节供需、优化资源配置、促进节能减排等发挥了重要作用。

作者简介

周大地，国家发展改革委能源研究所研究员，原所长。能源发展战略、能源政策研究专家，多次参加国家能源规划、节能规划、气候变化对策和相关政策法规的制定和咨询工作。多次担任世界银行、亚洲开发银行、联合国环境署、联合国开发计划署等国际机构顾问和咨询专家。是联合国政府间气候变化专门委员会（IPCC）第二次、第三次科学评估报告撰稿人，第四次和第五次科学评估报告召集撰稿人。

张有生博士，国家发展改革委能源研究所副所长，研究员。曾先后于中国矿业大学和北京石油大学工作任教，2001 年进入国家发展改革委能源研究所，主要从事能源经济、能源战略与规划和能源政策等方面的研究。先后主持或参加 100 多项有关国家和地区能源战略、规划与政策课题的研究，完成国家及各部委各项任务 50 多项。参与本书煤炭、石油天然气和电力部分的写作。

高虎博士，国家发展改革委能源研究所能源经济和发展战略中心主任，研究员。曾长期从事可再生能源的技术经济、行业政策和战略规划研究，参加了中国《可再生能源法》《可再生能源中长期发展规划》《国家能源发展战略（2030）》，中国工程院《可再生能源发展战略研

究（2020）》等法律、规划和战略的研究和起草工作，是国家《可再生能源发展“十二五”规划》《可再生能源发展“十三五”规划》的主要起草人。参与本书可再生能源部分的写作。

白泉博士，国家发展改革委能源研究所能源效率中心执行主任，研究员。长期从事节能政策、能效技术经济等方面的战略、规划和政策研究。主持或参加国家《节能减排“十二五”规划》《节能减排“十三五”规划》多项专题研究以及中国2050低碳发展道路研究，并参加了与国际能源署、世界银行、亚洲开发银行和多国节能研究机构的能源和节能合作研究。参与本书节能部分的写作。

田智宇，国家发展改革委能源研究所能源效率中心副主任，副研究员，从事节能政策、能源战略、能源低碳发展等方面研究工作。参加《中国能源生产和消费革命战略（2016−2030）》《节能减排“十三五”规划》《能源发展“十三五”规划》等研究及文件起草工作。参与本书能源体制改革部分的写作。

郁聪，国家发展改革委能源研究所研究员、学术委员会副主任，原能源效率中心主任，节能政策资深专家，长期从事节能政策和战略规划研究。参与本书有关绿色照明工程的写作，并为全书进行了文字校对。

图书在版编目（CIP）数据

迈向绿色低碳未来：中国能源战略的选择和实践 / 周大地等著
—北京：外文出版社，2018.8
（读懂中国）
ISBN 978-7-119-11625-9

Ⅰ. ①迈… Ⅱ. ①周… Ⅲ. ①能源战略—研究—中国
Ⅳ. ① F426.2

中国版本图书馆 CIP 数据核字（2018）第 194959 号

本丛书列入国家社会科学基金重大委托项目和
《“十三五”国家重点图书、音像、电子出版物出版规划》项目

出版策划：国家创新与发展战略研究会
出版指导：陆彩荣　徐　步
出版统筹：胡开敏　于　瑛　曾惠杰

责任编辑：熊冰頔
装帧设计：柏拉图创意机构
印刷监制：冯　浩　秦　蒙

迈向绿色低碳未来：中国能源战略的选择和实践

周大地 等 **著**

出 版 人：徐　步
出版发行：外文出版社有限责任公司
地　　址：中国北京西城区百万庄大街 24 号　　**邮政编码：**100037
网　　址：http://www.flp.com.cn　　**电子邮箱：**flp@cipg.org.cn
电　　话：008610-68320579（总编室）　　008610-68996064（编辑部）
008610-68995852（发行部）　　008610-68996183（投稿电话）
制　　版：北京杰瑞腾达科技发展有限公司
印　　刷：北京盛通印刷股份有限公司
经　　销：新华书店 / 外文书店
开　　本：700mm × 1000mm　1/16　　**印　　张：**18.75　**字　　数：**240 千字
版　　次：2018 年 10 月第 1 版第 1 次印刷
书　　号：ISBN 978-7-119-11625-9
定　　价：55.00 元
